传统文化修养丛书

经典解题及其读法

钱基博 —— 著
继 唐 —— 整理

上海科学技术文献出版社
Shanghai Scientific and Technological Literature Press

图书在版编目（CIP）数据

经典解题及其读法 / 钱基博著；继唐整理 . —上海：上海科学技术文献出版社，2022
（传统文化修养丛书）
ISBN 978-7-5439-8564-3

Ⅰ.①经… Ⅱ.①钱…②继… Ⅲ.①国学—研究 Ⅳ.①Z126.27

中国版本图书馆 CIP 数据核字 (2022) 第 082571 号

策划编辑：张　树
责任编辑：王　珺
封面设计：留白文化

经典解题及其读法
JINGDIAN JIETI JIQI DUFA
钱基博　著　继　唐　整理
出版发行：上海科学技术文献出版社
地　　址：上海市长乐路 746 号
邮政编码：200040
经　　销：全国新华书店
印　　刷：商务印书馆上海印刷有限公司
开　　本：889mm×1194mm　1/32
印　　张：8.25
字　　数：199 000
版　　次：2022 年 8 月第 1 版　2022 年 8 月第 1 次印刷
书　　号：ISBN 978-7-5439-8564-3
定　　价：88.00 元
http://www.sstlp.com

目 录

《周易》解题及其读法

一　绪论 …………………………………………………………… 3
二　"周易"二字解题 …………………………………………… 5
三　《周易》之作者 ……………………………………………… 9
四　《周易》见于先秦诸子之引说 …………………………… 11
五　汉以后《周易》之学者及其解说 ………………………… 14
六　《周易》之本子 …………………………………………… 38
七　《周易》之读法 …………………………………………… 41
　第一　明《易》之学 ………………………………………… 41
　第二　读《易》之序 ………………………………………… 44
　第三　籀《易》之例 ………………………………………… 45
　　（甲）画卦之例 …………………………………………… 45
　　（乙）系辞之例 …………………………………………… 49
　　（丙）玩占之例 …………………………………………… 57
　第四　说《易》之书 ………………………………………… 60
　　（甲）汉学 ………………………………………………… 60
　　（乙）宋学 ………………………………………………… 61
　　（丙）非汉非宋而自名其学 ……………………………… 61
　　（丁）通论 ………………………………………………… 62
　　（戊）占筮书 ……………………………………………… 62
　　（己）书不涉《易》而义有相发者 ……………………… 63

《四书》解题及其读法

序 …………………………………………………………… 67

《大学》第一

一 解题及隶《四书》始末 ………………………………… 72
二 《大学》之作者 …………………………………………… 74
三 《大学》之本子 …………………………………………… 75
四 《大学》之读法 …………………………………………… 77
  第一 明其宗旨 ……………………………………………… 78
  第二 覈其篇章 ……………………………………………… 78
  第三 稽其训诂 ……………………………………………… 79

《论语》第二

一 解题 ……………………………………………………… 82
二 《论语》之记者 …………………………………………… 83
三 《论语》之本子 …………………………………………… 88
四 《论语》之读法 …………………………………………… 91
  第一 考其人物 ……………………………………………… 91
  第二 析其义理 ……………………………………………… 92
  第三 明其教学 ……………………………………………… 92
  第四 覈其政论 ……………………………………………… 93

《孟子》第三

一 解题及隶经始末 ………………………………………… 94
二 《孟子》之作者 …………………………………………… 95
三 《史记》之孟子 …………………………………………… 98

四 《孟子》之本子	101
五 《孟子》之读法	105
第一　明其立言	105
第二　籀其性理	106
第三　考其辨诸子	108

《中庸》第四

一 解题及隶《四书》始末	111
二 《中庸》之作者	112
三 《中庸》之本子	115
四 《中庸》之读法	116
第一　明其宗旨	117
第二　覈其篇章	117
第三　观其会通	124

《孝经》第五附

一 解题	127
二 《孝经》之作者	128
三 《孝经》之本子	131
四 《孝经》之读法	135
第一　明其宗旨	135
第二　观其会通	139
第三　权其时宜	143

老子《道德经》解题及其读法

一 老子	148
二 老子《道德经》	159

三　《道德经》之本子 …………………………………… 163
四　《道德经》之读法 …………………………………… 166
　第一　通其指意 ………………………………………… 166
　第二　审其篇章 ………………………………………… 170
　第三　旁籀诸子 ………………………………………… 172
　第四　会覈众注 ………………………………………… 173

《文史通义》解题及其读法

一　论世 …………………………………………………… 180
二　叙传 …………………………………………………… 184
三　解题 …………………………………………………… 201
四　读法 …………………………………………………… 205
　第一　辨本 ……………………………………………… 206
　第二　析篇 ……………………………………………… 209
　　（甲）通论 …………………………………………… 209
　　（乙）穷经 …………………………………………… 209
　　（丙）覈史 …………………………………………… 209
　　（丁）衡文 …………………………………………… 211
　　（戊）校雠 …………………………………………… 211
　第三　原学 ……………………………………………… 211
　第四　异议 ……………………………………………… 213

《古文辞类纂》解题及其读法

一　解题及其纂例 ………………………………………… 229
二　《古文辞类纂》之本子 ……………………………… 232
三　《古文辞类纂》之前因后果 ………………………… 234

四　《古文辞类纂》之读法 …………………………………… 240
　第一　分体分类读 ……………………………………………… 240
　第二　分代分人读 ……………………………………………… 243
　第三　分学读 …………………………………………………… 246
　　（甲）通论 …………………………………………………… 246
　　（乙）道家文学 ……………………………………………… 246
　　（丙）儒家文学 ……………………………………………… 247
　　（丁）墨家文学 ……………………………………………… 250
　　（戊）法家文学 ……………………………………………… 250
　　（己）兵家文学 ……………………………………………… 250
　　（庚）农家文学 ……………………………………………… 250
　　（辛）纵横家文学 …………………………………………… 251

整理后记 …………………………………………………………… 255

《周易》
解题及其读法

一 绪 论

"《易》《书》《诗》《礼》《乐》《春秋》六经，皆史也。"会稽章学诚倡焉；仁和龚自珍、余杭章炳麟、钱唐张尔田推衍焉。然要非所论于《易》，何者？

史以藏往，《易》以知来；史者所以记群治之事为，而《易》者所以籀群治演化之大例者也。《尚书》记言，《春秋》记事，分隶左右史；（《汉书·艺文志》曰："左史记言，右史记事。事为《春秋》，言为《尚书》。"）而《周礼》掌建邦之六典，太史所掌《士礼》十七，亦垂国典；殆后世《通典》《通考》之权舆，谓之史，可也。太史陈《诗》以观民风，明王政之变；孟子曰："《诗》亡然后《春秋》作"；虽不名史，而丽于史焉，可也。

独是《易》之为书也，明天之道，察民之故，"圣人有以见天下之赜，而拟诸其形容，象其物宜，是故谓之象；圣人有以见天下之动，而观其会通，以行其典礼，系辞焉以断其吉凶，是故谓之爻。言天下之至赜而不可恶也；言天下之至动而不可乱也"。（《系辞上》。）帝王之言行，不屑记也；事为之制度，不备载也；要以设卦观象，开物成务，而冒天下之道，通天下之志焉；宁得以史概之乎？孔子知其然，曰："神以知来，知以藏往"；（《系辞上传》。）曰："数往者顺，知来者逆，是故《易》逆数也"；（《说卦》。）"夫《易》，彰往而察来"。（《系辞下传》。）史之记在藏往，知之事也；《易》之用以知来，神之事也。循其故迹之谓顺，推其未然之谓逆；此《易》与史之辨也。太史公知其然，曰："《易》著天地阴阳四时五行，故长于变；《书》记先王之事，故长于政；《诗》记山川溪谷、禽兽草木、牝牡雌雄，故长于风。"(《史记·自序》。)于《书》《诗》曰"记"，于《易》曰"著"。记者据事而直书，史家载笔之大法；著者本隐而之显，《易》道前民之妙用，此《易》与史之辨也。

夫史之记事也，显而可观；而《易》之为道，则玄而难明！英哲家斯宾塞尔曰："民之察理也，常易其专显而难其浑玄。专显者，物必某物，人必某人，既耳目所可加，亦心思所易附者也；浑玄者，会通众事，不一不拘，类异取同，言足统物者也。喜专恶浑之心习，见于野蛮为最多。及其文明，犹未能去，故家童里儿，每乐翁媪为言故事。而小说稗书，销售必多。家居晨起，取阅报章，于所记之狱讼盗贼，宫闱起居，死亡生育，嫁娶离异，皆所餍观，未尝嫌琐。入五家之阓，其道路偶语，风过微闻，尔汝我他，累用不绝，大都鄙近人事已耳。人情之为学也，常乐其浅易而惮其艰深。彼以为求史学于纪传之中，则穷理之与娱乐，可并行而不背，神思所寄，既乐于毛举；乃近观古人嵬琐之迹，即有以知教化世运之所以隆污；事之易为，孰逾此者？其神识之凡近，与村妪灶养无殊也。吾闻乍遇生人，欲测其心量之广狭者，术莫便于较其语次所用专名与所用公名多寡之比。大抵用会通之语多者，其为人必经学问；用专指之名众者，其人神识不越下中。盖人心之于事物，能违其凌杂而得其贯通者寡矣。"(见严复译《群学肄言·倡学篇》。)"夫象数之理，纵极幽玄，其所据之今有，必先周知；其用事之物，亦有限域。独至群国，一事之本原流变，往往迎不见首，从不见尻，其今有既有周知，用事之物又常无限，其曼衍蕃变之情，皆象数所无有。"(见严复译《群学肄言·砭愚篇》。)於戏！此《易》"开物成务，冒天下之道"之所以为"极深而研几"也！寂然不动，感而遂通，非天下之至神，其孰能与于此哉！

余十年读《易》，未窥蕴奥，爰当启蒙而述是篇。

二　"周易"二字解题

古《易》有三：神农曰《连山》，黄帝曰《归藏》，（孔颖达《论三代易名》曰："杜子春云：《连山》，伏羲；《归藏》，黄帝。"案《世谱》等群书，神农一曰连山氏，亦曰烈山氏；黄帝曰归藏氏。）文王曰《周易》；厥为后学儒、道、墨三者分家之所本也。道家宗老子，而实源出黄帝。如伪《列子》引《黄帝书》曰"谷神不死，是谓玄牝；玄牝之门，是谓天地根"四语，见《老子》书。而《老子》书好以阴性为喻，言"归"言"闭"；如曰"万物之母"，曰"玄牝"，曰"知雄守雌"，曰"常德乃足，复归于朴"，曰"塞其兑，闭其门"，曰"用其光复归其明"，与《周易》之"扶阳抑阴"，而有以"见天下之动"者不同，疑出《归藏》义也。墨者出于禹，而实滥觞于神农。《孟子》"有为神农之言者许行"，主"并耕"之说，亦墨子"尚同"之指也。儒家者流，集大成于孔子。孔子曰："文王既没，文不在兹乎"；而以斯文未丧为己任，则孔子固自承为继文王者也。故儒家之学，出于《周易》；道家之学，出于《归藏》；墨家之学，出于《连山》。道、墨书佚，独行《周易》。

所谓"易"者，何也？曰："易"之为言"变"也，《系辞》明著之矣："易穷则变，变则通，通则久。是以自天祐之，吉无不利。"（《系辞下》。）然则非明"变"，不足以尽"易"。"在天成象，在地成形，变化见矣。是故刚柔相摩，八卦相荡，鼓之以雷霆，润之以风雨，日月运行，一寒一暑。"（《系辞上》。）此天地自然之变也。"天地变化，圣人效之。"（《系辞上》。）"八卦成列，象在其中矣；因而重之，爻在其中矣；系辞焉而命之，动在其中矣。吉凶悔吝者，生乎动者也；刚柔者，立本者也；变通者，趣时者也；吉凶者，贞胜者也。天地之道，贞观者也；日月之道，贞明者也；天下之动，贞夫一者也。"(《系辞下》。)此易道拟象天地自然之变也。故曰："易者象也，象也者像也。"(《系辞下》)"圣人有以见天下之赜而拟诸其形容，象其物宜，是故谓之象"；(《系辞上》。)"是以明于天之道而察于民之故"。(《系辞上》。)曰："乾坤其易之蕴耶？乾坤成列而易立乎其中矣。乾坤毁，则无以见易。易不可见，则乾坤或几乎息矣！"(《系辞上》。)"是故阖户谓之坤，辟户谓之乾；一阖一辟谓之变；往来不穷谓之通；见乃谓之象；形乃谓之器；制而用之谓之法。"(《系辞上》。)"举而措之天下之民，谓之事业。"(《系辞上》。)"极天下之赜者存乎卦；鼓天下之动者存乎辞。"(《系辞上》。)"爻也者，效天下之动者也。"(《系辞下》。)夫非象变，不足以明易；而非效动，不足以通变。

　　孔颖达《论易名》曰："易者，变化之总名，改换之殊称。自天地开辟，阴阳运行，寒暑迭来，日月更出，孚萌庶类，亭毒群品，新新不停，生生相续，莫非资变化之力、换代之功。然变化运行，在阴阳二气。故圣人初画八卦，设刚柔二画，象二气也；布以三位，象三才也。以文王所演，故谓之《周易》；其犹《周书》《周礼》题'周'以别馀代。"其所以论"易"者是，而言"周"则非也。不知"周"之为言，"周帀（匝）"也，"周而复始"也。谓之"易"者，所以明世道穷变通久之必然；而系以"周"者，所以明世变剥复循环之有常；义取相资，宁以代名？孔颖达引郑玄《易赞》及《易论》云："夏曰《连山》，殷曰《归藏》，周曰《周易》。《连山》者，象山之出云，连连不绝。《归藏》者，万物莫不归藏于其中。《周易》者，言易道周普，无所不备。"是郑玄不以"周"为代名。而《周礼·春官》太卜掌三卜之法：一曰《连山》，二曰《归藏》，三曰《周易》。郑玄注："《连山》，似山出内气也。《归藏》者，万物莫不归而藏于其中。"贾公彦疏:"《连山易》,其卦以纯艮为首。艮为山,山上山下,是名《连山》;云气出内于山,故名《易》为《连山》。《归藏易》以纯坤为首,坤为地,故万物莫不归而藏于其中;故名《易》为《归藏》也。郑虽不解《周易》,其名《周易》者,《连山》《归藏》不言地号,以义名《易》,则周非地号。以《周易》以纯乾为首,乾为天,又能周匝于四时,故名《易》为《周易》也。"是贾亦不以"周"为代名;而释"周"为"周币(匝)",抉经之心,执圣之权,盖视郑指尤谛审焉。

然"周"之为言"周币(匝)"也,"周而复始"也,非贾君后起之义,而孔子系《易》以来授受之微言大义也。何以明其然?按孔子系《泰》之九三,曰:"无平不陂,无往不复";《象》:"复,见天地之心";而作《序卦》以序六十四卦相次之义:泰之受以否也,剥之穷以复也,损而不已必益,升而不已必困。如此之类,原始要终,罔不根极于复;所以深明《易》道之"周"也。其见义于《系辞下》者曰:"《易》之为书也不可远;为道也屡迁,变动不居,周流六虚,上下无常,刚柔相易,不可为典要,惟变所适。"斯尤明称《易》道变动之"周流六虚"焉。孔颖达疏:"周流六虚者,言阴阳周遍流动在六位之虚。六位言虚,位本无体,因爻始见,故称虚。"《说卦》曰:"分阴分阳,迭用柔刚,故易六位而成章";正与《系辞传》"周流六虚"之说相发明。"分阴分阳"以位言:凡卦初、三、五位为阳,二、四、上位为阴;自初至上,阴阳各半,故曰"分"。"迭用柔刚"以爻言:柔谓六,刚谓九也。位之阳者,刚居之,柔亦居之;位之阴者,柔居之,刚亦居之;或柔或刚,更相为用,故曰"迭"。位之阴阳相间,则分布一定;爻之柔刚不同,则迭用以居;《系辞下》所谓"周流六虚,上下无常"也。"周"有原始反终之义;而《周易》以纯乾为首。

"乾，健也，为天；天行不息，周天三百六十五度四分度之一，一日一夜，行一周，复其故虚，日东行一度。"（姚配中《周易姚氏学·乾象》"曰天行健"案。）乾道之变，天行之复也。孔子之象〔彖〕《乾》曰："大明终始，六位时成。"夫《乾·象〔彖〕》之所谓"大明终始，六位时成"，即《系辞传》之所谓"周流六虚"也。不曰"大明始终"，而曰"终始"者，盖日月运行，原始反终；天行之周，必复其始焉。孔颖达《疏》："天行健者，谓天体之行，昼夜不息，周而复始，无时亏缺，故曰'天行健'。"似亦窥见此指。

《系辞上》曰："刚柔相推而生变化。变化者，进退之象也；刚柔者，昼夜之象也。"天行之周，昼夜迭运。《易》道之周，刚柔相易。成象之谓乾，效法之谓坤。《系辞上》曰："易与天地准，故能弥纶天地之道。仰以观于天文，俯以察于地理，是故知幽明之故，原始反终，故知死生之说；精气为物，游魂为变，是故知鬼神之情状与天地相似，故不违；知周乎万物而道济天下，故不过；旁行而不流，乐天知命，故不忧；安土敦乎仁，故能爱。范围天地之化而不过，曲成万物而不遗，通乎昼夜之道而知。"所谓"知"者，何也？曰："知幽明之故，原始反终"也。孔颖达《疏》："昼则明也，夜则幽也。"通乎昼夜之道而知幽明之故，原始反终，即知易道之周与天地准矣。"日月运行，一寒一暑。"（《系辞上》。）"日往则月来，月往则日来，日月相推而明生焉。寒往则暑来，暑往则寒来，寒暑相推而岁成焉。"（《系辞下》。）此天行之周也。"是故法象莫大乎天地，变通莫大乎四时。"（《系辞上》。）"万物出乎震；震东方之卦也。齐乎巽；巽，东南也；齐也者，言万物之洁齐也。离也者明也；万物皆相见，南方之卦也；圣人南面而听天下，向明而治，盖取诸此也。坤也者地也，万物皆致养焉；故曰：'致役乎坤。'兑，正秋也，万物之所说也；故曰：'说言乎兑。''战乎乾';乾,西北之卦也,言阴阳相薄也。坎者水也,正北方之卦也,劳卦也,万物之所归也;故曰:'劳乎坎。'艮,东北之卦也,万物之所成终而成始也;故曰:'成言乎艮。'"(《说卦》。)凡此之类,胥以明易道之屡迁,象昼夜四时之周而必复其始焉。此题《易》之所为冠以"周"欤?

三 《周易》之作者

考《周易》作者,孔颖达《论重卦之人》及《卦辞爻辞谁作》云:"《易》历三圣,伏羲既画八卦,即自重为六十四卦。(采王弼说。)文王作《卦辞》。周公作《爻辞》。(采马融、陆绩等说。)孔子作《十翼》。所以只言三圣、不数周公者,以父统子业故也。"自东汉后起之说耳!若东汉以前,儒者皆言伏羲画卦,文王重卦,孔子系辞;更无异说。

《系辞下》曰:"古者庖牺氏之王天下,仰则观象于天,俯则观法于地,观鸟兽之文与地之宜,近取诸身,远取诸物,于是始作八卦,以通神明之德,以类万物之情。"只言庖牺作八卦,而不言重卦。《史记·太史公自序》曰:"伏羲至纯厚,作《易》八卦。"《日者列传》曰:"伏羲作八卦,周文王演三百八十四爻,而天下治。"《周本纪》曰:"西伯盖即位五十年。其囚羑里,盖益《易》之八卦为六十四卦。"《孔子世家》曰:"孔子晚而喜《易》,《序》《彖》《系》《象》《说卦》《文言》。"所谓"序"者,盖序六十四卦先后之次。"彖"者断也,"象"者像也;曰"彖系象"者,谓断一卦之义,明一卦之象,而系辞于卦爻之下。今按《系辞上》云:"圣人设卦观象,系辞焉以明吉凶。"又云:"圣人有以见天下之赜而观其会通,以行其典礼,系辞焉以断其吉凶,是故谓之爻。"《系辞下》云:"系辞焉而命之，动在其中矣。"又云："系辞焉以益其言。"据此诸文，明是指卦爻辞，谓之"系辞"。若谓《系辞上、下》四处所云"系辞"，即是今之《系辞》，孔子不应屡自称其所著之书，又自言其作辞之义，且不应自称圣人。盖系辞即卦辞、爻辞，乃孔子所作；而《彖》《象》所以明系辞之指。今之《系辞》，乃系辞之传；孔子弟子所作以述传《易》于夫子之言，屡称"子曰"，必非出自孔子手笔。《太史公自序》引《易·系辞》文："天下一致而百虑，同归而殊途"，为《易大传》，是有明证。凡孔子所作谓之经，弟子所作谓之传，传所云"圣人"，乃孔子弟子作传，称孔子为圣人；非孔子作《系辞》，而称文王、周公为圣人也。《说卦》者，陈说八卦之德业变化及法象所为也。疑非孔子所作，而出弟子之所述，与《系辞传》同；而《世家》之有"说卦"二字为衍文。孔子又以乾坤《易》之门户，其余诸卦及爻，皆从乾坤而出，义理深奥，非《彖》《象》所尽，故特作《文言》以开释之。《世家》以《序》《彖》《象》《说卦》《文言》与"系"联称者，明《卦辞》《爻辞》之"系"与《序》《彖》《象》《说卦》《文言》同出孔子作矣。是《太史公书》称伏羲画卦、文王重卦、孔子系辞也。

《太史公自序》称父谈受《易》于杨何，而《史记·儒林传叙》自鲁商瞿受《易》孔子，传六世，至齐人田何字子庄，而汉兴。田何传东武人王同子仲，子仲传菑川杨何。言《易》者本于杨何之家。而杨何之学，传自商瞿，史公之《易》，受之杨何；授受昭然。是《史公书》伏羲画卦、文王重卦、孔子系辞之说，亦必受之杨何而传自商瞿者也。

《汉书·艺文志》删自刘向父子之《七略》，其叙《易》曰：《易》曰："宓戏氏仰观象于天，俯观法于地，观鸟兽之文与地之宜，近取诸身，远取诸物，于是始作八卦以通神明之德，以类万物之情。"至于殷周之际，纣在上位，逆天暴物，文王以诸侯顺命而行道，天人之占，可得而效，于是重《易》六爻，作上下篇。孔氏为之《彖》《象》《系辞》《文言》《序卦》之属十篇。故曰："《易》道深矣！人更三圣。世历三古。"盖卦、爻分画于羲、文；《系辞》焉而命之，则始于孔子；如此则与"三圣""三古"之说相合。而扬雄作《太玄》，客有难《玄》太深，众人之不好也，乃解难曰："宓牺氏之作《易》也，绵络天地，经以八卦；文王附六爻，孔子错其象而彖其辞；然后发天地之藏，定万物之基。"亦不言宓牺重卦、文王系辞。扬子《法言·问神篇》曰："《易》始八卦，而文王六十四，其益可知也。"《问明篇》曰："文王，渊懿也。重《易》六爻，不亦渊乎？"《论衡·对作篇》曰："《易》言伏羲作八卦，前是未有八卦，伏羲造之，故曰'作'也。文王图八自演为六十四，故曰'演'。"《正说篇》曰："伏羲得八卦，非'作'之；文王得成六十四，非'演'也。"是扬子《法言》及王充，亦谓伏羲画卦、文王重卦也。

然则东汉以前，更无伏羲重卦、文王系辞之说。而越世縣邈，所闻异辞，惟古说为可传信，以近古而见闻较真也。爰备著之以纠孔氏之违焉。

四 《周易》见于先秦诸子之引说

《礼记·王制》："乐正崇四术，立四教，顺先王《诗》《书》《礼》《乐》以造士。春秋教以《礼》《乐》；冬夏教以《诗》《书》。"而不及《易》者，则以《易》未经孔子之系辞，但有卦爻而无解说，故不可与《诗》《书》《礼》《乐》并垂为教；当时但以为卜筮之书而已。至孔子为之《彖》《象》《系辞》《文言》《序卦》之属十篇，阐明其义理，推合于人事；于是《易》道乃著。而稽之先秦诸子,其引《易》有与孔子相发明者:或论作《易》之大旨;或明学《易》之大用;或援《易》以明例;或引《易》以决事。

如《吕氏春秋·仲夏纪·大乐篇》曰:"太一出两仪。两仪出阴阳。阴阳变化,一上一下,合而成章。浑浑沌沌,离则复合,合则复离,是谓天常。天地车轮,终则复始,极则复反,莫不咸当。日月星辰,或疾或徐,日月不同,以尽其行;四时代兴,或暑或寒,或短或长,或柔或刚。万物所出,造于太一,化于阴阳。"所谓"太一"者,"太极"也。"易有太极,是生两仪";"刚柔相摩,八卦相荡,鼓之以雷霆,润之以风雨,日月运行,一寒一暑;乾道成男,坤道成女";"天地絪缊,万物化醇。男女构精,万物化生";著于《系辞传》者,岂非吕氏所称"万物之出,造于太一,化于阴阳"者乎?吕氏又称:"天地车轮,终则复始,极则复反,莫不咸当";岂非《易》所称"复见天地之心",而欲以明《易》道之出于周者乎?其言作《易》之大指,有如此者。

《荀子·大略篇》曰:"善为《易》者不占。"《荀子》此言,深以挽用《易》之失也。当时学者用《易》,专为占卜;故暴秦焚书,而《易》独以卜筮存。殊不思《易》之道与天地准,可以知幽明之故,可以知死生之说,可以知鬼神之情状;凡天地之消长,人事之得失,罔不弥纶;宁只卜筮之书而已!故曰"善为《易》者不占",所以明学《易》之大用别有在也。又云:"《易》之《咸》,见夫妇之道,不可不正也,君臣父子之本。咸,感也;以高下下,以男下女;柔上而刚下,聘士之义,亲迎之道,重始也。"此本孔子《大象》《序卦》之指,"引而申(伸)之,触类而长之,天下之能事毕"。《易》非专为卜筮作,于此可见。其言学《易》之大用,有如此者。

《荀子·非相篇》曰:"好其实,不恤其文,是以终身不免坤污庸俗。故《易》曰：'括囊无咎无誉'，腐儒之谓也。"此释☷《坤》六四爻辞。囊以盛物，故曰"好其实"；"括"之者，"不恤其文"也。《文言传》曰："天地闭，贤人隐。"《春秋左氏传》曰："身将隐，焉用文之！"此乃介之推甘心蛰遁，视社会国家如弁髦；较之"直方而德不孤，含章而发以时"者，迥不及矣！故目之曰"腐儒"。"无咎无誉"，与☱《大过》九五"枯杨"同辞，非吉占也。故曰"不免于坤污庸俗"。《史记·范雎蔡泽列传》载蔡泽说应侯，引《易》曰"亢龙有悔"，而释☰《乾》上九之爻辞，言"上而不能下，信而不能屈，往而不能自反"者也。《国策·楚策》载黄歇说秦昭王，引《易》曰"狐濡其尾"，而释☲《未济》卦辞，言始之易、终之难也。皆援《易》以决事。

至《荀子·大略篇》曰："'复自道，何其咎'，以为能变也。"《吕氏春秋·有始览·务本篇》亦引而申之曰："以言本无异，则动卒有喜。"此释☴《小畜》初九爻辞。《荀子》言变，《吕览》言动，皆取☷《复》卦刚反之义。凡《易》卦中有举他卦名者，皆取义于彼卦。如☲《鼎》九三言"鼎革"，即取《鼎》☲《革》反对之象；☷《泰》六五言归妹之祉，即取☷《归妹》六五袂良之义。《易》之通例如此。乾为天；天道转圜，周匝复始，动而复下，非有异辙，故曰"复自道"。凡六爻，上为末，初为本；云"本无异"者，明初之复道乃自道也。《吕氏春秋·慎大览·慎大篇》引《易》"愬愬履虎尾，终吉"，尤可证今本☰《履》九四"履虎尾愬愬终吉"之倒讹。《象》曰"愬愬终吉"，与☷《泰》九二《象》曰"包荒得尚于中行"，文法相同；举首尾以赅中，爻之"《象》曰"有是例也。而《恃君览·召类篇》引史默说"《涣》群"之义，尤得《易》道之大；其言曰："涣者贤也。群者众也。元者吉之始也。涣其群元吉者，其佐多贤也。"此释☴《涣》六四爻辞。

卦名"涣"者，取文章分布之象。《大象》曰"风行水上涣"，谓水之融液而成文也。涣者贤也，群者众也，谓所分布者皆众贤也；分布众贤，邦家之光也。下又云"涣有邱"，四邑曰邱，谓其所分布者，又禄之以大邑也。五"涣汗其大号"，谓下求贤之诏也。二"涣奔其机"，谓群贤之骏奔走也。三"涣其躬"，谓布其腹心之臣也。"涣汗"，谓宣布阳气；"涣血"，谓宣布阴精。凡人阴阳表里，郁结不通而成病，犹上下闭塞不通而成否。涣汗则邪解；涣血则邪去。犹国用贤人以通下情，则邪慝自除也。注家以涣为离散不美之称；全卦之例皆失！元吉与大吉异。元吉以德言；大吉以时言。《乾·象〔彖〕》曰："大哉乾元，万物资始"；《文言》曰："乾元者，始而亨者也"；故曰"元吉者吉之始"。旧解元吉为"大吉"；全《易》之例皆失。当以史默之说，匡后来注家之违。斯又可援以明《易》例者也。

先秦诸子引说《易》文，卓有名理，大率称此。虽不言受《易》孔子；而按其引辞，则孔子所系；籀其称说，亦揆之孔子《彖》《象》《系辞》之全体大例，若合符节者也。特举而申之以明其凡云。

五 汉以后《周易》之学者及其解说

孔子以《诗》《书》《礼》《乐》教弟子，盖三千焉。而受《易》者独称商瞿！商瞿，鲁人，字子木，少孔子二十九岁。孔子传《易》于瞿。瞿传鲁人桥庇子庸。子庸传江东馯臂子弓。子弓传燕周醜子家。子家传东武孙虞子乘。子乘传齐田何子装。[①]（《史

[①] 此处述《易》之授受，本自《汉书·儒林传》，人名等与《史记·仲尼弟子列传》有所不同。

记·仲尼弟子列传》曰:"瞿传楚人馯臂子弘,弘传江东人矫子庸疵,疵传燕人周子家竖,竖传淳于人光子乘羽,羽传齐人田子庄何。")及秦禁学,《易》为筮卜之书,独不禁;传受者不绝也。汉兴,田何以齐田徙杜陵,号杜田生。传东武王同子中,洛阳周王孙、丁宽,齐服生,皆著《易传》,而王氏、周氏、服氏各二篇,独丁氏八篇,见《汉书·艺文志》。

要言《易》者,本之丁宽。宽,字子襄,梁人也。初梁项生从田何受《易》,时宽为项生从者,读《易》精敏,材过项生,遂事何。学成,何谢宽。宽东归,何谓门人曰:"《易》以东矣!"宽至雒阳,复从周王孙受古义,号《周氏传》。景帝时,为梁孝王将军,距吴楚,号丁将军。作《易说》三万言,训故举大义而已;不言阴阳灾变也。宽传同郡砀田王孙。王孙传施雠、孟喜、梁丘贺。由是《易》有施、孟、梁丘之学焉。

施雠,字长卿,沛人也。与孟喜、梁丘贺从田王孙受《易》,谦让,常称学废,不教授。及梁丘贺贵仕,事多;乃遣子临分将门人河内张禹子文等从雠问。雠自匿不肯见;贺固请;不得已,乃授临等。于是贺荐雠结发事师数十年;贺不能及!诏拜博士,与五经诸儒杂论同异于石渠阁。雠传张禹及琅邪鲁伯。禹传淮阳彭宣子佩、沛戴崇子平。鲁伯传太山毛莫如少路、琅邪邴丹曼容。而禹官丞相,宣官大司空,皆至大官,其知名者也。由是施家有张、彭之学。

梁丘贺,字长翁,琅邪诸人也。从大中大夫京房受《易》。房者,淄川杨何叔元弟子也。何者,尝受《易》东武王同子中,有《易传》二篇,见《汉书·艺文志》。盖《易》家之初立博士者,太史公司马谈及京房,咸从受《易》焉。房出为齐郡太守;贺更事田王孙。宣帝时,闻京房为《易》,明求其门人,得贺,以为郎。以筮有应,近幸,累官少府。传子临。临又学于施雠,而专行京房法。以郎奉使,问诸儒于石渠。琅邪王吉通《五经》，闻临说，善之，乃使其子郎中骏上疏从临受《易》。临传五鹿充宗君孟。充宗官少府，贵幸，为《梁丘易》。自宣帝时，善梁丘贺说。元帝好之，欲考其异同，令充宗与诸《易》家论。充宗乘贵辨口，诸儒莫能与抗，皆称疾不敢！独鲁朱云游从博士白子友受《易》，摄齐登堂，抗首而请，音动左右；既论难，连拄五鹿君。故诸儒为之语曰："五鹿岳岳，朱云折其角！"然不详谁家？而五鹿充宗《略说》三篇，见《汉书·艺文志》。充宗传光禄大夫平陵士孙张仲方，真定太守沛邓彭祖子夏，王莽讲学大夫齐衡咸张（一作"长"）宾。由是梁丘有士孙、邓、衡之学。

孟喜，字长卿，东海兰陵人也。从田王孙受《易》；传《易家候阴阳灾变书》，言"师田生且死时，枕喜膝，独传喜"！盖十二月卦之学所自出焉。诸儒以此耀之！同门梁丘贺疏通证明之曰："田生绝于施雠手中；时喜归东海，安得此事？"于是传者以为喜诞诈也！又蜀人赵宾好小数书，后为《易饰》《易文》；以为："箕子明夷，阴阳气亡箕子。箕子者，万物方荄兹也。"宾持论巧慧，《易》家不能难，皆曰："非古法也！"云受孟喜，喜为名之！后宾死，莫能持其说。喜因不肯任，以此不见信！博士缺，众人荐喜。上闻喜改师法，遂不用喜。喜传同郡白光少子沛、翟牧子兄，皆为博士。由是孟喜有翟、白之学。孟喜之学，虽与施、梁丘不同，然要为田王孙之所自出；独京房之《易》为别出！

京房，字君明，东郡顿丘人也。累官魏郡太守；盖匪传梁丘贺《易》之齐郡太守。京房治《易》，事梁人焦延寿赣。延寿云："尝从孟喜问《易》。"会喜死，房以为延寿《易》，即孟氏学。翟牧、白光不肯，皆曰："非也"！至成帝时，光禄大夫刘向校经传诸子，考《易》说，以为："诸家《易》说，皆祖田何。杨叔、丁将军，大谊略同；惟京氏为异！倘焦延寿独得隐士之说，托之孟氏，故不与相同。"然考孟喜受学田王孙，言师田生且死传喜之《易家候阴阳灾变书》，或者即延寿之所本也。延寿著《易林》十六卷，大抵即《易》家候阴阳灾变之书。以一卦演六十四卦，总四千九十六卦，各系以繇词，文句古奥，与《左氏传》载"凤凰于飞，和鸣锵锵"、《汉书》载"大横庚庚，予为天王"之语绝相类。惟延寿生当昭、宣之世，其时《左氏》未立学官，今《易林》引《左氏》语甚多，又往往用《汉书》中事，至云"刘季发怒，命灭子婴"；又曰"大蛇当路，使季畏惧"；宁汉人所宜言者耶？疑是东汉以后人撰而托之延寿者？

然汉《易》之流为术数，自延寿始也。顾延寿常（尝）曰："得我道以亡身者，京生也！"其说长于灾变，分六十四卦更直日用事，以风雨寒温为候，各有占验。房传延寿之学，故言术数者称"焦京"。而房之推衍灾祥，更精于延寿，卒以诛死！其著书见于《汉书·艺文志》《隋书·经籍志》者，有《孟氏京房》十一篇，《灾异孟氏京房》六十六篇，《京氏段嘉》十二篇①，《章句》十卷，《占候十种》七十三卷，唐以后多佚不传。今传者，曰《京氏积算易传》三卷。其书兆乾坤之二，观象成八卦，卦凡八变六十有四。于其往来升降之际，以消息盈虚于天地之元，而酬酢乎万物之表者，炳然在目也！大抵辨三《易》，运五行，正四时，谨二十四气，悉七十二候，而位五星，降二十八宿。其进退以几而为一卦之主者，谓之世。奇偶相与，据一以超二，而为主之相者，谓之应。世之所谓位而阴阳之肆者，谓之飞。阴阳肇乎所配，（乾与坤、震与巽、坎与离、艮与兑。）而终不脱乎本，（以飞某卦之位，乃伏某宫之位），以

---

① 此处段嘉之"段"，应为"殷"之讹，即下文之"殷嘉"。《汉书·儒林传》谓京房"传《易》学于殷嘉、姚平、乘弘，……"

隐赜佐神明者，谓之伏。起乎世而周乎内外，参乎本数以纪月者，谓之建终。终始极乎数，而不可穷，以纪日者，谓之积算。（于中而以四为用，一卦备四卦者谓之互，乾建甲子于初，坤建甲午于上，八卦之上乃生一世之初。）初一世之五位，乃分而为五世之位；其五世之上，乃为游魂之世；五世之初，乃为归魂之世；而归魂之初，乃生后卦之初。其建，刚日则节气，柔日则中气。其数，虚则二十有八，盈则三十有六。盖后世术士所用世应飞伏、游魂归魂、纳甲之说，皆出京房。房传东海殷嘉、河东姚平、河南乘弘，皆为郎博士。由是《易》有京氏之学。

《京氏易》于元帝之世，与施、孟、梁丘氏并列学官；而民间有费、高二家之说。费、高者，费直、高相也。费直，字长翁，东莱人。治《易》，长于卦筮，亡章句，徒以《彖》《象》《系辞》十篇《文言》解说《上下经》。然刘向以中古文《易经》校施、孟、梁丘《易》，或脱去无咎悔亡；唯费直《易》与古文同。自是费直《易》号古文之学，与施、孟、梁丘之称今文者不同。高相，沛人也。治《易》，与费直同时，专说阴阳灾异，自言出于丁将军。其学亦无章句。而施、孟、梁丘氏各有《章句》二篇，见《汉书·艺文志》。既，炎汉祚绝，世祖重光，好爱经术，儒彦云从，于是立五经博士。《易》有施、孟、梁丘、京氏，各以家法教授；而京氏之《易》极盛焉！

盖东汉之世，治《施氏易》有闻者，仅陈留刘昆父子而已！昆，字桓公。平帝时，受《施氏易》于沛人戴宾能。王莽世，教授弟子，恒五百余人。世祖兴，累官光禄勋，授皇太子及诸王小侯五十余人。传子轶，字君文，能世其学。门徒亦盛，然知名之士无闻焉！此治《施氏易》者也。

治《梁丘易》者，曰：代郡范升辨卿；与博士梁恭、山阳太守吕羌，俱修《梁丘易》。世祖征拜议郎，迁博士。自以学不如梁恭、吕羌，愿推博士以避二人。世祖不许，然由是重之！尚书令韩歆疏请为《费氏易》《左氏春秋》立博士。诏范博士"可前平说"。遂与歆等驳难，日中乃罢。升退而奏曰："近有司请置《京氏易》博士，群下执事莫能据正。京氏既立，费氏怨望。京、费已行，次复高氏，并复求立，各有所执。今费氏学，无有本师，而多反异！先帝前世有疑于此，故京氏虽立，辄复见废。疑道不可由！疑事不可行！"《费氏易》以此不得立博士！而升弟子知名者，曰京兆杨政子行，少从升受《梁丘易》，善说经书，京师为之语曰："说经铿铿杨子行！"教授数百人，累官左中郎将。又有颍川张兴君上者，习《梁丘易》以教授。世祖兴，举孝廉，为郎，累拜太子少傅。显宗数访问经术。既而声称著闻。弟子自远至者，著录且万人，为梁丘家宗。时则中兴之初，而三君之外，终东汉，治《梁丘易》者无闻！

治《孟氏易》者，曰南阳洼丹子玉，世传《孟氏易》。王莽时，常避世教授，专志不仕，徒众数百人。世祖兴，为博士，稍迁，为大鸿胪。作《易通论》七篇，世号《洼君通》。安定梁竦叔敬、中山觟阳鸿孟孙，亦以《孟氏易》教授有名称。汝南袁安邵公者，祖父良习《孟氏易》；安传其学。肃宗之世，累拜司徒，以直节著闻于朝。子京，字仲誉；敬，字叔平，传习父业。而京作《难记》三十万言，其尤知名者也。东汉之末，有广汉任安定祖者，少游太学，受《孟氏易》，兼通数经；又从同郡杨厚学图谶，究极其术。时人称曰："居今行古任定祖！"初仕州郡，后太尉再辟，除博士，公车征，皆不就。益州牧刘焉表荐之；然王涂阻塞，诏命竟不至焉！

治《京氏易》者最多，大抵世祖之世，曰汝南戴凭次仲，沛献王辅；显宗之世，曰南阳魏满叔牙；恭宗之世，曰琢郡崔瑗子玉，广汉折像伯式，北海郎宗仲绥，南阳樊英季齐、李昌子然，豫章唐檀子产；顺帝之世，曰北海郎顗雅光，汝南许峻季山；桓帝之世，曰弘农刘宽文饶，济阴孙期仲彧；皆有名。而樊英著《易章句》，世称樊氏学。唐檀著书二十八篇，名为《唐子》。许峻卜占，多有显验，时人方之前世京房。所著《易林》行于世，或者即焦氏《易林》之所讹也。世之言占候者，率治京氏焉。

　　夷考光武之世，刘昆之传施氏，范升之明梁丘，洼丹之通孟氏，戴凭之说京氏，皆谭《易》之宗，时主所重！独苍梧陈元长孙、河南郑众仲师，皆传《费氏易》。其后扶风马融季长，亦为其传。融授北海郑玄康成。玄初从第五元先受《京氏易》；又从融受《费氏易》。故其学出入于两家，然要其大旨，费义居多；而谓"乾坤六爻，上系二十八宿，依气而应，谓之爻辰"，则《费氏易》之所无也。然玄又喜言十二消息卦，则其说出于孔门。《系辞传》云："往者屈，来者信"；"原始反终，通乎昼夜之道"；盖言消息者之所本也。同时颍川荀爽慈明以硕儒作《易传》，据爻象承应阴阳变化之义，以十篇之文，解说经意，亦宗费氏而言消息。自是费氏兴而京氏遂衰！马融有《周易注》一卷，郑玄有《周易注》九卷，荀爽有《周易注》十一卷，见《隋书·经籍志》。盖汉之言《易》学者，杨何最先立博士，然最早衰！至东汉之兴，《京氏易》后来居上；而施、孟、梁丘三家先后衰！费氏兴，而京氏亦衰！其大较然也。

　　东汉之末，荆州牧山阳刘表景升亦有《周易章句》五卷，见《隋书·经籍志》。而表之学，实受于同郡王畅叔茂。畅之孙曰粲者，遭汉乱，与族兄凯俱避地荆州。刘表欲以女妻粲，而嫌其形陋用率；以凯有风貌，乃以妻凯。凯生业，即刘表外孙也；有子曰弼，字辅嗣，幼而察惠，盖以注《易》著闻魏朝。凡《易注》六卷，《易略例》一卷。郑玄传费直之学，始析《易传》以附《经》；至弼又更定之。玄本大约如今之乾卦；

其坤卦以下，又弼所割裂。然郑玄《易注》，至北宋尚存一卷，《崇文总目》称存者为《文言》《说卦》《序卦》《杂卦》四篇。则玄本尚以《文言》自为一传；所割以附《经》者，不过《彖传》《象传》。今本乾坤二卦各附《文言》，知全经皆弼所更定，非郑玄之旧也。弼之说《易》，称出费直。直《易》今不可见；然荀爽《易》即费氏学。唐李鼎祚《周易集解》尚颇载其遗说，大抵究爻位之上下，辨卦德之刚柔，已与《弼注》略近；但弼全废象数，又变本加厉。平心而论：《易》本卜筮之书，故末派寖流于谶纬。王弼乘其极敝而攻之，遂能排击汉儒，自标新学。然阐明义理，使《易》不杂于术数者，弼实不为无功；而祖尚虚无，使《易》竟入于老庄者，弼亦不能无过。瑕瑜不掩，斯为定评！

魏朝之明《易》者，王弼而外，司徒东海王朗景兴尝著《易传》；子肃子雍因撰定成《周易注》十卷；《隋书·经籍志》所著录是也。然肃善马融之学，而不好郑玄。时乐安孙炎叔然，则受学郑玄之门人，称东州大儒，作《周易例》。肃作《圣证论》以讥短玄；炎驳而释焉。然马、郑不同，要其言《易》本之费氏。独平原管辂公明善筮卦风角之占，或者本之京氏。（据管辰称，"每观辂书传，惟有《易林》《风角》……昔京房虽善卜及风律之占……世人多以辂畴之京房"。见裴松之《三国志》本传注引《辂别传》。）南阳何晏平叔请共论《易》，曰："君论阴阳，此世无双！"时邓飏玄茂在晏许，言："君见谓善《易》，而语初不及《易》中辞义，何故也？"辂寻声答之曰："夫善《易》者，不论《易》也。"晏含笑而赞之，曰："可谓要言不烦也！"魏之《易》博士曰淳于俊；魏帝高贵乡公常就问《易》焉。凡问三事。其一事曰："孔子作《彖》《象》，郑玄作《注》，虽圣贤不同，其所释《经》义一也。今《彖》《象》不与《经》文相连，而《注》连之，何也？"俊对曰："郑玄合《彖》《象》

于《经》，欲使学者寻省易了也。"帝曰："若郑玄合之，于义诚便；则孔子曷为不合，以了学者乎？"俊对曰："孔子恐其与文王相乱，是以不合；此圣人以不合为谦。"帝曰："若圣人以不合为谦；则郑玄何独不谦耶？"俊不能对。盖魏博士之治《易》，善郑氏学者也。

蜀博士之治《易》，善郑氏学者，曰南阳许慈仁笃；子勋传其业。然侨士也！蜀士之《易》学，盖始于广汉任安之习孟氏。弟子知名者，曰梓潼杜微国辅，曰蜀郡杜琼伯瑜。然琼好图谶而不言《易》；巴西谯周允南传其学焉。吴士之善《易》者，曰会稽虞翻仲翔，曰吴郡陆绩公纪。翻有《周易注》九卷，绩有《周易注》十五卷，具见《隋书·经籍志》。然翻之先世，本治《孟氏易》；而绩之注，则采诸《京氏易传》者为多。绩年辈差晚；而翻旧齿名盛，说《易》专取旁通与之卦。旁通者，乾与坤，坎与离，艮与兑，震与巽，交相变也；之卦，则以两爻交易而得一卦，消息六爻，发挥旁通。与鲁国孔融文举书，示以所著《易注》。融答书曰："自商瞿以来，舛错多矣！去圣弥远，众说骋辞！曩闻延陵之理乐，今观吾子之治《易》，乃知东南之美者，非徒会稽之竹箭！"然翻自称传《孟氏易》，而说"七日来复"，不言六日七分；则亦不尽用《孟氏易》也。广陵张纮子纲，名辈不后虞翻，而治《京氏易》则同陆绩。又汝南程秉德枢者，逮事郑玄；吴大帝闻其名儒，征拜太子太傅；著《周易摘商》。盖费氏之支流余裔矣！

大抵三国之世，北士传马、郑而习费《易》；而吴、蜀则守孟、京而薄马、郑。虞翻初立《易注》，奏称："颍川荀谞号为知《易》。臣得其注，有……返逆……可怪笑！马融……复不及谞。……郑玄……立注，未得其门。"荀谞，荀爽之别名也。此可以觇三国南北学之殊风焉！

然南北学亦何常之有！费《易》大兴，而孟、京不能不废！梁丘、施氏亡于西晋。孟氏、京氏虽有其书；而明《京氏易》者，西晋惟弘农董景道文博，东晋惟新蔡干宝令升而已！宝有《周易注》十卷，见《隋书·经籍志》。孟氏之《易》无闻。而费氏之学，又分郑玄、王弼两家。元帝中兴，江左议为王弼《易》置博士，独太常颖川荀崧景猷以为不可，请为郑玄《易》置博士。自是《易》有郑玄、王弼二博士。然有晋始自中朝，迄于江左，莫不崇饰老庄，祖述虚玄，摈阙里之典经，习正始之余论。王弼生当正始，辞才逸辩，老学实为宗师！而明《易》亦造玄论。风流所仰，学者宗焉！惟弼注者，仅《上下经》；而补《系辞》《说卦》《杂卦》《序卦》注者，其门人韩康伯也。自是《王注》行而郑学亦衰！河南及青、齐之间，儒生多讲《王注》，师训盖寡；奠论江左！

自拓拔魏之末，大儒华阴徐遵明子判门下，讲郑玄所注《周易》。遵明以传范阳卢景裕仲孺。景裕传权会、郭茂。权会早入邺都；郭茂恒在门下教授。其后河朔言《易》者，多出郭茂之门。大抵南北所为章句，河洛《周易》则郑玄；江左则王弼；好尚互有不同！独晋扬州刺史晋陵顾悦之君叔，有《周易难王辅嗣义》一卷四十余条。齐国子博士吴郡陆澄彦深与尚书令琅邪王俭仲宝书，陈："王弼注《易》，玄学所宗！今若弘儒，郑不可废！"俭答："《易》体微远，实贯群籍；岂据小王，便为该备！依旧存郑，高同来说。"可谓矫矫南士之不群者也！然梁、陈之世，郑玄仍得与王弼《注》并列学官。南齐惟传郑义。至隋平江南，《王注》乃盛河朔；然郑义不废。

既，隋氏道消，唐代应运。诏孔颖达等撰定《周易正义》；然后专崇《王注》而众说皆废。序称："汉儒传《易》者，西都则有丁、孟、京、田，东都则有荀、刘、马、郑，大体更相祖述，非有绝伦。惟魏世王辅嗣注，独冠古今！所以江左诸儒并传其学，河北学者罕能及之！其江南义疏十有余家，皆辞尚虚玄，义多浮诞。原夫《易》理难穷，虽复玄之又玄。至于垂范作则，便是有而教有。若论住内住外之空，就能就所之说，斯乃义涉于释氏，非为教于孔门也！"所以抨江南诸家者，斯亦允矣！虽然，吾观孔颖达者，徒知释氏之义不涉《易》，而不知《王注》之辞亦尚玄；徒知江南义疏诸家之辞尚虚玄、义多浮诞，而不知《王注》之为玄学之宗，江南诸家之所自出也！顾谓"义礼可诠，先以辅嗣为本"；宁必为达识乎！

虽然，唐之《易》家，有期诠义理而用王弼者，孔颖达之《周易正义》是也；有旁通象数而采虞翻者，李鼎祚之《周易集解》是也。一为三国之魏学，一为三国之吴学；一开宋儒胡、程之先，一植清学惠、张之基。盖李鼎祚《周易集解》凡十七卷，仍用王弼本；惟以《序卦传》散缀六十四卦之首，盖用《毛诗》分冠《小序》之例。所采凡子夏、孟喜、焦赣（赣）、京房、马融、荀爽、郑玄、刘表、何晏、宋衷、虞翻、陆绩、干宝、王肃、王弼、姚信、王廙、张秀、王凯冲、侯果、蜀才、翟元、韩康伯、何妥、崔憬、沈驎士、卢氏、崔觐、伏曼容、孔颖达、姚规、朱仰之、蔡景君等三十五家之说；而采虞翻尤多。其所自为说，则纯似翻；将欲以刊辅嗣之野文，补康成之逸象，而不采玄爻辰之说。自序谓："王、郑相沿，颇行于代。郑则多参天象，王乃全释人事。且《易》之为道，岂偏于天人哉？"则是于郑、王皆有不足，而博采诸家以为折衷也。

其有拾遗补阙，而搜孔、李所未采者，则有史征之《周易口诀义》凡七卷，自序云："但举宏机，纂其枢要；先以王注为宗，后约孔疏为理。然中如《乾·象》引周氏说，《乾·大象》《革·象》引宋衷说，《屯·象》引李氏说，《师·象》《渐》九五引陆绩说，《师》六五、《坎·大象》引庄氏说，《谦》六五引张氏说，《贲·大象》引王廙说，《颐·大象》引荀爽说，《坎》上六引虞氏说，《咸·大象》《井·大象》《鼎·象》引何妥说，《萃·象》《困·大象》引周宏（弘）正说，《升·象》《渐·象》引褚氏说，《震》九四、《兑·大象》引郑众说，《渐·大象》引侯果说，多出孔颖达《疏》及李鼎祚《集解》之外。盖唐去六朝未远，《隋书·经籍志》所载诸家之书，犹有存者，故征得以旁蒐博引；虽有文义，间涉拙滞。而唐以前解《易》之书，《子夏传》既多属伪撰；郑玄、陆绩《注》为后儒辑佚，亦非完书。其实存于今者，京房、王弼、孔颖达、李鼎祚四家及史氏此书而五耳！固稽古者所宜珍也！惜李、史二氏，新旧《唐书》并无传，其人本末不详耳！此唐代《易》学之要删也。

然自唐代以王弼《注》定为《正义》，于是学《易》者专言名理。惟李鼎祚《集解》不主弼义，博采诸家，以为"刊辅嗣之野文，补康成之逸象"，而后来经生，不能尽从其学！宋儒若胡瑗、程子言理精粹，自非晋、唐诸儒可及；然于象亦阙焉不详！独金华郑刚中亨仲著《周易窥馀》十五卷，兼收汉学；凡荀爽、虞翻、干宝、蜀才九家之说，皆参互考稽，不主一家。其解义间异先儒，而亦往往有当于理。虽其人附和秦桧，公论不予；然阐发经义，则自出新义，具有理解，要为《易》家所不废也。又《古易》本十二篇，自费直、郑玄以至王弼，递有移掇。孔颖达因弼本而作《正义》，行于唐代。《古易》自此不复存！宋吕大防仲微始考验旧文，作《周易古经》二卷。其后钜野晁说之以道作《古易》十二卷，永嘉薛季宣士龙作《古文周易》十二卷，余姚程迥可久作《古周易》一卷，丹陵李焘仁甫作《周易古经》八篇，昆山吴仁杰斗南作《古周易》十二卷，金华吕祖谦伯恭作《古周易》一卷，大致互相出入。独祖谦书最晚出，而较有据，凡分《上经》《下经》《彖上传》《彖下传》《象上传》《象下传》《系辞上传》《系辞下传》

《文言传》《说卦传》《序卦传》《杂卦传》为十二篇。朱子尝为之跋，后作《本义》，即用祖谦而不用王弼焉。然唐代虽定王弼《注》为《正义》；而《新唐书·艺文志》著录玄《注》十卷，是唐时王学盛行，而《郑注》未堕地也。至北宋尚存玄注《文言》《序卦》《说卦》《杂卦》四篇一卷，见《崇文总目》；而淳熙以后诸儒罕所称引，盖亡于南宋之初也。庆元王应麟伯厚，独能于散佚之余，旁摭诸书，辑《周易郑康成注》一卷，搜罗放失，以存汉《易》之一线；经文异字，亦皆并存；其无经文可存者，则总录于末简；又以玄《注》多言互体，并取《左传》《礼记》《周礼正义》中论互体者八条，以类附焉。可谓笃志遗经、研心古义者矣！此宋儒之整理《古易》则有然者。

　　虽然，宋儒《易》学之所以独成宋儒者，不在此！盖宋儒《易》学之自名一家者甚众；然要其大别，不外象数、义理二宗。而泰州胡瑗翼之开宋儒义理说《易》之先河，范阳邵雍尧夫为宋儒象数说《易》之大宗。

　　汉儒言《易》，本多主象数。至宋儒言《易》，而象数之中，复歧出"图书"一派。此派盖大昌于邵雍，而造端于彭城刘牧长民者也。牧之学出于洛阳种放名〔明〕逸；放出于亳州陈抟图南，其渊源与邵雍同；而以九为《河图》、十为《洛书》，则与雍异。著《易数钩隐图》三卷，附《遗论九事》一卷；其学盛行于仁宗时。黄黎献作《略例隐诀》，吴秘作《通神》，休宁程大昌泰之作《易原》，皆发明牧说。至建阳蔡元定西山，则以为与孔安国、刘歆所传不合，而以十为《河图》、九为《洛书》。朱子从之，著《易学启蒙》。自是以后，言《图》《书》者皆宗朱、蔡，而牧之图几废焉！然"图书"之学，刘牧实为别传，而邵雍乃其正宗。雍之子曰伯温子文者，著《易学辨惑》一卷，中叙传授本末，谓："雍《易》受于青社李之才挺之。之才师郓州穆修伯长。修师陈抟。"则是陈抟者，宋儒"图书"说《易》之祖师也。然宋儒之有陈抟、邵雍，犹汉学之有孟、京，所谓"《易》外别传"者也。

顾或者谓："陈抟以《先天图》传种放，更三传而至邵雍。放以《河图》《洛书》传李溉，更三传而至刘牧。穆修以《太极图》传周敦颐，再传至程颢、程颐。厥后雍得之以著《皇极经世》，牧得之以著《周易钩隐图》，周敦颐得之以著《太极图说》《通书》，颐得之以述《易传》。"据朱震《汉上易集传卦图》之说云尔；其说颇为后人所疑。而朱子亦谓"程子之学，源于周子"。然考之程子《易传》，无一语及太极；而于《观》《大畜》《夬》《渐》诸卦，云"予闻之胡翼之先生""予闻之胡先生曰"者，不一而足。则是程子之学，源于胡瑗；而于周敦颐无征也。倪天隐述其师胡瑗之说，有《周易口义》十二卷。其说《易》以义理为宗。而程子不信邵雍之数，故邵子《皇极经世》以数言《易》；而程子著《易传》四卷，则黜数而崇理，于胡瑗为近。其书以《序卦》分置诸卦之首，依李鼎祚《集解》例，而用王弼《注》本，但解《上下经》及《彖》《象》《文言》，亦与王弼《注》同。朱子《周易本义》，初亦用王弼本；后以吕祖谦《古周易》为本；然大指仍略同王弼而加详焉。首列九图，末著揲法，大略兼义理、占象而言。附以《易学启蒙》一卷，曰《本图书》《原卦画》《明蓍筮》《考变占》凡四篇，殆折衷理、数二家之说而无所偏废者乎！蒲江魏了翁鹤山，盖问业于朱子之门人建昌李燔敬子、赵州辅广汉卿者。尝言："辞变象占，《易》之纲领；而繇象象爻之辞，画爻位虚之别，互反飞伏之说，乘承比应之例，一有不知，则义理阙焉！"其大旨主于以象数求义理，折衷于汉学、宋学之间。辑《周易要义》十卷，虽主于《王注》《孔疏》，而采摭谨严，别裁精审，可谓剪除支蔓、独撷英华者矣！

虽然，宋儒《易》学，亦有不言理、不言数，而但言事者：上虞李光泰发《读易详说》十卷，吉水杨万里诚斋《易传》二十卷，其最著者也。光之书，于卦爻之词，皆引证史事。盖援古事以证爻象，始自郑玄；若全经皆证以史，则光书其始也。万里之书，大旨本程子《易传》；而参引史事以证之，则同李光。初名《易外传》，宋代书肆，曾与《程传》刊，谓之《程杨易传》。顾宋儒诋之者夥，以为足以耸文士之观瞻，而不足以服穷经士之心！然圣人作《易》，本以吉凶悔吝明人事，使天下万世无不知所从违；非徒使上智者矜谈妙悟，如佛家之传心印，道家之授丹诀。自谭《易》者推阐姓命，勾稽奇偶，其言愈微妙，而于圣人立教牖民之旨，愈南辕而北辙。箕子之贞，鬼方之伐，帝乙之归妹，孔子系辞，何尝不明证史事！依此而推，三百八十四爻，可以例举矣。舍人事而谈天道，正后儒说《易》之病，未可以引史证经为二家病！此一派也。

又有不言理、数，亦不言事而言心性者：慈谿杨简敬仲《易传》二十卷，宁德王宗传景孟《童溪易传》三十卷，其最著者也。简之学出金溪陆九渊子静，故其解《易》，惟以人心为主。盖自汉以来，以玄空说《易》始魏王弼；而以心性说《易》，始王宗传及简。宗传之论，有"性本无"说，"圣人本无言"之语，与简文旨相同。夫弼《易》祖尚玄虚以阐发义理，汉学至是而始变。宋儒扫除古法，实以《王注》为蓝本！然胡瑗、程子祖其义理而归诸人事，故似浅近而醇实；宗传及简祖其玄虚而索诸性天，故似高深而幻窅。此又一派也。

然论宋儒《易》学者，要以程子《易传》、朱子《易本义》为大宗。临海董楷正叔者，朱子再传弟子也。尝辑《周易传义》十四卷，合程子《传》、朱子《本义》为一书，而采二子之遗说，附录其下，意在理、数兼通。惟程子《传》用王弼本，而朱子《本义》则用吕祖谦《古周易》本；楷以程子在前，遂割裂朱子之书，散附《程传》之后，而朱子所定之古文，仍复淆乱！迨明之成祖，命行在翰林学士胡广等纂《周易大全》，即以楷书为底本，而列之学官。迄有清五百年间，士夫之为学，朝廷之取士，胥以此焉；乡塾之士，遂不复知有古经，则楷肇其端也！于是程《传》、朱《本义》之《大全》本行，而《王注》《孔疏》亦废搁矣！

元、明两代，学者言《易》，大抵不脱宋儒窠臼！独明古义、不囿风气者，惟元天台陈应润之撰《周易爻义变蕴》，明海盐姚士粦叔祥之辑《陆氏易解》耳！考陈应润之书凡四卷，大旨谓："义理玄妙之谈，堕于老庄；先天诸图，杂以《参同契》炉火之说，皆非《易》之本旨。"故其论八卦，惟据《说卦传》"帝出乎震"一节，为八卦之正位，而以"天地定位"一节，邵雍指为先天方位者，定谓八卦相错之用；谓："文王演《易》，必不颠倒伏羲之文，致相矛盾。"其论太极、两仪、四象，以天地为两仪，以四方为四象；谓："未分八卦，不应先有揲蓍之法，分阴阳、太少。周子无极太极、二气五行之说，自是一家议论，不可说《易》。"盖自宋以后，毅然破陈抟之学者，自应润始！所注用王弼本，惟有《上下经》六十四卦。据《春秋左氏传》"某卦之某卦"例，如《乾》之《姤》曰"潜龙可勿用"，《乾》之《坤》曰"见群龙无首吉"之类，故名曰"爻变"。其称一卦，可变六十四卦，六爻可变三百八十四爻；即汉焦延寿《易林》之例。盖亦因古占法而推原其变通之意，非臆说也！昔宋王应麟辑郑玄《易注》，为学者所重。而姚士粦抄撮京房《易传注》、李祚鼎《集解》诸书所引之吴陆绩《周易注》，以成《陆氏易解》一卷，虽不及应麟搜讨之勤博；然在陆《注》久佚之余，而掇拾丛残，存什一于千百，于元明人《易》家之中，倘亦翘然独秀者矣！

若乃师心自悟，暗与古会，足以卓然名一家者，莫如梁山来知德矣鲜①。隐万县之深山，精思《易》理，自隆庆庚午，至万历戊戌，阅二十九年，而成《周易集注》十六卷。其立说专取《系辞》中错综其数，以论《易》象，而以《杂卦》治之。错者，阴阳对错，如《先天圆图》乾错坤、坎错离，八卦相错是也。综者，一上一下，如屯、蒙之类，本是一卦，在下为屯，在上为蒙，载之《序卦》是也。其论错，有四正错，有四隅错；论综，有四正综，有四隅综。有以正综隅，有以隅综正。其论象，有卦情之象，有卦画之象，有大象之象，有中爻之象，有错卦之象，有综卦之象，有爻变之象，有占中之象。皆由冥心力索，得其端倪，因而参互旁通，自成一说，当时推为绝学。然《上下经》各十八卦，本之旧说；而所说中爻之象，亦即汉以来互体之法；特知德纵横推阐，专明斯义，较先儒为详尽耳！

既，清儒崛起，务摧剥宋学，宏宣汉《易》，别成风气。而首驱除夫难者，要推余姚黄宗羲太冲、宗炎晦木兄弟，暨德清胡渭朏明三氏。

初陈抟推阐《易经》，衍为诸图；其图本准《易》而生，故以卦爻反覆研求，无不符合。传者务神其说，遂归其图于伏羲，谓《易》反由图而作。又因《系辞》"河图洛书"之文，取大衍算数，作五十五点之图，以当《河图》；取《乾凿度》太乙行九宫法，造四十五点之图，以当《洛书》；其阴阳奇偶，亦一一与《易》相接应。传者益神其说，又真以为龙马神龟之所负，谓伏羲由此而有先天之图；实则唐以前书，绝无一字之征验，而突出于北宋之初。邵雍、朱子亦但取其数之巧合，而

---

① 此处原文作"……梁山来知德矣。鲜，隐万县……"，误。"矣鲜"，来知德字。

未暇究其太古以来从谁授受？于是宗羲病其末派之支离，纠本原之依托，著《易学象数论》六卷。自序云："世儒视象数为绝学；今一一疏通，知于《易》本无干涉，而后反求《程传》，亦廓清之一端。"又称："王辅嗣《注》，简当无浮义；而病朱子添入康节先天之学，为添一障。"可谓了当！而宗炎著《周易象辞》附《寻门馀论图书辨惑》二十四卷，大指谓："陈抟之图书，乃道家养生之术"；与元陈应润之说合。而论"四圣相传，不应文王、周公、孔子之外，别有伏羲之《易》，为不传之秘。《周易》未经秦火，不应独禁其图，转为道家藏匿，二千年至陈抟而始出。"则尤笃论也！

然皆各据所见，抵其罅隙，尚未能穷溯本末，一一抉所自来。独胡渭著《易图明辨》十卷，辨《河图》《洛书》，辨五行、九宫，辨《周易参同》、先天太极，辨《龙图》《易数钩隐图》，辨《启蒙》"图书"，辨先天《古易》，辨后天之学，辨卦变，辨象数流弊；大指谓："《诗》《书》《礼》《春秋》，皆不可无图。独《易》无所用图。六十四卦二体六爻之画，即其图也。八卦之次序方位，则乾坤三索、出震齐巽二章尽之矣！"引据旧文，互相参证，以箝依托者之口。于是学者知图书之说，虽言之有故、执之成理，乃修炼、术数二家旁分《易》学之支流，而非作《易》之根柢。视黄氏兄弟所论，尤为穷源竟委，其功不可没也！

然此三君子者，于宋儒有摧陷廓清之功；而汉学之究宣未极宏！至吴县惠士奇天牧撰《易说》六卷，以为："今所传《易》出费直《易》。费本古文，王弼尽改俗书，又创虚象之说，而汉《易》亡矣！《易》者象也。圣人观象而系辞，君子观象而玩辞。六十四卦皆实象，安得虚哉！汉儒言《易》，孟喜以卦气，京房以适变，荀爽以升降，郑康成以爻辰，虞翻以纳甲；其说不同，而指归则一，皆不可废。"然士奇博学无所成名，力矫王弼以来空言说经之弊，征引赅备，而失之杂！

其子曰栋字定宇者，博通经史，尤邃于《易》；谓："孔子作《十翼》，其微言大义，七十子之徒相传，至汉犹有存者。自王弼兴而汉学亡，幸存其略于李氏《集解》。"精研三十年，引伸解类，始得贯通其旨；乃追考汉儒《易》学，掇拾绪论，成《易汉学》八卷：凡《孟长卿易》二卷，《虞仲翔易》一卷，《京君明易》二卷，（《干宝易》附见。）《郑康成易》一卷，《荀慈明易》一卷；其末一卷，则栋发明汉《易》之理，以辨正《河图》《洛书》、先天太极之学。又究汉儒之传以阐明《易》之本例，凡九十类，成《易例》二卷。汉学之绝者千有五百余年，至是而灿然复章！

又自为解释，成《周易述》二十三卷，专宗虞翻，而参以郑玄、荀爽、宋咸、干宝诸家之说，融会其义，自为注而自疏之。持论尤精警者：孔颖达《正义》据马融、陆绩说，以《爻辞》为周公作，与郑学异；其所执者，《明夷》六五云"箕子"，《升》六四云"王用享〔亨〕岐山"，皆文王后事。论者不能夺也！独栋引《春秋传》《禹贡》《尔雅》以证"王用亨岐山"之为夏后氏，而非文王。而箕子明夷，则用汉赵宾之说，疏通证明，以为："'箕子'当从古文作'其子'。其，古音亥，亦作箕。刘向云：'今易箕子作荄兹。'荀爽据以为说，读箕子为荄兹。其与亥，子与兹，文异而音义同。《三统术》云：'该閟于亥，孳萌于子'；该荄，亦同物也。五本坤也，坤终于亥，乾出于子，用晦而明，明不可息；故'其子之明夷'。马融俗儒，不识七十子传《易》之大义，读其为箕，盖涉《象传》而讹。五为天位，箕子臣也，而当君位，乖于《易》例甚矣！谬种流传，兆于西汉博士施雠读其为箕。蜀人赵宾述孟氏之学，以为'箕子明夷，阴阳气无箕子。箕子者，万物方荄兹也'。宾据古义以难诸儒，诸儒皆屈。于是施雠、梁丘贺皆嫉之。孟喜与雠、贺同事田王孙；喜未贵而学独高。喜所传《易家候阴阳灾变书》，得自王孙；而贺恶之，谓无此事。语闻于上。宣帝遂以喜为改师法，中梁丘之谮也！雠、贺嫉喜而并及宾。班固作喜传，亦用雠、贺之单词，皆非实录。刘向《别录》犹循孟学；故马融俗说，荀爽独知其非，复用宾古义。"虽敢为异论，而不尽合事实；然自是清儒论《易》家，多信孟喜真传田王孙学者，其说实自栋发之！然按《汉书·儒林传》云："赵宾以为箕子明夷，阴阳气无箕子；箕子者，万物方荄滋也，云受孟喜，喜为名之。"此赵宾谓"箕子"二字为"荄滋"之误也。然则赵宾所见之《易经》，本是"箕子"二字矣。虞翻云："箕子，纣诸父。五乾天位，今化为坤，箕子之象。"虞翻世传《孟氏易》，而不从"荄滋"之说；可见《孟氏易》不作"荄滋"矣！

惠栋言《易》尊虞翻，何以于此独不从虞翻乎？此不可解也。惟汉人之《易》，孟、费诸家，各有师承，势不能合。而栋之学宗称虞翻，有未通，补以郑、荀诸儒。学者以无家法少之！未若武进张惠言皋文治虞翻《易》之为专家绝学也！惠言之论，大指以为："翻之《易》学，自其高祖父故零陵太守光治《孟氏易》，世传其业，至翻五世。又具见马、郑、荀、宋氏书，考其是否。故其言《易》，以阴阳消息六爻，发挥旁通，升降上下，归于乾元用九，而天下治。依物取类，贯穿比附，始若琐碎；及其沉深解剥，离根散叶，畅茂条理，遂于大道。后儒罕能通之！自魏王弼以虚空之言解《易》，唐立之学官；而汉世诸儒之说微！惟郑、荀、虞三家，略有梗概，可指说；而虞又较备。然则求七十子之微言，田何、杨叔、丁将军之所传者，舍虞氏《注》奚从也！"故求其条贯，明其统例，释其疑滞，信其亡阙，为《周易虞氏义》九卷；表其大指，为《周易虞氏消息》二卷。又撰《虞氏易礼易事易候易言》及《虞氏略例》，务以探赜索隐，存一家之学焉！

惟惠、张二家，咸以汉《易》之亡，归狱王弼；独甘泉焦理堂循明其不然！其大指以为："东汉末以《易》学名家者，称荀、刘、马、郑。刘谓刘景升表；表之学受于王畅。王弼者，刘表之外曾孙，而畅之嗣玄孙也。弼之学，盖渊源于刘，而实根本于畅。兄宏，字正宗，亦撰《易义》；兄弟皆以《易》名，可知其所受者远矣！故弼之《易》，虽参以己见；而解箕子为荄兹，正用赵宾解。又如读彭为旁，借雍为甕，通乎为浮而训为务躁，解斯为厮而释为贱役之属，皆以六书通借。解经之法尚未远于马、郑诸儒；特貌为高简，故疏者概视为空论耳。"因作《周易王氏注补》一卷，可谓持平之论也！

考循之《易》，本出家学。尝疑一"号咷"也，何以既见于《旅》，又见于《同人》？一"拯马壮"也，何以既见于《复》，又见于《明夷》？密云不雨之象，何以《小畜》与《小过》同辞？甲庚三日之占，何以《蛊象》与《巽象》同例？乃遍读说《易》之书，既悟洞渊九容之术，实通于《易》；乃以数之比例，求《易》之比例；以《易》解《易》，触类求通，成《易通释》二十卷。自谓："学《易》所悟得者有三：一曰旁通；二曰相错；三曰时行。旁通者，在本卦，初与四易，二与五易，三与上易。本卦无可易，则旁通于他卦，亦初通于四，二通于五，三通于上。先二、五，后初、四、三、上为当位；不俟二、五，而初、四、三、上先行，为失道。易之道惟在变通。二、五先行而上下应之，此变通不穷也。或初、四先行，三、上先行，则上下不能应；然能变而通之，仍大中而上下应，如《乾》四之《坤》而成《小畜》《复》，失道矣；变通之，《小畜》二之《豫》五，《姤》二之《复》五，《复》初不能应，《姤》初则能应；《小畜》四不能应，《豫》四则能应。《坎》四之《离》上而成《井》《丰》，失道矣；变通之，《井》

二之《噬嗑》五，《丰》五之《涣》二，《丰》上不能应，《涣》上则能应；《井》三不能应，《噬嗑》三则能应，此所谓时行也。比例之义，出于相错。如《睽》二之五，为《无妄》；《井》二之《噬嗑》五，亦为《无妄》；故《睽》之噬肤，即《噬嗑》之噬肤。《坎》三之《离》上成《丰》，《噬嗑》上之三亦成《丰》；故《丰》之日昃，即《离》之日昃；《丰》之日中，即《噬嗑》之日中。《渐》上之《归妹》三，《归妹》成《大壮》，《渐》成《蹇》；《蹇》《大壮》相错成《需》，故《归妹》以须之，即《需》也。《归妹》四之《渐》初，《渐》成《家人》，《归妹》成《临》；《临》通《遁》相错为《谦》；《履》故眇能视，跛能履；《临》二之五，即《履》二之《谦》五之比例也。"

《易通释》既成，复提其要，为《易图略》八卷，凡图五篇，原八篇，发明旁通、相错、时行之义；论十篇，破旧说之非。复成《易章句》十二卷，总称《雕菰楼易学三书》，共四十卷。盖其为学，不拘汉、魏各师法，惟以卦爻经文比例为主。号咷、密云，踪迹甚显；蒺藜、樽酒，假借可据；如郭守敬之以实测得天行也；可谓冥心孤往、独辟蹊径者矣！尤岂惠、张诸家墨守汉《易》姝姝一先生之言者所可及耶！

晚清善化皮锡瑞鹿门撰《易学通论》，以张惠言为专门，焦循为通学，而谓"学者当先观二家之书"，可谓知言之士！然锡瑞论《易》，崇义理而黜象数，实主《王注》《程传》，据《汉书·儒林传》以证明孟喜《阴阳灾变书》之不出田王孙，京房纳甲之托孟喜；而深慨清儒惠栋以来重理孟、京之绪之为大惑！曰："经学有正传，有别传。以《易》而论，别传非独京氏而已。如孟氏之卦气，郑氏之爻辰，皆别传也。又非独《易》而已。如《伏传》五行，《齐诗》五际，《礼·月令》明堂阴阳说，《春秋公羊》多言灾异，皆别传也。子贡谓'夫子性与天道，不可得闻'；则孔子删定六经以垂世立教，必不以阴阳五行为宗旨。至孟、京出而汉儒称谶纬，宋人斥谶纬而称《图》《书》。其实焦、京之《易》，出阴阳家之占验，虽应在事后，非学《易》之大义；陈、邵之《易》，出道家之修炼，虽数近巧合，非作《易》之本旨。故虽自成一家之学，而于圣人之《易》，实是别传，而非正传。近儒于陈、邵之图，辟之不遗余力；而又重理焦、京之说。独焦循说《易》，自辟町畦，以虞氏之旁通，兼荀氏之升降，意在采汉儒之长而去其短；而于孟氏之卦气，京氏之纳甲，郑氏之爻辰，皆驳正之以示后学。曰：'纳甲卦气，皆《易》之外道。'赵宋儒者，辟卦气而用先天。近人知先天之非矣，而复理纳甲卦气之说；不亦唯之与阿哉！"斯又侃侃敷陈，清儒之箴砭也！

他如衡阳王夫之而农之《周易稗疏》，萧山毛奇龄大可之《仲氏易》《推易始末》《春秋占筮书》三书，旌德姚配中仲虞之《周易姚氏学》，甘泉江邻堂藩之《周易述补》，震泽陈寿熊献青之《读易汉学私记》，宝应成蓉镜芙卿之《周易释爻例》之属；皆清儒《易》学之有根据、有条理者。虽立说或有未纯；要其创通新解，补苴前贤，多可取者！

然《易》道渊深，包罗众义，随得一隙，皆能宛转关通，有所阐发。近儒侯官严复又陵序其所译英儒赫胥黎著《天演论》，则又据《易》理以阐欧学，其大指以为："欧学之最为切实，而执其理可以御蕃变者，名、数、质、力四者之学是已。而吾《易》则名、数以为经，质、力以为纬；而合而名之曰《易》。大宇之内，质、力相推；非质无以见力，非力无以呈质。凡力，皆乾也；凡质，皆坤也。奈端（牛顿）动之例三，其一曰：'静者不自动，动者不自止。动路必直，速率必均。'此所谓旷古之虑，自其例出而后天学明、人事利者也！而《易》则曰：'乾，其静也专，其动也直。'后二百年有斯宾塞尔者，以天演自然言化，著书造论，贯天地人而一理之；此亦挽近之绝作也！其为天演界说曰：'翕以合质，辟以出力，始简易而终杂糅。'而《易》则曰：'坤，其静也翕，其动也辟。'至于'全力不增减'之说，则有自强不息为之先；'凡动必复'之说，则有消息之义居其始。而'易不可见，乾坤或几乎息'之旨，尤与'热力平均，天地乃毁'之言相发明！"可谓有味乎其言之也！

然严复尚非《易》家也，不过为阐《易》道以欧学者之大辂椎轮而已！至海宁杭辛斋出，精研《易》义，博及诸家传注，而蒐藏言《易》之书六百二十余种，并世之言《易》藏者莫备焉！著有《易楔》□〔六〕卷，《学易必谈》初集、二集各四卷，《易数偶得》二卷，《愚一录易说订》二卷，《读易杂识》一卷，《改正揲蓍法》一卷。其平日持论，以为："《易》如大明镜，无论以何物映之，莫不适如其本来之象。如君主立宪，义取亲民，为《同人》象。民主立宪，主权在民，为《大有》象。社会政治，无君民上下之分，为《随》象。乃至日光七色，见象于白《贲》；微生虫变化物质，见象于《蛊》。又如《系辞传》言：'坤，其静也翕，其动也辟。'而所谓'辟'者，即物理学之所谓离心力也；'翕'者，即物理学所谓向心力也。凡物之运动，能循其常轨而不息者，皆赖此离心、向心二力之作用。地球之绕日，即此作用之公例也。凡近世所矜为创获者，而《易》皆备其象、明其理于数千年之前。盖理本一原，数无二致，时无古今，地无中外，有偏重而无偏废。中土文明，理重于数，而西国则数胜于理。重理，或流于空谈而鲜实际；泥数，或偏于物质而遗精神。惟《易》则理数兼赅，形上道而形下器，乃足以调剂中西末流之偏，以会其通而宏其指。"此则推而大之以至于无垠；而异军突起，足为《易》学辟一新涂者焉！

六 《周易》之本子

自古以来，传《易》者众，屡有更定；而文王、孔子之《易》，不可复考见。据《汉书·艺文志·六艺略》：《易经》十二篇，施、孟、梁丘三家。师古曰："《上下经》及《十翼》，故十二篇。"孔颖达《论夫子十翼》曰："但数'十翼'，亦有多家。既文王《易经》本分为上下二篇，则区域各别，彖、象释卦，亦当随经而分，故一家数'十翼'云：《上彖》一，《下彖》二，《上象》三，《下象》四，《上系》五，《下系》六，《文言》七，《说卦》八，《序卦》九，《杂卦》十。"然"十翼"之说，不知起于何人？隋唐以前，大儒君子不论。《史记·孔子世家》虽有"《序》《彖》《系》《象》《说卦》《文言》"之文；而不言《十翼》。"说卦"二字亦疑衍。《论衡·正说篇》曰："至孝宣皇帝之时，河内女子发老屋，得逸《易》《礼》《尚书》各一篇，奏之，皇帝下示博士。然后《易》《礼》《尚书》各益一篇。"所说《易》益一篇，盖《说卦》也。据王充说，《说卦》至宣帝时始出，非史公所得见；故疑《世家》"说卦"二字，疑后人刻本衍者。《汉志》称"文王重《易》六爻，作上下二篇。孔氏为之《彖》《象》《系辞》《文言》《序卦》之属十篇"；然十篇之目虽具，亦不云《十翼》。孔颖达亦以《十翼》说有多家，但称"一家数十翼"云云而不论定。

《十翼》之说既无据，则《汉志》所谓"《易经》十二篇"者，盖指文王重《易》六爻作上下篇；孔子为之《彖》《象》《系辞》《文言》《序卦》之属，各依之分上下，得十篇；并十二篇也。盖文王重《易》六爻作上下篇，但重爻而未系辞，故有画而无文耳。《春秋左氏传》载昭公二年春，晋侯使韩宣子来聘，见《易象》与《鲁春秋》，曰："周礼尽在鲁！"所谓"易象"者，盖即文王重《易》六爻所作之上下篇，徒有爻画之象，而无《象》《系》之词；称之曰"易象"也。既文王《易象》本分为上下二篇，而孔子为之《彖》《象》《系辞》《文言》《序卦》之属十篇，各出为篇，故十二篇。施、孟、梁丘三家《易》如此；费直《易》亦如此。《汉书·儒林传》载直治《易》以《彖》《象》《系辞》十篇《文言》解说《上下经》，其言可征也；厥为《周易》之第一古本；未晓谁何合孔子之《系辞》而缀于文王重爻之上下篇。

其后晋武帝太康之世，汲县人不准盗发魏襄王墓，大得古书；《周易》上下篇，与今正同，无《彖》《象》《文言》，（杜预《春秋左氏传集解》后序。）则已合孔子之系辞，而缀于文王重爻之上下篇矣。是即师古曰"《上下经》及《十翼》，故十二篇"之一本也；厥为《周易》之第一翻本。然《彖》《象》尚别为篇，而未缀诸卦爻《系辞》之后也。初费直治《易》，无章句；徒以《彖》《象》《系辞》十篇《文言》解说《上下经》；而不闻合《彖》《象》于《上下经》也。后汉郑玄传《费氏易》，而作《易注》，乃合《彖》《象》于经而题"彖曰""象曰"者，欲使学者寻省易了也。可称为《周易》之第二翻本。然郑玄之合《彖》《象》于《经》，不过缀《彖》《象》于一卦六爻之后。迨魏王弼作《周易注》，又以为《象》者本释经文，宜相附近，其义易了；故分爻之《象辞》，各附其当爻下；（孔颖达《坤》初六"《象》曰"疏。）如《坤》以下六十三卦是也。其《乾》卦《彖》《象》《文言》，则以总附六爻之后，盖存郑玄所合之例。可称为《周易》之第三翻本；遂为后来所遵用。

至宋大儒程子作《伊川易传》，所据者王弼本也。至吕大防、晁说之、吕祖谦诸儒，以为应复十二篇之旧。吕大防乃于元丰壬戌，昉刻《周易古经十二篇》于成都学官。晁说之建中靖国辛巳，并为八篇，号《古周易》。而吕祖谦则因晁氏书，参考传记，乃以《上下经》《十翼》各为一篇，如师古注《汉志》所称"《上下经》及《十翼》，故十二篇"者。而十二篇之《易》始定。自谓"篇目卷帙，一以古为断"。然《十翼》之说，古所未闻；则所谓"古"者，亦第师古之"古"，未必合于十二篇古本之真也？可称为第一翻本之复古而已！朱子《周易本义》以《经》为二卷，《十翼》为十卷，即用此本也；较之程子《易传》用王弼本者，原不相同。其后董楷乃以程子之《传》、朱子之《本义》，合为一书，而以世次先程后朱，移《易本义》次序以就《程传》。至明永乐中，翰林院学士胡广等奉敕撰《周易大全》，因焉；于是又别出一非程非朱、亦程亦朱之监本；可称为《周易》之第四翻本。

　　世所通行者三本：一王弼《注》本，一朱子《本义》用吕祖谦本，一坊刻监本。而以坊刻监本为最陋劣，传布最广。其序文则《程传》也。目录之标题，则《本义》也。目录之卷帙，则《程传》也。首列《河图》《洛书》及先后天、八卦、六十四卦各图，亦《本义》也。而《上下经》与《系传》之篇第，则又皆《程传》也。其注则又皆《本义》也。可谓极参伍错综之能事，而不名一家者矣！观其封面则署曰"监本易经"者；推求其故：盖明刻永乐之《大全》监本固程子之《传》与朱子《本义》并列，篇第章句悉依《程传》，而以《本义》之注录于《程传》之后者。后以考试功令，专重《朱义》；坊贾射利，节减篇幅，于是去《传》留《义》，而篇帙则仍未之改。嘉靖间，苏州学官成某不求甚解，从而刊布之。非驴非马而题曰"监本易经"者，此物此志也。可称为《周易》之第五翻本；斯固卑之无甚高论矣！

七 《周易》之读法

《易》道广大，无所不包。汉有焦延寿、京房之推灾祥，阴阳家之占验也。魏有王弼、韩康伯之黜象数，道家之虚无也。宋有陈抟、邵雍之演《图》《书》，方士之修炼也。旁及天文、地理、乐律、兵法、韵学、算术，以逮方外之炼火，皆可援《易》以为说；而好异者又援以入《易》。语曰："群言淆乱衷诸圣。"而欲籀明《易》道，莫如折衷孔子。《易》本为卜筮之书，而孔子推天道以明人事；《易》只有卦爻之画，而孔子玩爻象而系之辞，曰："我于《易》则彬彬矣。"《易纬·通卦验》云："苍牙通灵昌之成！孔演命，明道经。"则是孔子之有大造于《易》也。费直治《易》亡章句，以《彖》《象》《系辞》十篇《文言》解说《上下经》。而荀爽传费氏学，著《易传》，据爻象承应阴阳变化之义，以十篇之文解说经意。此千古读《易》之准的也。姑以鄙意，粗发读例。

第一 明《易》之学

窃以为善读《易》者，必祛四蔽、明一谛，而后可以辟理障、阐《易》学。

何谓四蔽？一曰以阴阳占验言《易》。《易》之为书，推天道以明人事者也。孔子说《易》，见于《论语》者二事：一勉无过，一戒无恒；皆切人事。而战国《荀子》《吕览》及汉初贾谊《新书》、董子《繁露》《淮南鸿烈解》诸子书引《易》，亦皆切人事言之，而不主阴阳灾变；去古未远也。一变而为焦、京之阴阳灾变，入于禨祥；再变而为陈、邵（陈抟、邵雍。）

之《河图》《洛书》，务穷造化；《易》遂不切于民用。逊清学者于陈、邵之图书，辞而辟之，而复理焦、京纳甲卦气之说；是去一障又生一障；宁必此之为是而彼之为非哉！

一曰以老子明《易》。自何晏善谭《易》《老》，见称《魏氏春秋》；谈者每以《老》《易》对举，而王弼注《易》亦杂老氏之旨。不知老子知常，《易》道观变；老子守归根之静，《易》道见天下之动；老子阐旨于重玄以明天之道；《易》道假象于阴阳以察民之故。一无对，一有对；论旨之不同如此，而谭者皮傅枝辞。此孙盛所为讥弼"以附会之辩而欲笼统玄旨，虽有可观，恐泥大道"者也！（《魏志·钟会传》裴松之注引。）但汉末《易》道猥杂，卦气、爻辰、纳甲、飞伏、世应之说，纷然并作；弼乘其敝，扫而空之，颇有摧陷廓清之功！而以清言说经，杂以道家之学，汉人朴实说经之体，至此一变。然则弼《注》之所以可取者，在不取术数而明义理；其所以可议者，在不切人事而杂玄虚。

一曰以禅参《易》。宋儒杨简承其师陆九渊之学，为《易传》，略象数而谈心性，多入于禅。王宗传与之同时，而作《童溪易传》，力排象数而不免涉于虚无，大旨与简相类。逊清《四库全书提要》录存其书，见以佛理诂《易》，自二人始；著经学别派之由也。不知以禅参《易》，极盛南朝。孔颖达论之最为宏通，其序《周易正义》，以为："江南义疏十有余家，皆辞尚虚玄，义多浮诞。原夫《易》理难穷，虽复玄之又玄；至于垂范作则，便是有而教有。若论住内住外之空，就能就所之说，斯乃义涉于释氏，非为教于孔门也！"诚哉是言！兹不复赘。

一曰以进化论《易》。欧通以还，进化论兴，而谭《易》者亦以进化为应运。不知"易"而名"周"，只是化而非进。言世运之变同，而所以为言者不同。《周易》之所明者，天道无往而不复；进化之所论者，群治有进而无退。然英哲家赫胥黎论天演,而终之以进化一篇,曰:"万化周流,有其隆升,则亦有其污降。宇宙一大年也,自京垓亿载以还,世运方趋上行之轨;日中则昃,终当造其极而下移。然则言化者谓世运必日亨,人道必止至善,亦有不必尽然者矣。"则是万化之循周流,世运之不日亨,赫氏何尝不凿凿言之也。

四蔽既祛,当明一谛。夫六十四卦大象,皆有"君子以"字以征验人事。"君"者"群"也;"君子"之言,"善群者"也;圣人之情见乎辞矣!然则《易》之为学,群学也!"群学者何?用科学之律令,察民群之变端,以明既往、测方来也。"(严复译斯宾塞尔之《群学肄言》序。)福劳特曰:"今世所谓科学者,非但即物穷理已也;于先后因果之间,必有数往知来之公例,而后副名实。"(严复译《群学肄言·倡学第二》引。)斯宾塞尔曰:"科学者,所以穷理尽性,而至诚者可以前知。"(《群学肄言·倡学第二》。)"群学之事,所重者,不在今日群种治化之已然也;在即其已然,推所必至。天生蒸民,德不虚立;于其身有性情才力之可指,于其群即有强弱衰盛之可指;是则群学所以为学而已矣!"(《群学肄言·喻术第三》。)吾观于《易》,彰往而察来,显微而阐幽,明于天之道而察于民之故。籀乾坤阖辟二例以立天演之本;衍六十四卦以网群治演变之赜。(如《屯》之言难,《蒙》之言教,《需》之言养,《师》之言众,皆以一卦言群治之一事。他可类推。)近取诸身,远取诸物,极天下之赜者存乎卦,鼓天下之动者存乎辞。开物成务,冒天下之道如斯而已者也。倪有合于所谓"群学者,用科学之律令,察民群之变端,以明既往、测方来"者耶?

昔司马迁论《易》"本隐而之显",而侯官严复则以为与欧儒外籀之术有合,允矣而未尽也!《易》有太极,是生两仪,两仪生四象,四象生八卦。八卦成列,象在其中矣;因而重之,爻在其中矣。夫《易》者,阴阳变化之谓。阴阳变化,立爻以效之，皆从乾坤而来。乾生震、坎、艮三男，坤生巽、离、兑三女，而为八卦；变而相重，而有六十四卦，三百八十四爻；所谓"推而行之谓之通"也。此《易》道之外籀也。然传不云乎："圣人有以见天下之动而观其会通。"刚柔相推，变在其中矣；系辞焉而命之，动在其中矣；吉凶悔吝者，生乎动者也。刚柔者，立本者也；变通者，趣时者也；吉凶者，贞胜者也。天地之道，贞观者也；日月之道，贞明者也。夫乾，确然示人易矣；夫坤，隤然示人简矣。故曰："乾坤，其易之门耶？"乾以易知，坤以简能。万变虽殊而归于一。此易道之内籀也。夫执一衍万之谓外籀；会异统同之谓内籀。为术不同而用相资。外籀者，所以尽《易》之变；内籀者，所以穷《易》之蕴。二者，欧儒即物穷理之最要途术也。岂非合于所谓"群学者，用科学之律令，察民群之变端，以明既往、测方来"者耶！

吾闻德国学者蓝德莱教授之言曰："谭群学者，有探原立论，谓群治演变，有其大经大法，而俟之百世不惑、放之四海皆准者，谓之哲家之群学。有籀史实以察群治之嬗变至赜，日新又新者，谓之史家之群学。推此而往，群学之所以籀群：有谓群治之演变虽赜，而往复循环，阖辟有常，可以籀其大例者；有谓世变何常，察史可知，一往不复而日进无疆者。"（氏在国立自治学院演讲，题曰《社会学方法上之争辩》，有记录，载《东方杂志》第十卷第十二号。今隐括其指，以便征引。）《易》者，圣人有以见天下之动而观其会通；原始要终，而籀群治演变之大经大法者也。傥所谓"哲家之群学"非耶？必明乎此，而后可与言读《易》。

第二　读《易》之序

孔子之于《易》也，《序》《彖》《系》《象》《说卦》《文言》),各自为篇。而王弼《注》以《彖》《象》《文言》分附其卦当爻之下,以解说经意,而明爻象承应阴阳变化之义。或者有改经之讥。然以《彖》《象》《系辞》十篇《文言》解说《上、下经》,费直家法如此。今以相合,学者寻省易晓,未为非计也!惟是不读《说卦》,无以明八卦之法象德业;犹之读代数书者不明正负号之用法,读几何书者不知点线面之界说,而欲演数作图,胡可得也。不读上下《系辞传》,无以知一经之全体大例;犹之读代数书者不熟记公式,读几何学者不明白定理,而欲演算作图,亦不可也。是故读《易》者,宜先读《说卦》,次上下《系辞传》,然后读《上、下经》之《系辞》《彖》《象》《文言》;则于卦位、爻位、象义及彖象爻之材德,已略有头绪,以读经文,自可触类而通,无虞扞格。而《序卦》则序六十四卦先后相次之义,以见消长之迭倚;《杂卦》则举六十四卦彼此反对之例,以明刚柔之相杂。错综其义,言非一端;是非旁贯全经不能通晓也。当以殿于末焉。

第三 籀《易》之例

《易》之发凡起例,尽于《说卦》及上下《系辞传》。然而书不尽言,言不尽意。有据辞籀推,可以意会者;有发于他经,不见《易》书者。观其会通,籀为大例:有画卦之例,有系辞之例,有玩古之例。

(甲) 画卦之例

《易》有太极,是生两仪,两仪生四象,四象生八卦。八卦成列,象在其中矣。有天道焉,有人道焉,有地道焉,兼三才而两之,故六。是以立天之道曰阴与阳,立地之道曰柔与刚,立人之道曰仁与义。兼三才而两之,故《易》六画而成卦；分阴分阳，迭用柔刚，故《易》六位而成章。然言位者有二义："列贵贱者存乎位。"二、三、四、五在上位者为贵，在下位者为贱。二、四，则四贵而二贱；三、五，则五贵而三贱。而初、上为无位之爻，初为未仕之人，上则事外之地；皆不当位也。故《乾》之上曰"贵而无位"，《需》之上曰"不当位"。（王弼注《需》上六曰："处无位之地，不当位者也。"）若以一卦之体言之，则皆谓之位，故曰"易六位而成章"。《易纬·乾凿度》曰："初为元士。二为大夫。三为三公。四为诸侯。五为天子。上焉宗庙。凡此六者，阴阳所以进退，君臣所以升降，万民所以为象则也。"后来注家据以为说，然亦有以四为三公、三为诸侯者。如《系辞下》"二与四同功而异位"，崔憬〔觐〕曰："二主士大夫位，佐于一国；四主三孤三公牧伯之位，佐于天子；皆同有佐理之功也。二主士大夫，位卑；四主三孤三公牧伯，位尊；故有异也。"又"三与五同功而异位"，崔憬〔觐〕曰："三诸侯之位，四〔五〕天子之位；同有理人之功，而君臣之位异也。"则是四为三公、三为诸侯矣！此亦不可不知也。

虽然，犹有疑第一位言"初"，第六位当"终"；第六位言"上"，第一位当言"下"。所以文不同者，盖下言"初"，则上有"末"义；故䷛《大过·象》云："栋挠本末弱"，则是上有"末"义。六言"上"，则初当言"下"，故䷀《乾·小象》云："潜龙勿用，阳在下也"，则是初有"下"义。互文相通，一也。且第一言"初"者，欲明万物积渐，从无入有，所以言"初"，不言"一"与"下"；而六言"上"者，欲见位居卦上，故不言"六"与"末"，二也。此画卦之大例；然而犹有可论者：

（一）**卦爻有主** 卦主之说，汉、宋之儒皆用之。欲明卦主，宜籀《彖辞》。而《彖辞》之系，盖统观六爻以立义者；如《屯》则以初为侯，《蒙》则以二为师，《师》则以二为将，

《比》则以五为君，其义皆先定于《彖》。爻辞不过因之而随爻细别耳，其爻之合于卦义者吉，不合于卦义者凶。

（二）**爻有当位不当位** 凡阳爻居阳位、阴爻居阴位者，曰"当位"。反之而阳爻居阴位、阴爻居阳位，曰"不当位"。而二、四为阴位，三、五为阳位。六为阴爻，九为阳爻。如☲《履》六三"履虎尾，咥人凶"；《象》曰："咥人之凶，位不当也。"九五"夬履贞厉"；《象》曰："夬履贞厉，位正当也。"☷《临》六四"至临无咎"；《象》曰："至临无咎，位当也。"☳《大壮》六五"丧羊于易，无悔"；《象》曰："丧羊于易，位不当也。"如此之类，大抵当位者吉，不当位者凶。

（三）**爻有比应** "应"者，上下体相对应之爻也。"比"者，逐位相比连之爻也。如☷《师·彖》曰"刚中而应"，指九二与六五应。☰《同人·彖》曰"中正而应"，指六五与九二应。此之谓"应"。又如☵《比》六三"比之匪人"，指三上比六四、下比六二，皆阴柔不正，故以"匪人"为言。六四"外比之贞吉"；象曰："外比于贤，以从上也。"孔颖达疏："外比九五，居中得位，故称贤也。"此之谓"比"。然阳之所求者阴，阴之所求者阳。比与应，必一阴一阳，乃相求而相得；而六爻之中，惟四与五比、二与五应为最重，盖以五为尊位，四近而承之、二达而应之也。然近而承者，则贵乎恭顺小心，故刚不如柔之善；达而应者，则贵乎强毅有为，故柔又不如刚之善。以此例推之：《易》中以六四承九五者皆吉，以九四承六五者多凶；以九二应六五者皆吉，以六二应九五者不能吉。其他四与初，犹或取相应之义；三与上，则取应义者少矣。五与上，犹或取相比之义；初与二、二与三、三与四，则取比义者少矣。若其爻为卦主，则群爻皆以比之、应之为吉凶焉。

（四）**卦内为互** 凡卦爻二至四、三至五两体交互各成一卦，谓之互体；权与《左氏》庄公二十二年，陈侯筮，遇☶《观》之☷《否》，曰："风为天于土上，山也。"杜预注："自二至四有☶《艮》象，（四爻变故。）艮为山"；是也。大抵八卦之中，☰☷《乾》《坤》纯乎阴阳，故无互体。若《震》《巽》《艮》《兑》分主四时，而《坎》《离》居中以运之，是以下互☳《震》而上互☶《艮》者，☵《坎》也；下互☴《巽》而上互☱《兑》者，☲《离》也。若☳《震》☴《巽》分《乾》《坤》之下画，则上互有☵《坎》、☲《离》；☶《艮》、《兑》分《乾》《坤》之上画，则下互有☵《坎》、☲《离》；而☳《震》、☶《艮》又自相互，☴《巽》、☱《兑》又自相互。斯阴阳老少之交相资也。惟《易》书未尝明言之；而爻辞多有取象互体者：☳《屯》六二："女子贞不字。"盖《屯》二至四互☷《坤》，《坤》道成女，故称"女子"；二居《坤》初，故曰"不字"也。☱《履》六三："眇能视，跛能履。"盖《履》二至四互☲《离》；三至五互☴《巽》，《离》为目，故能视；《巽》为股，故能履。其下卦☱《兑》也；《兑》为毁折，故眇且跛也。此其例也。

然古人互体之法，但于六画中求两互，是正例也。汉人说《易》如剥蕉，于是又有从互体以求重卦之法，谓之"连互"。盖取两互卦与两正卦参错连之，下互连外体，上互连内体，各得一卦，所谓五画之连互也；下互连内体，上互连外体，又各得一卦，所谓四画之连互也。虞翻解☳《豫》曰："《豫》初至五互体☵《比》，故利建侯"；是五画连互之说也。又曰："三至上互体☷《师》，故利行师"；是四画连互之说也。王弼尚名理，讥互体。然注☲《暌》六二曰："始虽受困，终获刚助。"《暌》自初至五成☵《困》；此用互体也。即卜筮家占法亦用之。宋人或筮取妻，得☳《小过》，不知其说；质之沙随，则曰："大吉。"盖内卦兼互体为☴《渐》，《渐》"女归吉"；外卦兼互体，则☳☱《归妹》也。是诚曲而中矣。

（五）**卦外相之** 凡以两爻交易而得一卦者，谓之"之卦"；言之卦者亦始《左氏》。庄二十二年，陈侯筮，遇☴☷《观》之☷☰《否》，谓遇《观》卦，以四爻动当变，故以六四变九四，以《巽》变《乾》，而为《观》之《否》。闵元年，毕万筮遇☵☳《屯》之☵☷《比》，谓遇《屯》卦，以初爻动当变，故以初九变初六，以《震》变《坤》，而为《屯》之《比》。"之"之为言，往也。虞翻说《易》，大抵取之卦者为多焉。

（六）**卦无不对** 六十四卦之相比者，无不两两相对；但有正对，有反对。☰《乾》之与☷《坤》，☵《坎》之与☲《离》，☶《颐》之与☱《大过》，☴《中孚》之与☳《小过》，八卦正对也。正对不变，故反覆观之，止成八卦。其余五十六卦，皆反对也。反对者皆变，故反覆观之，共二十八卦。以正对卦合反对卦观之，总而为三十六卦。《上经》三十卦，不变卦凡六，《乾》《坤》《坎》《离》《颐》《大过》是也。自☵《屯》、☶《蒙》而下二十四卦，反之则为十二；以十二而加六，则十八也。《下经》三十四卦，不变卦凡二，《中孚》《小过》是也。自☱《咸》、☳《恒》而下三十二卦，反之则为十六；以十六加二，亦十八也。《上、下经》之卦数，岂不适相均哉！

（乙）**系辞之例**

圣人设卦观象：卦有小大，象有往来。大抵上卦曰外，下卦曰内；内卦为主，外卦为客；自外曰来，自内称往。☵《屯》"元亨利贞，勿用有攸往"，朱子《本义》："《震》动在下，《坎》险在上，是能动乎险中；能动虽可以亨；而在险则宜守正，而未可遽有所往耳。"☷《复》"朋来无咎"，虞翻《注》："兑为朋，在内称来，五阴从初，初阳正息而成《兑》；

故朋来无咎。"殊为曲说；而曰"在内称来"，尤乖《易》例。不知同道曰朋。五阴在外，一阳在内；五阴同志来从初阳，故曰"朋来"。阴之所求者阳，何咎之有！䷯《井》"往来井井"，虞翻《注》："泰初之五也；往谓之五，来谓之初。"此往来之说也。阳卦为大，阴卦为小。䷊《泰》"小往大来"，虞翻《注》："《坤》阴诎外为小往，乾阳信内为大来。"朱子《本义》："小谓阴，大谓阳；言《坤》往居外，《乾》来居内。"䷋《否》"大往小来"，孔颖达《疏》："阳气往而阴气来，故曰'大往小来'。阳主生息，故称大；阴主消耗，故称小。"此小大之说也。

卦有小大，辞有险易。系辞焉而明吉凶。吉凶者，言乎其失得也。悔吝者，言乎其小疵也。无咎者，善补过也。然而不可不知者：一，诸卦及爻，亦有不言吉凶者。义有数等：或吉凶据文可知，不须明言吉凶者。若《乾》"元亨利贞"及九五"飞龙在天，利见大人"之属，寻文考义，是吉可知，故不须云吉也；若其《剥》"不利有攸往"，《离》之九四"突如其来如，焚如，死如，弃如"之属，据其文辞，其凶可见，故不言凶也。亦有爻处吉凶之际，吉凶未定，行善则吉，行恶则凶，是吉凶未定，亦不言吉凶。若《乾》之九三"君子终日乾乾，夕惕若，厉无咎"；若《屯》之六二"屯如邅如，乘马班如，匪寇婚媾。女子贞不字，十年乃字"；是吉凶未定，亦不言吉凶。又诸称"无咎"者，若不有善应，则有咎；若有善应，则无咎；此亦不定言吉凶也。诸称吉凶者，皆嫌其吉凶不明，故言吉凶以明之。若《坤》之六五"黄裳元吉"，以阴居尊位，嫌其不吉，故言吉以明之；推此余可知也。亦有于事无嫌，吉凶灼然可知，而更明言吉凶者。若《剥》之初六"剥床以足，蔑贞凶"，六二"剥床以辨，蔑贞凶"；此皆凶状灼然而言凶也。或有一卦之内，一爻之中，得失相形，须言吉凶。若《大过》九三"栋挠凶",九四"栋隆吉";是一卦相形也。《屯》九五"屯其膏,小贞吉,大贞凶";是一爻相形也。亦有一事相形,终始有异。若《讼》卦"有孚窒,惕中吉,终凶"之类是也。大略如此。二,言"无咎"者有二:有善补过,故无咎者;亦有祸自己招,无所怨咎。如《节》之六三"不节之嗟,又谁咎"者;但如此者少,此据多者言之,故云"无咎者善补过也"。

此《系辞》之大例。但辞有卦辞、有爻辞,有释卦辞、爻辞之辞。

(一) **卦辞** 卦之系辞,多曰"元亨利贞",是谓四德;但余卦四德,有劣于《乾》,故《乾》卦直云"元亨利贞",余无所言,欲见四德《乾》所固有,而无所不包;其余卦则四德之下,更有余事;以四德狭劣,故以余事系之,如《坤》"元亨利牝马贞"之类是也。亦有四德之上,即论余事;若《革》卦云"已日乃孚,元亨利贞悔亡",由"乃孚"之后,"元亨利贞",乃得"悔亡"也。有四德者,即《乾》《坤》《屯》《临》《随》《无妄》《革》七卦是也。然其中亦有不同;或其卦当时之义,即有四德;如《乾》《坤》《屯》《临》《无妄》,此五卦之时,即能四德备具。亦有其卦非善而有四德者;以其卦凶,故有四德乃可也;如《随》卦有元亨利贞,乃得无咎;无此四德,则有咎也。与前五卦,其义稍别。其《革》卦"已日乃孚,元亨利贞";若不已日乃孚,则无四德;又与《随》别。然则四德具者,其卦未必善也。亦有三德者,即《离》《咸》《萃》《兑》《涣》《小过》言"亨利贞"者凡六卦。就三德之中,为文不一。或总称三德于上,更别陈余事于下;若《离》"利贞亨,畜牝牛吉",《咸》"亨利贞,取女吉"之属是也。就三德之中,上下不一。《离》则云"利贞亨",由利贞乃得亨也;亦有先云"亨",更陈余事,乃始云"利贞"者,以有余事乃得利贞故也。有二德者：《大有》《蛊》《升》云"元亨"，《困》云"亨贞"，《大畜》《渐》《中孚》云"利贞"，凡七卦。其言二德，或在事上，或系事后，以先有事乃致此二德故也。亦有一德者：若《蒙》《师》《小畜》《履》《泰》《谦》《噬嗑》《贲》《复》《大过》《震》《丰》《节》《既济》《未济》，凡十五卦，皆一德，并是"亨"也。或在事上，或系事后。如《履》卦云"履虎尾不咥人亨"，由有事乃得亨也。

以前所论德者，皆于经文挺然特明德者乃言之也。其有因事相连而言德者，则不数之也。若《需》卦云"需有孚光亨贞吉"，虽有亨、贞二德，连事起文，故不数。《遁》卦云"亨小利贞"，虽有三德，亦不数。其他可以类推也。亦有卦善而德少者，若《泰》与《谦》《复》之类，虽善惟一德也。亦有全无德者，若《豫》《观》《剥》《蹇》《夬》《姤》之属是也。亦有卦善而无德者，《井》《解》之属是也。凡四德者，亨之与贞，其德特行。若元之与利，则配连他事；其意以元配亨，以利配贞。如"乾元亨利贞"，虽系四德，实只两意。何则？元，始也。亨，通也。利，宜也。贞，正而固也。乾元者，始而亨者也。人能至健，自始即通，然必宜于正固；是只两意也。但《易》之中，有言"小亨"者矣；有言"不可贞"者矣。一时之通，其亨则小；惟自始而即亨焉，所谓慎图之于始者，而后其亨乃可大可久也。是元在亨之先也。硁硁之固，固则非宜；惟有宜者在焉，而后可以固守也。是宜在贞之先也。其在六十四卦者，皆是此理。故其言"元亨"者，合乎此者也。其但言"亨"或曰"小亨"者，次乎此者也。其言"利贞"者，合乎此者也。其言"不可贞""勿用永贞"，或曰"贞凶""贞厉""贞吝"者，反乎此者也。元虽配亨，亦配他事。故《比》卦云"元永贞"、《坤》六五"黄裳元吉"是也。利亦非独利贞，亦所利余事多矣；若"利涉大川"，"利建侯"，"利见大人"，

"利君子贞"，如此之属，连事起文，不数以为德也。此四德，非惟卦下有之，亦于爻下有之；但爻下其事稍少。

（二）释卦辞　释卦辞者有《彖》、有《象》。

《彖》者，断一卦之义，先释名，后释辞。其释名，则杂取诸卦象、卦德、卦体。有兼取者，有但取其一二者，要皆以传中首一句之义为重。如《屯》则"刚柔始交而难生"，《蒙》则"山下有险"，皆第一义也。释辞之体，尤为不一：有直据卦名而论其理者；有杂取卦象、卦德、卦体者。盖辞生于名，就卦辞观之，则据卦名而论其理者正也。然名既根于卦，则辞亦不离乎卦；杂而取之，一则所以尽名中之蕴，以见辞义之有所从来；一则以为二体六爻吉凶之断例，而见辞义之无所不包也。惟《乾》《坤》《坎》《离》《震》《艮》《巽》《兑》八卦不释名者；八卦之名，文王无改于伏羲之旧，而其德其象，相传已久，不待释也。惟《坎》加"习"字，有取于重卦之义，故特释之。其释辞，则亦杂取卦德、卦象与其爻位。如释"乾元亨利贞"之辞，则以天言之者，其卦象也；以九五言之者，其爻位也。释《坤》辞以地，释《坎》辞以水，释《震》辞以雷，则皆卦象也。释《坎》以"刚中"，释《离》以"柔中"，释《艮》曰"上下敌应，不相与也"，释《巽》曰"刚巽柔顺"，释《兑》曰"刚中柔外"，则皆爻位也。大抵爻之为卦主者，必见义于《彖》。而辞例亦不一：有发首则叹美卦者，《乾·彖》云"大哉乾元"，《坤·彖》云"至哉坤元"；以《乾》《坤》德大，故先叹美之，乃后详说其义。或有先叠文解义而后叹者，则《豫·彖》之终曰"豫之时义大矣哉"之类是也。或有先释卦名之义、后以卦名结之者，则《同人·彖》曰"柔得位得中而应乎乾曰同人"，《大有·彖》曰"柔得尊位大中而上下应之曰大有"之例是也。或有特叠卦名而称其卦者，则《同人·彖》曰"同人曰'同人于野，亨'"，王弼《注》："同人于野亨,利涉大川,非二之所能也,是《乾》之所行,故特曰'《同人》曰。'"此等之属,为文不同,唯《同人》之《象》,特称"《同人》曰"。其余诸卦之《象》,或详或略,或先或后,故上下参差,体例不同。

《象》者,说一卦之象。六十四卦不同:或总举象之所由,不论象之实体;又总包六爻,不显上体下体;则《乾》《坤》二卦是也。或直举上下二体者,若云雷《屯》也,天地交《泰》也,天地不交《否》也,雷电《噬嗑》也,雷风《恒》也,雷雨作《解》也,风雷《益》也,雷电皆至《丰》也,洊雷《震》也,随风《巽》也,习坎《坎》也,明两作《离》也,兼山《艮》也,丽泽《兑》也;凡此一十四卦,皆总举两体而结义也,取两体俱成。或有直举两体、上下相对者:天与水违行《讼》也,上天下泽《履》也,天与火《同人》也,上火下泽《睽》也;凡此四卦,或取两体相违,或取两体相合,或取两体上下相承而为卦也,故两体相对而俱言也。虽上下二体,共成一卦,或直指上体而为文者:若云上于天《需》也,风行天上《小畜》也,火在天上《大有》也,雷出地奋《豫》也,风行地上《观》也,山附于地《剥》也,泽灭木《大过》也,雷在天上《大壮》也,明出地上《晋》也,风自火出《家人》也,泽上于天《夬》也,泽上于地《萃》也,风行水上《涣》也,水在火上《既济》也,火在水上《未济》也;凡此十五卦,皆先举上象而连于下,亦意取上象以立卦名也。亦有虽意在上象而先举下象以出上象者:地上有水《比》也,泽上有地《临》也,山上有泽《咸》也,山上有火《旅》也,木上有水《井》也,木上有火《鼎》也,山上有木《渐》也,泽上有雷《归妹》也,山上有水《蹇》也,泽上有水《节》也,泽上有风《中孚》也,山上有雷《小过》也;凡此十二卦,皆先举下象以出上象,亦意取上象共下象而成卦也。或先举上象而出下象，义取下象以成卦义者：山下出泉《蒙》也，地中有水《师》也，山下有风《蛊》也，山下有火《贲》也，天下雷行《无妄》也，山下有雷《颐》也，天下有山《遁》也，山下有泽《损》也，天下有风《姤》也，地中有山《谦》也，泽中有雷《随》也，地中生木《升》也，泽中有火《革》也；凡此十三卦，皆先举上体，后明下体也。其上体是天，天与山则称下也；若上体是地，地与泽则称中也。或有虽先举下象，称在上象之下者：若雷在地中《复》也，天在山中《大畜》也，明入地中《明夷》也，泽无水《困》也；是先举下象而称在上象之下，亦义取下象以立卦也。所称之象，有实象，有假象。实象者，若地上有水《比》也，地中生木《升》也；皆非虚，故言实也。假象者，若天在山中，风自火出，如此之类，实无此象，假而为义，故谓之假也。虽有实象、假象，皆以义示人，总谓之象也。《彖》释名，或举卦象，或举卦德，或举卦体；而《象》则专取两象以立义，而德、体不与焉。

（三）爻辞 六爻相杂，惟其时物也。其初难知，其上易知，本末也；初辞拟之，卒成之终。若夫杂物撰德，辨是与非，则非其中爻不备。二与四同功而异位。二多誉，四多惧，近也。柔之为道不利远者，其要无咎，其用柔中也。三与五同功而异位。三多凶，五多功，贵贱之等也；其柔危，其刚胜耶？大约初、上虽无位而为事之始终。自二至五，则居中而正，为用事之位。其问有为主爻者，则系之辞曰我；☶《蒙》九二、☴《小畜》六四、☴《观》九五、☶《颐》初九、《小过》六五、☴《中孚》九二也。独☵《需》三、☵《解》三、☴《鼎》三、☶《旅》四，以本爻称我耳。玩辞者拟其初、竟其终，参合其物理以辨其是非而求其备，此学《易》之法也。

（四）释爻辞 释爻辞者亦称"象曰"，以别于卦辞下之

《象》,谓之"小象"。惟《乾》《坤》德大,别系《文言》。大抵阳爻居阳位,阴爻居阴位,而位与爻相当者称"正";如《坤》六二《文言》曰"直其正也",《履》九五《象》曰"位正当也",《遁》九五《象》曰"以正志也",此其例也。凡初爻称"始",亦称"下"。《坤》初六《象》曰"阴始凝也",《恒》初六《象》曰"始求深也",此称"始"之例也;《乾》初九《象》曰"阳在下也",《屯》初九《象》曰"以贵下贱",此称"下"之例也。所以称"下"者,盖初位六爻之下,爻辞多以"足""趾""履""尾"取象;如《剥》初六"剥床以足",《鼎》九四"鼎折足",此取象于"足"也;《噬嗑》初九"屦校灭趾",《贲》初九"贲其趾",此取象于"趾"也;《坤》初六"履霜",《离》初九"履错然敬之",此取象于"履"也;《遁》初六"遁尾厉",《既济》初九"濡其尾",此取象于"尾"也。凡画卦自初爻始,故初为本,上为末。《大过》中四阳,上下两阴,有栋挠之象;故《象》曰"本末弱也"。以画卦言之,则初始而上终;而以重卦言之,则初卦而上上。《易》例阳称贵,阴称贱。《屯》以九下六二,故曰"以贵下贱"。其他可以类推也。凡九居二、六居五者称"中",亦称"中行"。《坤》六五《象》曰"文在中也",《小畜》九二《象》曰"牵复在中",此称"中"之例也;《师》六五《象》曰"以中行也",《未济》九二《象》曰"中以行正也",此称"中行"之例也。凡六居二、九居五者,称"中正";如《需》九五《象》曰"以中正也",《豫》六二《象》曰"以中正也"是也。亦有称"正中"者,如《乾》九二《文言》曰"龙德而正中者也",但与称"中正"者微有别。盖称"中正"者,二事也,二、五为中,阴阳当位为正;称"正中"者,一事也,但取其正得中位,非以当位言也。凡三、四爻称"际",亦称"疑"。《泰》九三《象》曰"无往不复,天地际也",《坎》六四《象》曰

"刚柔际也",此称"际"之例也;《乾》九四"或跃在渊"《文言》曰:"或之者,疑之也",《损》六三《象》曰"三则疑也",此称"疑"之例也。盖卦以下为内、上为外,而三爻者内卦之终,四爻者外卦之始,故称"际"。而疑于进退可否之间;《乾·文言》之说九四曰"上下无常",曰"进退无恒",故曰"或之者疑之也";以为六十四卦之发凡起例,而疑之谊起焉。凡上爻称"终",亦称"穷"。《比》上六《象》曰"无所终也",《剥》上九《象》曰"终不可用也",此称"终"之例也;《乾》上九《[文]言》曰"穷之灾也",《坤》上六《象》曰"其道穷也",此称"穷"之例也。盖上位六爻之上,与初居一卦之下者不同。初取象于"足""趾""尾"以最下体也,故称"下";上取象于"首""顶""角",以最上体也,故称"穷"。《比》上六"比之无首",《离》上九"有嘉折首",此取象于"首"也;《大过》上六"过涉灭顶",此取象于"顶"也;《晋》上九"晋其角",《姤》上九"姤其角",此取象于"角"也。大抵上戒其不终,初教以防渐;谨小慎微,而贵于中以行正,无过不及;此作《易》之微意也。

(丙)玩占之例

昔有圣人之作《易》也,幽赞于神明而生蓍,(朱子曰:"《易》只是为卜筮而作,故《周礼》分明言'太卜掌三《易》',《连山》《归藏》《周易》。古人于卜筮之官,立之凡数人。秦去古未远,故《周易》亦以卜筮,得不焚。"又曰:"圣人作《易》,本是使人卜筮,以决所行之可否,而因之以教人为善。故卦爻之辞,只是因依象类,虚设于此。")参天两地而倚数。(孔颖达曰:"两为耦数之始,三为奇数之初。不以一目奇者,张氏云:以三中含两有一,以包两之义,明天有包地之德,阳有包阴之道。")以五乘十,大衍之数也,而道据其一;(《汉书·律历志》。)不用而用以之通,非数而数以之成,斯

《易》之太极也。其用四十有九，分而为二以象两，天于左手，地于右手。有天地，则人生焉。于是挂一以象三。而挂者，当取左一蓍挂右手之小指，象天施而地生成之也。然后先置右手之蓍于一处，而以右手四四而数左手之蓍；又置左手之蓍，而以左手四四而数右手之蓍；是之谓揲。揲，间而数之也。揲之以四者，象四时也；其左右手交揲者，象天地交泰，而四时序、岁功成也。所揲之余曰扐，不一则二、不三则四也；扐并合，以挂左手之小指，为一扐；不四则八也。已一扐，复取前过揲之蓍，分而为二，揲之以四如初，而求其所揲之余，是为再扐。而归以所挂之一，是谓"归奇于扐以象闰"。闰，积月之余日以成月者也。五岁再闰，故再扐而后挂，所得之数，不五则九也；以并于扐而挂左手之小指。又取前过揲之蓍而三揲之如初，而求其扐；左右手并合，仍不四则八，如初扐也；仍以并挂左手之小指，而一爻之阴阳以定。三扐所并之数共十三，（即初扐四、再扐五、第三扐四之和。）则存蓍三十六，（四十九减十三之余。）以四揲之，适九；老阳也。三扐所并之数共二十五，（即初扐八、再扐九、第三扐八之和。）则存蓍二十四，（四十九减二十五。）以四揲之，适六；老阴也。若三扐之并数二十一，（初扐八、再扐九、第三扐四，或初扐四、再扐九、第三扐八，或初扐八、再扐五、第三扐八，所并之和。）则存蓍二十八，（四十九减二十一。）以四揲之，适七；少阳也。并数十七，（初扐四、再扐五、第三扐八，或初扐八、再扐五、第三扐四，或初扐四、再扐九、第三扐四之和。）则存蓍三十二，（四十九减十七。）以四揲之，适八；少阴也。（阴之进者为老，退者为少；故九为老，七为少。阴之退者为老，进者为少；故六为老，八为少。）是故三揲而成爻，十有八揲而成卦。以动者尚其变，以卜筮者尚其占。爻之老阴、老阳者，谓之动爻，皆变也；然一爻动则变，乱动则不变。而考之《春秋左氏传》载春秋君卿之以《周易》占者：一爻变，则以变爻辞占。庄二十二年《传》：周史有以《周易》见陈侯者。陈侯使筮，遇☷☴《观》之☷☷《否》，曰："是谓观国之光，利用宾于王"；此《观》六四爻辞也。僖十五年《传》：晋献公筮嫁伯姬于秦，遇☱☳《归妹》之☲☳《睽》，史苏占之曰："不吉！其繇曰'士刲羊'，亦无衁也。'女承筐'，亦无贶也'。""士刲羊，女承筐"，《归妹》上六爻辞也。此其例也。数爻变，则以卦辞占，如六爻皆不变之例。襄九年《传》：穆姜薨于东宫。始往而筮之，遇☶☶《艮》之八。史曰："是谓《艮》之☱☳《随》，随其出也，君必速出。"（《艮》不能变《随》，必《艮》之五爻俱变，独第二不变，则为《随》。）姜曰："岂《随》也哉！必死于此，弗得出矣！"盖《艮》卦辞曰："艮其背，不获其身。行其庭，不见其人"；故曰"必死于此"。而《象》则曰："艮其止，止其所也"；故曰"弗得出"是也。以爻辞占称九六，以卦辞占称八。九六皆变而八不变；不变之卦，不云七而云八者，盖蓍圆而神，七也；卦方以知，八也；六爻易以贡，九六也。七七四十九，蓍之数；八八六十四，卦之数；九六变成三百六十四，爻之数。神以知来，知以藏往。知来为卦之未成者，藏往为卦之已成者，故不曰七而曰八。《春秋》内外传从无筮得其卦之七者。以七者筮之数，未成卦也。筮之以钱代蓍，出于《火珠林》，犹是汉人遗法；盖其法亦有所本。《仪礼·士冠礼》注曰："所卦者，所以画地记爻。"疏云："所卦者，所以画地记爻者。筮法，依七、八、九、六之爻而记之。但古用木画地，今则用钱。以三少为重钱，重钱则九也；三多为交钱，交钱则六也；两多一少为单钱，单钱则七也；两少一多为拆钱，拆钱则八也。"按：贾公彦为唐初人；而其疏《仪礼》自称本于北齐黄广、隋李孟悊二家；是则齐、隋与唐初皆已用钱；重交单拆之名，与今不异也。但古人先揲蓍，而后以钱记之。其后术者渐趋简易，但以三钱掷之，两背一面为拆，此即两少一多，少阴爻也；两面一背为单，此即两多一少，少阳多也；俱面者为交，交者拆之，此即三多，为老阴爻也；俱背者为重，重者单之，此即三少，为老阳爻也。盖以钱代蓍，一钱当一揲矣。

第四　说《易》之书

说《易》之书，《四库全书》著录一百五十八部一千七百五十七卷，附录八部十二卷；而存目无书者，又不啻三倍焉；可谓夥颐沉沉者矣！大抵汉学明象数，宋儒阐义理。而王弼之《注》，则扫汉学象数之理障，而开宋儒义理之先河者也。粗举数家，以备观览。

（甲）汉学

《易汉学》八卷　清惠栋撰。两汉《易》说之存于今者，无一完书。虽有唐李鼎祚采《子夏易传》以下三十五家之说，然东鳞西爪，初学者苦不能贯串；不如栋此书之明其宗派，得其会通。凡《孟长卿易》二卷，《虞仲翔易》一卷，《京君明易》二卷，干宝附焉，《郑康成易》一卷，《荀慈明易》一卷；其末一卷，则栋发明汉《易》之理，以辨正宋儒《河图》《洛书》、先天太极之学。而陈寿熊《读易汉学私记》，举正其失，语有据依，足为惠氏之诤友！均刊入《皇清经解续编》。

《周易姚氏学》十六卷　清姚配中撰。其书主发挥汉儒之学，不名一家；而详加以案，精研古义，自出机杼，视惠栋《周易述》，后来居上矣！刊入《皇清经解续编》。

《周易虞氏义》九卷，《消息》二卷　清张惠言撰。唐李鼎祚《周易集解》搜采汉《易》，虞《注》为多。而惠言求其条贯，明其统例，释其疑滞，补其阙遗，为《虞氏义》九卷；又表其大指，为《消息》二卷，用功至深。汉学颛家，存此一线！刊入《皇清经解》。

（乙）宋学

《周易注》十卷　魏王弼撰。其《系辞》以下，则韩康伯《注》也。汉儒《易》学，皆明象数；至弼究爻位之上下，辨卦德之刚柔，乃发得意忘象之指，黜象数而言义理。程子谓学《易》先看王弼；及为《易传》，不论象，不论卦变，皆采弼《注》。录存其书，见以义理说《易》，自斯人始；著经学别派之由也。刊入《四部丛刊》，附《略例》。

《周易折中》二十二卷　清康熙五十四年，大学士李光地等奉敕撰。其书主发挥宋儒之学；以朱子《周易本义》为主，而《上、下经》《十翼》篇次，一依《本义》。宋儒言《易》学者，邵康节明《图》《书》，程子崇义理，各有所主。而朱子则参程、邵两家，以作《本义》；自谓"所作《本义》简略，以义理《程传》既备故"也。是书以《本义》为主，而以《程传》次其后；其有不合者，则稍为折中其异同之致。《程传》《朱义》之外，汉、晋、唐、宋、元、明诸儒，其有所发明，足以佐程、朱所未及者，又参合而研发之；庶几备宋学之要删。又以朱子《图》《书》象数之学，备于《启蒙》；敷畅厥旨，而具载书后。为《御纂七经》之一，浙江图书馆有刻本。

（丙）非汉非宋而自名其学

《周易集注》十六卷　明来知德撰。其说《易》非汉非宋，专取《系辞》"错综其卦"之说论《易》象。每注一卦，先释象义、字义及错综义，然后训本卦、本爻正义；反覆周详，惟恐读者之不解。与貌为艰深，故意令人无从索解者，殊有上下床之别！坊间多有刻本，浙江萧山来氏宗祠亦尚有存书。

《周易禅解》十卷　僧智旭撰。昔虞翻注《易》，引《参同契》;王弼《易注》,多杂老氏。以道家说《易》,盛于汉魏;而以禅参《易》,则起南朝。孔颖达《周易正义序》称:"江南义疏十有余家,义涉释氏。"书皆不传,独传宋儒杨简《杨氏易传》二十卷,王宗传《童溪易传》三十卷。简为陆九渊弟子;宗传与同时。其说《易》力排象数而不免涉于虚无,若有同契。然是义涉于释氏,而非诂《易》以禅理也。乃智旭此书,以禅诂《易》,亦以《易》明禅,触类而通,即禅即《易》;自序曰:"吾所由解《易》者,无他,以禅入儒,务诱儒以知禅耳。"可谓教下之别传,《易》学之旁通者矣!金陵刻经处有刻本。

(丁)通论

《易通释》二十卷　清焦循撰。清儒说《易》,张惠言为颛门,而焦循则为通学。其说《易》不依傍古人门户,独辟町畦,以虞氏之旁通,兼荀氏之升降,意在采汉之长而去其短。所为《易通释》一书,六通四辟,比例齐同,通于九数;假借转注,本之六书,立说咸有据依。刊入《皇清经解》,亦有单刻本。

(戊)占筮书

《春秋占筮书》三卷　清毛奇龄撰。其书备采《左氏春秋》内外传所载占筮之事,求其条贯,明其统类,以见古人观象玩占之法。刊入《皇清经解续编》。

《京氏易传》三卷　汉京房撰。房传焦氏之学,故言术数者称焦、京;而房之推衍灾祥,更甚于延寿。其书凡十四种,今佚十三;惟传此书。其中飞伏世应、五行顺逆之法,春秋占筮之所不言,而为后世卖卜言术数者之所昉焉。刊入《汉魏丛书》《四部丛刊》。

《火珠林》一卷　　无名氏。今卖卜掷钱占卦,尽用此书。坊刻本。

(己)书不涉《易》而义有相发者

赫胥黎《天演论》　　　　严复译。
斯宾塞尔《群学肄言》　　严复译。
柏格森《创化论》　　　　张东森〔荪〕译。

右三书,商务印书馆印行,人所知见,兹不赘。
咫闻尺见,差有采获,揭而布之,庶绵绝学!

《四书》解题及其读法

序

余以十四年讲学北平，遇梁任公，贻以《要籍解题》一册；中《论语》《孟子》，意有异同，别纂为篇，任公不之忤也！十六年在上海，成《中庸解题》；今秋病不能事，养疴杜门，发箧得向时肄诵《大学》本，籀绎其指，条次成文，而后《四书》之篇第备。

伏念《明史·艺文志》经部始立《四书》一门，前史无是例也！《论语》《孟子》，旧各为书；而《大学》《中庸》，则《礼记》中之二篇，自司马光始表章之，二程兄弟详为论说；而编为《四书》，则自朱子始：原本首《大学》，次《论语》，次《孟子》，次《中庸》。其教人也，以《大学》《语》《孟》《中庸》为入道之序，而后及诸经，以为：不先乎《大学》，则无以提纲挈领，而尽《语》《孟》之精微；不参之《论》《孟》，则无以融会贯通，而极《中庸》之指趣。然不会其极于《中庸》，则又何以建立大本、经纶大经，而读天下之书、论天下之事哉！学者先读《大学》以立其规模，次及《语》《孟》以尽其蕴奥，而后会其归于《中庸》；盖以为学之程序，而第其书之先后也。书肆刊本，以《大学》《中庸》篇页无多，并为一册，遂移《中庸》于《论语》之前；江都汪中好为诋诃，撰《大学平义》一篇，乃居为奇货，谓："曾子受业于孔门，而子思则其孙也。今以次于《论语》之前，无乃慎乎！"而不知朱子之旧不如此！今第《四书》，壹复其旧，《中庸》殿四书之末，而《大学》列《论语》之前。《汉书·艺文志》："《论语》，弟子各有所记，门人相与辑而论篹。"而汪氏则谓："《大学》者，七十子后学者所记"，则亦门人相与辑而论篹之书也，何不可以次《论语》之前乎？至《中庸》以次《孟子》之后者，所以立民彝之极则，明至德之会归；朱子盖尝见义于《书临漳所刊四子后》曰："《中庸》虽七篇之所自出，然读者不先于《孟子》而遽及之，则亦非所以为入道之渐！"别识心裁，不同常解；未可绳以一孔之论也！

  朱子为宋学大宗，而其解经则壹依汉儒家法。尝谓："某寻常解经，只要依训诂说字。"（《语类》卷七十二。）"汉儒善说经者，不过只说训诂。"（《答张敬甫书》。）"如教人，亦只言某字训某字，自寻义理而已！"（《语类》卷一百三十七。）"程先生经解，理在解语内；某集注《论语》，只是发明其辞，使人玩味经文，理皆在经文内。"（《语类》卷十九。）一生精力，殚于《四书》。《大学》古本为一篇，朱子则分别经、传，颠倒其旧次，补缀其阙文；《中庸》亦不从《礼记》郑玄注分节，用汉儒《书》欧阳、大小夏侯《章句》，《春秋》公羊、谷梁《章句》之例，谓之"章句"；而《论语》《孟子》则融会诸家之说，谓之"集注"，犹何晏注《论语》，衷八家之说，称"集解"也。诂训取之汉魏，义理宗于二程，先之《精义》以荟萃众家，继为《或问》以辨证得失。

  《四书》之学，朱子实以名家！而后来绍明其学者，皈依攸同，蹊径各别。覈而为论，不出二派：其一采朱子《文集》《语录》，下逮门人所记，以发明《章句》《集注》，则有宋真德秀、刘承撰《四书集编》二十六卷，赵顺孙撰《四书纂疏》二十六卷，元卢孝孙撰《四书集义》一百卷，刘因删其烦芜，成《四书集义精要》二十卷，（佚二卷。）胡炳文撰《四书通》二十六卷，倪士毅《重订四书辑释》二十卷，史伯璿撰《四书管窥》八卷，凡六家（卢孝孙、刘因为一家。）一百三十六卷：以朱诂朱，是为正宗。其二旁采众家，参证同异，以折衷于《章句》《集注》。其中又分二派：有主发明义理者，则有宋蔡模撰

《孟子集疏》十四卷，蔡节撰《论语集说》十三卷，金履祥撰《大学疏义》一卷，明吕留良撰《四书讲义》四十三卷；有重训诂考证者，则有宋金履祥撰《论语集注考证》十卷，《孟子集注考证》七卷，元张存中撰《四书通证》六卷，詹道传撰《四书纂笺》二十卷，清程大中撰《四书逸笺》六卷，凡八家一百二十卷：或旁采博搜，以朱子为折衷；或拾遗补阙，匡朱子所未逮；而要之言必有宗，义取旁证，此为旁裔。

其他诸家，有无心与朱子立异而颇不合于朱子者，亦分数派，则有：宋郑汝谐撰《论语意原》二卷，张栻撰《癸巳论语解》十卷；此与朱子同时，而不相为谋者也。宋黎立武撰《中庸指归》一卷、《中庸分章》一卷、《大学本旨》一卷；此与朱子同门异户，而传郭忠孝、郭雍之学，于程门别树一帜者也。宋袁甫撰《中庸讲义》四卷，阐陆象山之旨；而明周宗建撰《论语商》四卷，刘宗周撰《论语学案》十卷，鹿善继撰《四书说约》三十三卷，黄宗羲撰《孟子师说》二卷，承王阳明之绪；此与朱子道不同，故不为谋者也。孙奇逢撰《四书近旨》二十卷，则又折衷朱、陆之间者也。凡九家八十七卷，皆无心与朱子立异而颇不合于朱子者也。亦有立意与朱子为难而别标眉目者，则有：元陈天祥撰《四书辨疑》十五卷，明高拱撰《问辨录》十卷，清毛奇龄撰《论语稽求篇》七卷、《四书賸言》四卷、《大学证文》四卷、《四书改错》二十二卷，凡三家六十四卷。具条睹记如右，庶几读者穷原至委，竟其流别，足以阐明朱子《四书》一家之学矣！

清儒解经，憙称汉学，以自别于朱子；而门户蹊径，又自不同：有搜采异义以匡古注之阙违者；胡渭撰《大学翼真》四卷，焦循撰《论语补疏》二卷，宋翔凤撰《孟子赵注补正》六卷、《大学古义说》二卷、《四书纂言》四十卷，刘台拱撰《论语骈枝》一卷，沈涛撰《论语孔注辨伪》二卷，黄式三撰《论语后案》二十卷，潘维城撰《论语古注集笺》二十卷，俞樾撰《续论语骈枝》一卷，凡八家九十八卷。有绍明绝学以葺一家之佚说者；宋翔凤辑《论语郑注》十卷，俞樾撰《论语郑义》一卷，凡二家十一卷，此发明郑义者也。宋翔凤又以刘熙之学出于郑氏，其注《孟子》，如"南河""牛山"诸注，考其地形，并胜赵岐，辑《孟子刘注》一卷，此宣扬刘熙者也。刘逢禄撰《论语述何》二卷，宋翔凤撰《论语说义》十卷，刘恭冕撰《何休注训论语述》一卷，戴望撰《论语注》二十卷，康有为撰《论语注》二十卷，凡五家五十三卷，此绍述何休者也。但就考订而论，亦复各有所明。有考订名物人地者，凡七家二十六卷：阎若璩撰《四书释地》一卷、《续》一卷、《又续》二卷、《三续》二卷、《馀论》一卷、《孟子生卒年月考》一卷，孔广牧撰《先圣生卒年月日考》二卷，宋翔凤撰《四书释地辨证》二卷，此考订地理人物者也。江永撰《乡党图考》十卷，金鹗撰《乡党正义》一卷，此疏证名物典制者也。其他若王夫之《四书稗疏》二卷，方观旭《论语偶记》二卷，则名物典制、人名地理，有所得，辄记之，亦属此类。有考订文句音义者，翟灏撰《四书考异》七十二卷，徐养原撰《论语鲁读考》一卷，蒋仁荣撰《孟子音义考证》二卷，凡三家七十五卷。至周广业撰《孟子四考》，曰《孟子逸文考》第一，《孟子异本考》第二，《孟子古注考》第三，《孟子出处时地考》第四，则又博极群书，而于时地人物、文句故训，兼考备采，以自名一家言者也。若乃弥纶群言，折衷至当，则有刘宝楠、恭冕父子撰《论语正义》二十四卷，焦循《孟子正义》三十卷，撷众家之菁英，集清学之大成焉！

特是《论》《孟》多专家，而《学》《庸》罕兼及；此乃汉学门户，所为与朱子不同者也。惟朱子特标《四书》以约《五经》之指归；而汉学则揭《孝经》以见"六艺"之总会。《汉书·艺文志·六艺略》，既立《孝经》一类，以统《五经》杂议；而郑玄《六艺论》则谓："孔子以《六艺》题目不同，指意殊别，恐道离散，后世莫知根源，故作《孝经》以总会之。"《隋书·经籍志》亦引其语，而卒之曰："明其枝流虽分，本萌于孝者也。"然则《孝经》者，六艺之总会、大道之本萌也；故以附于篇，匪惟征汉、宋之异学，抑以明至德之由茁。朱子精阐之以天人性命之奥，汉儒体验之于人伦日用之常，一则发微以阐显，一则言近而指远。以立言论，朱子入微，而汉儒为粗；就体用言，朱子蹈空，而汉学平实。辞趣不同，而要归之于修身以立命，尽己以淑群，则无乎不同！

髫岁服习，初不经意；而今四十岁，饱更世患，民治革政，共而不和，争民施夺之既久，寖寻以至今日，又见有专无制，哀哉耗已！末法披昌，人将相食！穷则反本，縆（重）温故书；然后知圣人忧世之情深、仁民之道大也！缮写既定，而为考镜原流，发明指意，于文章典籍之中，得其辨名正物之意，庶几尼山"正名"之义云尔！

中华人民造国之十八年十二月无锡钱基博自序

《大学》第一

《大学》之书,古之太学所以为学之道也。于今可见古人为学规模者,赖有此耳!爰撰为篇,以诏学者。

一 解题及隶《四书》始末

《大学》为《礼记》四十九篇之一,次第四十二。自宋以前,无别行之本。司马光有《中庸大学广义》一卷,见陈振孙《书录解题》;而《大学》一书,始与《中庸》骈称别出。程颢及弟颐,世称"二程夫子",为道学开山之祖;教人自致知至于知止,诚意至于平天下,洒扫至于穷理尽性,表章《大学》《中庸》二篇,与《论语》《孟子》并行,以为标指,而达于《六经》。迄宋南渡,新安朱熹得程氏正传,(《宋史·道学传》。)在孝宗淳熙之世,乃撰《大学章句》,与《中庸章句》《论语》《孟子集注》并行。宁宗朝,开伪学禁,称《朱熹四书》。自是有《四书》之目,而《大学》遂为《四书》之一。

谓之"大学"者,厥谊有三:一曰大学者,太学之道。《礼记》郑玄注:"大,旧音泰。"程子改读如字。按:"大小""太少",古籍通用,如"大宰"一曰"太宰","小宰"一曰"少宰"之类,不以老稚、巨细分也。大学之对小学而得名,虽程朱未之易也！(王夫之《四书稗疏》一。) 朱熹之序《大学章句》曰："人生八岁，则自王公以下，至于庶人之子弟，皆入小学，而教之以洒扫应对进退之节，礼乐射御书数之文；及其十有五年，则自天子之元子众子以至公卿大夫元士之適子，与凡民之俊秀皆入大学，而教之以穷理正心、修己治人之道。此又学校之教，大小之节所以分。"则是小学为童子之学，大学为成人之学，是小学为少学，而大学为太学矣！《大学》之书，古之太学所以为学之道也。此一谊也。

一曰大学者，大人之学。(朱子《章句》。) 大人以对小人而得名。樊迟请学稼，子曰："小人哉樊须！"(《论语》。) 子路言必信、行必果，子又斥之曰："硁硁然小人哉！"(同上。) 孟子称"体有小大，养其小者为小人，养其大者为大人。"(《孟子·告子上》。) 小人者，私其我于一己者也；大人者，扩其我以善群者也。大学之道，本之修身，达之天下，明德匪徒自明，亲民期于至善；举修身、齐家、治国、平天下，而一贯以格物、致知、诚意、正心之学；既不同于孟子之所讥"养其小者"，亦非如独善其身、言信行果之为硁硁然小人。此其所以为大人之学也。又一谊也。

抑余重有进焉："学"之为言"觉"也。(《白虎通·辟雍》。) 大学者，大觉之谊也。儒者之称大学，悬为治学者至高之鹄的；犹之释氏标佛为最高境诣，以树进修之鹄。佛，正音"佛陀"，汉言"觉"也。觉具三义：一者自觉，悟性真常，了惑虚妄；二者觉他，运无缘慈，度有情界；三者觉行圆满，穷原极底，行满果圆。(《翻译名义集·十种通号第一》。) 此之谓佛，亦此之谓"大学之道"。"在明明德"者，自觉也；在"亲民"者，觉他也；"在止于至善"者，觉行圆满也。佛之教人也，则曰"唯行菩萨行者，得成佛；其修独觉禅者，永不得成佛"。何谓菩萨行？菩萨，正音"菩提萨埵"。菩提，此谓之觉；萨埵,此曰众生。以智上求菩提,用悲下救众生,(《翻译名义集·三乘通号篇第五》。)故曰菩提萨埵。傥证之于《大学》:由格物,而致知,而诚意,而正心,而修身;以智上求菩提也;"在明明德"之事也。由齐家,而治国,而平天下;用悲下救众生也;"在亲民"之事也。如是者为菩萨行;而成佛者舍是莫由!伊尹曰:"天之生斯民也,使先知觉后知,使先觉觉后觉也。予,天民之先觉者也;予将以斯道觉斯民也!非予觉之而谁也!(《孟子·万章上》。)是谓菩萨发心。而独觉禅者,以自证自果为满足者也;譬之吾儒,则言必信、行必果之硁硁然小人矣!独觉禅之所以永不得成佛者,以自觉而未能觉他也;言必信、行必果之所以为小人之硁硁者,以独善而未能兼善也。必明德、亲民而止于至善,斯为大学之究竟义。

二 《大学》之作者

按:郑玄《目录》曰:"名曰《大学》者,以其记博学可以为政也;此于《别录》属通论。"(《礼记正义》引。)而不言作者何人。(毛奇龄《四书改错》云:"郑氏《礼注》,孔鲋《孔丛子》,并云《大学》《中庸》皆子思所作,此或可据。今检两书不得,未识何本。")盖东汉时,已不得作者姓名。朱熹撰《大学章句》,分经一章,传十章;以为:"经一章,盖孔子之言,而曾子述之;其传十章,则曾子之意而门人记之也。"其《答林择之书》云:"《传》中引'曾子曰',知曾氏门人成之。"此则信矣!然孔门记夫子之言,必称"子曰""子言之""孔子曰""夫子之言曰"以显之;今《大学》不著何人之言,以为孔子,义无所据。(汪中《述学·大学平义》。)休宁戴震东原幼而就傅,授《大学章句》,至"右经一章"以下,问师:"此何以知为孔子之言而曾子述之？又何以知为曾子之意而门人记之？"师应之曰："此朱文公所说。"即问："朱文公何时人？"曰："宋朝人。""孔子、曾子何时人？"曰："周朝人。""周朝、宋朝，相去几何时矣？"曰："几二千年矣。""然则朱文公何以知然？"师无以应。（段玉裁《戴东原先生年谱》。）按：朱熹以前，实未有以《大学》为曾子作者；然考订圣贤之言，亦以其义理辞气得之，非必全藉佐证。且如张揖以《尔雅·释诂》为周公作，揖亦生周公千载之后，何以知其然？而诸儒不疑也。又如《缁衣》为公孙尼子作，此出于刘瓛之言，而论者无异议；又何独可信乎？朱熹以为《大学》曾子作，亦此类也。（方东树《汉学商兑》卷中之上。）惟《大学》之书，理极宏博；而曾子所作，语出臆测。君子于其所不知，盖阙如也；既无佐证，不如阙疑。特玩诵其文，平正无疵，与《坊记》《表记》《缁衣》伯仲；为七十子后学者所记，于孔氏为支流余裔，师师相传，（汪中《述学·大学平义》。）要可断言云！

三 《大学》之本子

昔萧山毛奇龄大可撰《大学证文》四卷，备述诸家《大学》改本之异同：首列《礼记注疏》本，《大学》之真古本也。次列汉《熹平石经》本，有录无书；以原本不传，且考验旧文，知即今《注疏》之本，故不复列。次为魏《正始石经》本，明鄞人丰坊道生所依托者；仍列于前，从其所伪之时代也。次为明道程子改本，次为伊川程子改本，次为朱子改本，皆录全文；次为王柏改本，次为季本改本，次为高攀龙改本，即崔铣改本，次为葛寅亮改本，皆仅列其异同之处，而不录全文，凡十本。而汉《熹平石经》本，即《注疏》本，实九本。

宋以前，皆用《注疏》本；宋以后，改本不一，而朱熹为大宗。

熹撰《章句》，盖折衷于《注疏》本与程颢本之间者。颢以"《康诰》曰克明德"以后，释"明"字、"新"字、"止"字者，联于首章"明德""亲民""止至善"三语之下；然后及"古之欲明明德"一章；又然后以"所谓诚其意"以后节节释焉。而颐则自"大学之道"，至"未之有也"；下接"子曰听讼吾犹人也"，至"此谓知本"；下接"此谓知之至也"；下接"《康诰》曰克明德"，至"止于信"；下接"所谓诚其意者"，至"辟则为天下僇矣"；下接"《诗》云瞻彼淇澳"，至"此以没世不忘也"；下接"《康诰》曰惟命不于常"，至"骄泰以失之"；下接"《诗》云殷之未丧师"，至"亦悖而出"；下接"生财有大道"，至"以义为利也"。惟首尾三段，仍其旧贯；而移易倒错，漫及全篇矣！熹则用颢而不用颐；朱熹自记《大学》后曰："《大学》一篇，经二百有五字，传十章，今见于戴氏《礼》书；而简编散脱，传文颇失其次，子程子盖尝正之；熹不自揆，窃因其说，复定此本。盖传之一章，释'明明德'；二章，释'新民'；三章，释'止于至善'；（以上并从程本，而增"《诗》云瞻彼淇澳"以下。）四章，释'本末'；五章，释'致知'；（并今定。）六章，释'诚意'；（从程本。）七章，释'正心修身'；八章，释'修身齐家'；九章，释'齐家治国平天下'。（并从旧本。）序次有伦，义理通贯，似得其真，谨第录如上。"（《朱子文集》卷八十一。）云"旧本"者，《注疏》本也。自是熹本行而《注疏》废。

后儒不慊于熹者，乃反本修古而用《注疏》本，明王守仁之撰《大学古本旁释》一卷（一本四卷。）是也。《大学》古本："其本乱"至"未之有也"，接"此谓知本"至"故君子必诚其意"；（熹《本传》之第五章、第六章。）下接"《诗》云瞻彼淇澳"

至"此以没世不忘也";（熹《本传》之第三章下半。）下接"《康诰》曰克明德"至"止于信";（熹《本传》之第一章、第二章及第三章上半。）下接"子曰听讼"至"此谓知本";（熹《本传》之第四章。）此《大学》古本之异于朱熹者也。

逊清一代，汉学极盛。安溪李光地晋卿一生宗信朱熹；而撰《大学古本说》一卷，独依《注疏》而不与同。而长洲宋翔凤于庭论学崇西汉，尤以《大学》，《礼记》四十九篇之一，首尾完具，脉络贯通，无经传之可分，无缺亡之可补，成《大学古义说》二卷，以废朱熹。顾亦有用朱熹而删其《补传》者，德清胡渭朏明撰《大学翼真》七卷。其第四卷以下，为渭所考定之本，大指仍以朱熹为主，力辟王守仁改本之误；以经为一章，传为八章。其《诚意章》以下，与诸本并同；惟以"《康诰》曰"至"是故君子无所不用其极"为第一章，统释三纲领。以"《诗》云邦畿千里"至"此以没世不忘也"为第二章，谓前三节，释经知止能得之序；后两节，释知止之由与能得之序。以"听讼吾犹人也"一节为第三章，谓释本末之意；而移"此谓知本"二句，于前章"止于信"之下，与诸本为异。其说与朱熹虽小异，然仅谓格致一章，不必补传耳。

要之，《大学》一书，以《注疏》本为最古，以朱熹本为最通行，一汉一宋如日月之经行中天！谨为条其原委于此。

四 《大学》之读法

《大学》之书，文章典则，辞趣宏深，扩其量以平天下，引其绪于明明德。故圣人能以天下为一家、中国为一人者，非意之也；六通四辟，运用无乎不在矣！岂容草草，为拟读法。

第一　明其宗旨

大学者，大人之学，不私其我于一己之学；大觉之道，匪以独觉为自慊之道。题蕴昭宣，宗旨自明。格物致知者，始事也；诚意止至善者，极功也。所谓"诚其意"者，毋自欺也！以之修身，谓之"明德"；以之淑人，谓之"亲民"。以言乎天地之间，则备矣！《大学》之以至善知止，犹《易》卦之以《未济》终篇。精益求精，人心既无自慊之日；善又有善，吾道宁有息肩之涯。引之弥长，恢之弥广。善之鹄的，既以人群之进化而弥高；学之励修，又以鹄的之继高而精进。此《易》六十四卦之所为终于《未济》，而止至善所以为《大学》之极诣也！

第二　覼其篇章

周秦古书，凡一篇述数事，则必先详其目而后备言之，首末相应，（汪中《述学·大学平义》。）此不仅《大学》为然；独《大学》一篇，朱熹分为经一章、传十章，最为清儒所訾议。然按《注疏》本，郑玄于后诸节，皆一一分注曰："此广明诚意之事"；"复明前经正心修身之事"；"重明前经修身齐家之事"；"复明前经齐家治国之事"；"复明上文平天下先治其国之事"。是郑君亦已覼其篇章，分应前经；（方东树《汉学商兑》卷中之上。）非朱熹始分章也。《毛诗·豳风·七月》首章，《郑笺》云："此章陈人以衣食为急，余章广而成之。"然则古人之文，有以余章广成首章之意者。若朱熹但于首章之下云"余章广而成之"，而不分经传，（陈澧《东塾读书记》卷九。）此则郑君家法，而清儒不能加以訾议者也。特是郑君注《大学》，既一一分应前经，不应诚意前独阙格物致知之事；而又以曾子曰，《淇澳》《烈文》两诗，《康诰》《太甲》《帝典》三书，《汤盘》《玄鸟》《文王》之诗，夫子听讼之言，总谓皆是诚意之事，殊为混淆不确！（方东树《汉学商兑》卷中之上。）此其中有讹脱，固可悬揣而知。朱熹移易补传，固为武断；而理顺文从，特为过之。此以终古不废也！或以诚意，正学者切要处，所以成始而成终者，不当退处于后。然《大学》开篇曰"在明明德"；则上一"明"字，自不可忽。格物致知，正明之之实事始功；诚意非所以成始也，故曰："欲诚其意者，先致其知"，"知至而后意诚"，次第分明。然则朱熹退之处后，何尝无据也！（方东树《汉学商兑》卷中之上。）熹于《大学》修改无虚日，《诚意》一章，未终前三日所更定，（王懋竑纂订《朱子年谱》卷四。）岂漫为然。夫意之不诚，由于知之未致，《中庸》曰："诚之者，择善而固执之者也。博学之，审问之，慎思之，明辨之，笃行之。有弗学，学之弗能，弗措也。有弗问，问之弗知，弗措也。有弗思，思之弗得，弗措也。有弗辨，辨之弗明，弗措也。有弗行，行之弗笃，弗措也。人一能之，己百之；人十能之，己千之。果能此道矣，虽愚必明，虽柔必强。"《中庸》之言"自明诚"，犹《大学》之言"知至而后意诚"也！何疑于朱熹之退《诚意章》于后乎！

第三　稽其训诂

按《大学》训诂之聚讼者，不出三事：

（一）曰"**明明德**"。郑玄《注》："明明德，谓在明其至德也。"孔颖达《疏》："章明己之光明之德，谓身有明德而更章显之。"《注》以"明德"为至德，既涉浮泛；《疏》用章显训上"明"，尤近外铄。循文为训，未中肯要。独熹《章句》最为警切！称："明，明之也。明德者，人之所得乎天，而虚灵不昧，以具众理而应万事者也。但为气禀所拘、人欲所蔽，则有时而昏；然其本体之明，则有未尝息者。故学者当因其所发而遂明之，以复其初也。"上"明"之解，用《郑注》而特分明了当；"明德"之训，取孔《疏》而更鞭辟入里。《尔雅·释言》："明，朗也。"《贾子·六术、道德说》皆称"明者，德之理"；而重言必申之曰："德生理。理，离状者也。性生气而通之以晓，理生变而通之以化。明者，神气在内，则无光；而为之明，则有辉于外矣。外内通一，则为得失；事理是非，皆职于知：故曰光辉谓之明，明生识，通之以知。"《说文·明部》："朙，照也；从月，从囧。"（古文明从日。）《广雅·释诂三》："明，类也。"《释诂》曰："明，发也。"从日从月，以象本体之明；故曰"人之所得乎天"。曰朗曰照，以拟中边之彻；故曰"虚灵不昧"。曰类曰发，以通离状之理；故以具众理而应万事。古训是式，岂曰苟焉而已！然后知熹弥纶群言、研精一理为不可及也。

（二）曰"**亲民**"。孔颖达《疏》称"亲爱于民"；而程颢则曰"亲当作新"，朱熹《章句》采焉。清儒多明孔《疏》以难程、朱。然下文释"明明德"之后，引汤之《盘铭》曰"苟日新，日日新，又日新"；《康诰》曰"作新民"；《诗》曰"周虽旧邦，其命惟新"；则是明以"新民"为言；而上文必执"亲爱"为训，前后不照，于义何取！且同声通假，古书极多其例；何独于"亲当作新"而疑之！

（三）曰"**格物**"。郑玄《注》："格，来也。物，犹事也。其知于善深，则来善物；其知于恶深，则来恶物。"穿凿难晓，于上下文义尤扞格。而朱熹《章句》则曰："格，至也。物，犹事也。""所谓'致知在格物'者，言欲致吾之知，在即物而穷其理也。""物"之"犹事"，既同郑玄；"格"之诂"至"，语出《尔雅》。(《尔雅·释诂》:"格,至也。")格物,犹言随事也。熹癸未垂拱奏剳称:"大学之道,在乎格物以致其知。格物者,穷理之谓也。盖有是物,必有是理。然理无形而难知,物有迹而易观。故因是物以求之,使是理瞭然心目之间,而无毫发之差;则应乎事者,自无毫发之缪。陛下虽有生知之性,高世之行,而未尝随事以观理,故天下之理,多所未察;未尝即理以应事,故天下之事,多所未明。"(《朱子文集》卷十三。)此朱熹"格物"之真实解故,而所以自命一家!盖舍格物而言明德,象山之学也;离明德而言新民,永嘉之学也;(永嘉之学,薛季宣、陈傅良、叶适为著。其学主礼乐制度以求见之事功,而推原以为得统于程氏。)则是《大学》者,朱熹之学所自出也。特为疏通证明如此。

余六岁读《大学》,迄四十岁,涵泳体味,久而有会。粗述观记,以备研讨云尔。

《论语》第二

昔仲尼微言，门人追记，故仰其经目，称为《论语》；盖群论立名，始于此矣。(刘勰《文心雕龙·论说第十八》。)夫大道无名，圣人不称。圣人岂不欲废去应问，体道以自冥哉！道无问，问无应，不发一言，下与万物同患，此特畸人耳！匪圣人之所尚！然则孔子虽欲忘言，岂可得哉！不得已而言理以答学者之问而已！(陈祥道《论语全解》序。)粗述睹记，以纂为篇。

一 解 题

"论语"云者，孔子门人论纂夫子之语而因题耑（同"端"）也。《汉书·艺文志》曰："《论语》者，孔子应答弟子时人，及弟子相与言而接闻于夫子之语也。当时弟子各有所记，夫子既卒，门人相与辑而论纂，故谓之'论语'。"则是门人论纂夫子之语而因题耑也。《论衡·正说篇》："初孔子孙安国以教鲁人扶卿，官至荆州刺史，始曰《论语》。"若以《论语》之名，为安国所题者。然按《论语》名见《礼记》，《坊记》引《论语》曰："三年无改于父之道。"而《礼记》百三十一篇，《汉书·艺文志》著录以为"七十子后学者所记"。然则《论语》之题，当不始于安国也。

《诗·大雅》毛《传》曰:"直言曰言,论难曰语。"《说文·言部》:"直言曰言,论难曰语。""语,论也。""论,议也。""议,语也。""语""论""议"三字展转互训,是"论""语"二字异名同诂,为与人言之称也。今按其书所记,有孔子答弟子问者,有弟子自相答问者,又有时人相言者,有臣对君问者,有师弟子对大夫之问者,亡虑多论难之语。"论语"题尚,或亦以此?然其中直言之言,亦自不少;如"子曰""有子曰""曾子曰""子夏曰"之属,是也。或说:"名书之法,必据体以立称。犹如以孝为体者,则谓之《孝经》;以庄敬为体者,则谓之《礼记》。然此书之体,适会多途,皆夫子平生应机立教;事无常准,或与时君抗厉,或共弟子抑扬,或自显示物,或混迹齐凡。问同答异,言近意深,《诗》《书》互错综,典诰相纷纭。义既不定于一方,名故难求乎诸类,因题'论语'二字,以为此书之名。论者,纶也,轮也。言此书经纶今古,而义旨周备,圆转无穷,如车之轮也。"(见皇侃《义疏序》。疑《皇疏》非真,故"或"之。)此疑后起之新义,而非本来如此也!特以深得圣人"应机立教"之旨,故辄(附)著焉。

二 《论语》之记者

说者不一:《论语谶》称:"子夏六十四人,共撰仲尼微言。"则撰者不一人。何晏《集解叙》云:"汉中垒校尉刘向言:'《鲁论语》二十篇,皆孔子弟子记诸善言也。'"此最古说,东汉班固本之而著入《汉书·艺文志》者也。赵岐《孟子题辞》曰:"七十子之俦,会集夫子所言以为《论语》。"亦与刘向说同。独郑玄《论语序》谓:"仲弓、子游、子夏等撰。"(见刘宝楠《论语正义》附录郑文〔玄〕《论语序》佚文。)子夏出《论语谶》；然又指出仲弓、子游，不知何本？魏朝王肃亦同其说。（陆九渊《象山语录》曰："郑康成、王肃谓《论语》为子游、子夏所编。）此第二说也。然谓之曰"等"，则所该者广，犹是"孔子弟子记"之意尔。

独唐柳宗元驳难"孔子弟子记"之古说，而以为"曾子弟子之为之"也。曰："孔子弟子，曾参最少，少孔子四十六岁。曾子老而死，是书记曾子之死，则去孔子也远矣！曾子之死，孔子弟子略无存者已！吾意曾子弟子之为之也。是书载弟子必以字，独曾子、有子不然。由是言之，弟子之号之也。有子称'子'者，孔子之殁，诸弟子以有子为似夫子而师之也。今所记独曾子最后死，馀是以乐正子春、子思之徒与为之尔。"（见《论语辨》。）此后起之新说也。宋儒程颐曰："《论语》之书，成于有子、曾子之门人，故是书独二子以'子'称。"盖仍柳宗元之说，而稍有不同者。盖柳氏以为"曾子弟子之为之"；而程子以为"有子之门人与为之"也。朱熹载其说于《集注》之前，近儒康有为、梁启超皆以其说为不可易者也。特康氏用柳说，（见《论语注序》。）而启超采程子耳！（见《要籍解题》。）

然宋之杨时、陆九渊，清之姚鼐、刘宝楠，皆疑程子之说为未必然。时之说曰："《论语》首记孔子之言而以二子（有子、曾子。）之言次之，盖其尊亚于夫子。"（见《论语解》。）不主师说出其门人。而九渊以为："《学而篇》'子曰'次章便载有若一章，又'子曰'而下载曾子一章，皆不名，而以'子'称之；盖子夏辈平昔所尊者此二人耳！"（见《象山语录》。）特出揣测之辞，尚未有佐证也！姚鼐则引《檀弓》为佐证，谓："《檀弓》最推子游，似子游之徒所为；而于子游称字，曾子、有子称'子'，似圣门相沿称皆如此，非以字与子为重轻也！"（见《古辞篡·论语辨》注中。）余按：《檀弓》之记有子、曾子皆有贬辞；而于曾子特甚！然不敚其"子"之称也，知姚氏"圣门于二人相沿称'子'"之说为信。

顾亦有以闵子骞称字，征为闵子骞撰者。宋永亨谓："《论语》所记孔子与人语及门弟子问答，皆斥其名，未有称'子'者；虽颜、冉高弟，亦曰回、曰雍。至闵子独云'子骞'，终此书无指名，意其出于闵氏。"（王鸣盛《蛾术编》连鹤寿按引明张燧《千百年眼》，亦有此说。）然按《论语》记诸贤，称字者亦不一例：如仲弓、子路、子夏、子游、子张、子贡、子贱、子羔，皆独称字；颜渊、冉伯牛、漆雕开、（本名启、字开，以开为名，误自孔注《论语》。开名俗本《家语》"开字子若"之文。说详阎若璩《四书释地》三续。）、公冶长、巫马期、司马牛、曾皙、公西华、樊迟与闵子骞，则皆字而加姓。又有名、氏、字直书者，如有子又称有若，陈子禽又称陈亢，原思改称宪，宰我又称予，南容又称南宫适，冉有又称冉求，亦止称求；既氏、字矣，而又名之，迄不画一。盖七十子之徒，记其师，固以书字为敬；或加氏者，必七十子及三千人中更有与同字一人，则加字以为识别。《史记·仲尼弟子列传》载：冉子、有子并字子有，奚容葴、伯虔并字子晳，曾葴、（即点字。）狄黑并字晳，荣旂、县成并字子旗，骧驷赤、郑国并字子徒，公祖句兹、秦非并字子之，颜哙、乐刻〔欬〕并字子声，漆离哆、邦选并字子敛，公西舆、公西藏并字子上。七十二子中，同字者已九人；三千之徒，从可知矣。以有两子有、两子晳，故记曾子、冉子，必加字，断无书子有、子晳者；他皆此例也。至《哀公问年饥章》称"若"，君前臣名之体也。《问异闻章》称"亢"，《问耻章》称"宪"，《问羿奡章》称"适"，《问礼之本章》称"放"，《太宰问子贡章》称"宰"，《非不说子之道章》称"求"，或其自记；《昼寝章》称"予"，《季氏富于周公章》称"求"，或以夫子声其罪，故贬而名之。（刘书年《经说·论语记诸贤称谓说》。）"或曰雍也仁而不佞"，此或人必是夫子之同辈。

（王鸣盛《蛾术编》迮鹤寿按。）然则《论语》之记诸贤，称名有故，称字通例；匪独闵子骞而已。胡寅谓："《宪问篇》不书姓，且直称名，疑通篇皆宪所记。"（见《论语详解》。）而何异孙则曰："《公冶长》一篇，多论人物，恐是子贡门人所记。《先进》一篇称'闵子侍侧'，恐是闵子门人所记。第十七篇，多子贡、子夏之言，然亦必曾子门人记之，以有'曾子曰'故也。"（见《十一经问对》。）

要之，《论语》之作，不出一人，故语多重见；《汉书·艺文志》曰"当日弟子各有所记"者也。"门人相与辑而论纂"，自在"夫子既卒"之后。"门人"者，孔子之再传弟子也。《里仁篇》"子出，门人问曰：'何谓也'"，《正义》："门人，曾子弟子。"此其证也。古谓亲受业者为弟子，转相受者为门人，汉人则曰门生，《后汉书·贾逵传》曰"所选弟子及门生"者是也。今推《汉书·艺文志》之意，盖谓孔子应答弟子时人及弟子相与言而接闻于夫子之语，"有所记"者，"当时"之"弟子"；而"相与辑而论纂"者，"夫子既卒"以后之"门人"也。《论语谶》称"子夏等六十四人共撰"，意"六十四人"者，必多"夫子既卒"以后之"门人"；而"相与辑而论纂"之时，尝以质正于子夏，故以子夏题首。据《史记·孔子世家》，孔子生于鲁襄公二十二年；而《仲尼弟子列传》，则称子夏少孔子四十四岁。则子夏之生，在鲁定公三年也。据《十二诸侯》及《六国年表》，又十二年而鲁哀公立；又二十九年（《鲁世家》作二十七年。）而鲁悼公立；又三十七年而鲁元公立。元公四年，魏文侯之元年也。文侯十八年，受经于子夏。（《魏世家》载受经事在二十五年。）《礼记·乐记》有文侯问乐于子夏事，想亦在是时。计是时子夏已百有一岁；若就《魏世家》计之，则百有八岁矣！然则孔子七十二弟子，独子夏最老寿后死。"门人相与辑而论纂"，必以子夏逮事夫子，而为有道之正焉！是时去鲁悼公之殁二十二年；而去鲁哀公之殁，已五十一年矣！然则记曾子之死，称鲁哀公、季康子、子服、景伯、孟敬子诸人之谥，而王鸣盛、梁启超之所引以为疑者，（见王鸣盛《蛾术编》、梁启超《要籍解题》。）又何足怪！

而记言之弁以"子曰"，如佛经之冠以"如是我闻"；所以明师说，绝杜撰。《智度论》二载："佛入灭时，阿难请问四事，其第四问：'一切经首置何字？'佛答：'以后一切经首，当置'如是我闻，一时佛在某处，与某某众若干'等，何以故？过去诸佛经初皆称是语；未来诸佛经初亦称是语；现在诸佛末后涅槃时，亦教称是语。'"将以溯师承之所自，征见知之有人。今按《汉书·艺文志》称："《论语》者，孔子应答弟子时人及弟子相与言而接闻于夫子之语，当时弟子各有所记；夫子既卒，门人相与辑而论篹。"而《礼·檀弓》记曾子述夫子"丧欲速贫，死欲速朽"之言；而有子固征"非夫子之言"。可知凡记一义，无不几经讨论，闻见有共，门人公认，而后篹以入书；特著"子曰"者，所以见门人相与辑而论篹，"非夫子之言"不辑也！孟子引孔子之言凡二十九，见于《论语》者八；（学不厌而教不倦，里仁为美，君薨听于冢宰，大哉尧之为君，小子鸣鼓而攻之，吾党之士狂简，乡原德之贼，恶似是而非者。）而其不见《论语》者二十一，当必为门人论篹之所不辑，而闻知、见知之无征不信者矣！

至所与辑而论篹，可考见其体者有二：（一）《论语》记圣人之言，有但记其要语，其余则删节之者，如《孟子·尽心下》："过我门而不入我室，我不憾焉者，其惟乡原乎！乡原，德之贼也。"据此，则《论语》所记，节去上三句也。以此推之，如"君子不器""有教无类"四字而为一章，何太简乎？必有节去之语矣。所以然者，书之于竹简故也。故竹简谓之简，文字少亦谓之简；字义之相因，大率类此。（二）《论语》

记弟子之间有两体，如子贡问曰："何如斯可谓之士矣？"子张问曰："何如斯可以从政矣？"凡问者盖皆如此，必有所问之语也。简而记之，则但曰"问政""问仁""问孝"耳。且诸贤之问，固有所问之语，尤有所问之意，如子贡问"何如斯可谓之士"，岂子贡身为士而竟不知士之谓乎？此乃求夫子论古今士品之高下，故问及今之从政者；其他可类推也！（陈澧《东塾读书记》卷二。）因为籀其大例，发其指意于此。

三　《论语》之本子

《汉书·艺文志》著录三本：（一）《论语》古二十一篇；（二）齐二十二篇；（三）鲁二十篇。孔子垂教于鲁，其传当以鲁为宗。《齐论》者，齐人所传，多《问王》《知道》二篇，凡二十二篇；其二十篇中章句，颇多于《鲁论》。武帝时，鲁共王欲以孔子宅为宫，坏，得古文《论语》，分"尧曰"以下"子张问政"为《从政篇》，凡二十一篇。（何晏《集解》叙曰：分"尧曰"下章"子张问"以为一篇，有两《子张》，凡二十一篇。与《汉书·艺文志》不同。）桓谭《新论》说《古论》云："文异者四百余字。"（见陆德明《经典叙录》引。）或说："《古论》以《乡党》为第二篇，《雍也》为第三篇。"（见皇侃《义疏序》。疑《皇疏》非真，故或之。）篇次亦不与《齐、鲁论》同。

安昌侯张禹本受《鲁论》，兼讲齐说，合而考之，采获所安，为《论语章句》，除《问王》《知道》二篇，从《鲁论》二十篇为定，最后出而尊贵，诸儒为之语曰："欲为《论》，念张文。"由是学者多从张氏，号《张侯论》，（兼采《汉书》本传、《志》，有《鲁安昌侯说》二十一篇。）而禹本传大书曰"为《论语章句》"是也。是为《论语》之第四本。东汉之包咸、周氏

《章句》出焉；(见何晏《集解序》。)是为《论语》之第五、第六本。其后郑玄以《周氏章句》之《张侯论》为本，以《齐》《古》读正凡五十事；(兼采《隋书·经籍志》、陆德明《论语音义》之说。陆氏《音义》曰："郑校周之本，以《齐》《古》读正凡五十事。"宋翔凤《师法表》云："周之本，即周氏之出于张侯者。"刘宝楠《论语正义》云："今以郑氏佚注校之，只得二十四事。")是谓《论语》之第七本。魏朝何晏之《集解》出焉。然《集解》本亦有与郑异者，如《为政》"有酒食，先生馔"，"馔"郑作"餕"；《里仁》"无适也"，"适"郑作"敌"；《先进》"异乎三子者之撰"，郑作"僎"；《宪问》"子贡方人"，"方"郑作"谤"；《微子》"朱张"，郑作"侏张"；"废中权"，"废"郑作"发"；(见陆德明《经典释文》。)是为《论语》之第八本；盖即今《十三经注疏》本而流传于世者也。大抵何晏采郑玄，而郑玄本张侯；篇次从《鲁论》，而《章句》参《齐》《古》，斯可考定者。

惟何晏在魏朝，能清言而善《老》《易》；其为《集解》，大都集孔安国、包咸、周氏、马融、郑玄、陈群、王肃、周生烈诸家所说，(中孔安国说，疑出王肃伪托。见丁晏《论语孔注正伪》。)而辅（附）以玄谭。如解《公冶长》"性与天道不可得闻"，谓"性者人之所受以生，天道者元亨日新之道，深微故不可得闻也"。解《卫灵公》"一以贯之"，谓"善有元，事有会，天下殊途而同归，百虑而一致，知其元，则众善举矣！"此辅以《老》《易》之玄谭者也。然后儒之言《论语》者，一以何晏《集解》为宗。梁皇侃采魏晋诸儒之说而为之《义疏》，亦涉清玄，而殆有甚焉！何晏辅会《老》《易》，而侃则采及佛氏。如解《先进》"未知生，焉知死"，谓"外教无三世之义，周、孔之教，唯说现在；不明过去、未来"。此用佛氏语释经。盖佛经为内典；故孔说为外教也。甚至谓原壤为方外圣人，孔子为方内圣人。然宋《国史志》称："侃《疏》虽时有鄙近，然博极群言,补诸书之未至,为后学所宗。"

邢昺之《疏》,盖因皇侃所采诸儒之说而加刊定者也;于侃《疏》之语有涉玄者,皆删弃之,有廓清之功矣!特是疏之为体,例不破注;亦有语涉《何解》而疏以玄言者。如《述而》"志于道",晏《解》:"道不可体,故志之而已。"昺《疏》曰:"道者,虚通无拥,自然之谓也。"又曰:"寂然至无,则谓之道。"此语涉《何解》而疏以玄言者也。独翦《皇疏》之枝蔓,而稍传以义理;汉学、宋学,兹其转关,盖《邢疏》出而《皇疏》微矣!(《皇疏》在中国久佚,今所传本,乃清乾隆时由日本流入。)然窃以为不如朱熹《集注》之博学详说,融会诸家而以反说约也。惟何晏《集解》,集汉魏诸儒之解而明其训诂;而朱熹《集注》,则集宋儒诸家之注而籀其义理。言非一端,有并行而不悖者焉。

独是朱熹《集注》亦多采何晏《集解》,然不称"某氏曰"者,多所删改故也。独《学而》"父在,观其志",《集解》孔安国曰:"父在,子不得自专";《朱注》不删改而不称孔。《为政》"殷因于夏礼,所损益可知也;周因于殷礼,所损益可知也",《集解》马融曰:"所因,谓三纲五常;所损益,谓文质三统。"《朱注》引马氏而不称融。世儒读《朱注》者,不读《集解》,遂不知《朱注》所自出矣!唐玄宗《孝经注》多本于先儒。元行冲为疏,一一著明之,曰"此某某义",惜不得其人者而为《朱注》作疏也!(陈澧《东塾读书记》卷二。)

逊清一代,昌明汉学;诸家说《论语》者,彬彬乎可观!而刘宝楠融贯汉、宋,以何晏《集解》为本,重造新疏,旁采子史,而折衷于清儒诸家之说,成《论语正义》二十四卷,斯尤自别于何氏之《集解》、朱熹之《集注》,而集清代《论语》诸家之大成;可谓"五经之馆鎋,六艺之喉衿"也!"观止矣!虽有他乐,吾不欲请矣!"

四 《论语》之读法

《论语》注家不一；而未看注之前，须将白文先自理会，得其意理；然后看注以验得失，虚心涵泳，勿囿我执，勿胶古人，择其善者从之，其不善者改之，思有不得，则记以存疑；积久思之，必有豁然开悟之一日。如未理白文而遽看注，先入为主，缚于古人成见，或不得自脱矣！然苏东坡教人读书，每次作一意求；如欲求古人兴亡治乱、圣贤作用，但作此意求之，勿生余念；既讫，又别作一次求；事迹故实、典章文物之类亦如之，他皆仿此；虽迂钝，而他日学成，八面受敌，与涉猎者不可同日语也！况《论语》弥纶群言，谊非一端，宋儒程颐尝以分类读教学者；元朱公迁推广其意，以成《四书通旨》六卷：取《四书》之文，条分缕析，以类相从，凡为九十八门；每门之中，又以语意相近者，联缀列之而一一辨别异同，务使读者因此证彼，涣然冰释。略仿其意，为拟读法：

第一 考其人物

当以孔子及弟子为主。孟子曰："诵其诗，读其书，不知其人，可乎？是以论其世也。"知人论世，是读书第一事；故先之以考其人物。可以《论语》所载孔子行事及门弟子时人褒刺孔子之言，与《史记·孔子世家》比勘异同，其采入《世家》者若而事，其未采入《世家》者若而事。如有未采，是否司马迁未见《论语》？是否司马迁见《论语》而以其事无关大体？抑司马迁见《论语》无此诸事而与今本有异？其故可深长思也。次又以孔子弟子之见姓名于《论语》者，检《仲尼弟子列传》对勘，其有《传》者若而人，《传》载其人行事与《论语》奚若？捼诸《论语》所载孔子之论评，是否符契？有迁《传》其人甚善而《论语》有贬，有不善而《论语》褒者，其故又安在耶？

第二　析其义理

《论语》之有裨中国人生哲学，全体大用，具在于此！余读阮元《揅经室文集》，有《论语论仁论》，专采《论语》之论仁者，荟列而观其义通，此可为读《论语》者法。近人沈同芳教人读《论语》，当分类体玩以观其异同；如问孝为一类，而答各不同；知其所以异，即知其所以同。此外问政、问仁、问及一切言行，皆当作如是观。（见《国文补习·经史答问》①。）其法即本之阮元也。昔余以沈氏之法，著《论语正名篇》，首冠以"卫君待子为政"之章，而附以剖析名义诸论，凡十二目：曰通论，曰论知，曰论仁，曰论恕，曰论孝，曰论刚，曰论直，曰论明，曰论达，曰论文，曰论狂狷，曰论政。（政者正也。）然后知"名者所以列同异，明是非，道义之门"；（用《晋书·鲁胜传》《墨辨注序》语。）而"名不正则言不顺"之说为不刊也。然余尝有意籀荀子《正名》之篇，以正《论语》之名；而卒卒未暇为！未知孔子之所以论仁、论知者，果有当于荀子正名之法否耶？倘或竟其业，必有所以起予者矣！

第三　明其教学

孔子曰："圣则吾不能！我学不厌而教不倦也！"子贡曰：

---

① 又名《通州张氏家塾经史国文补习科答问》，有民国元年刊本。

"学不厌,知也。教不倦,仁也。"呜呼!此孔子之所以为万世师表也!傥采孔子言教、言学,及门弟子言孔子教、学之见《论语》者,与《礼记·学记》对勘,则知孔子所以言教、学之大经大法,亦非自我作而古有所本;而今日之教、学,所以不如孔子者,非无言教、言学之人,而不厌、不倦之诚,有不如孔子者也!世有知言,当恍然于所以而知自省矣!

第四　覈其政论

"夫子至于是邦也,必闻其政。"而其所论列,则有托古寄慨者,有因时立论者;有为一时言者,有不仅为一时言者。同条牵属,指事类情,必以勘列而有所获,可断言者!

此外,《论语》一书,有衡评古人者,有旁通诸子者,悉数不能尽。而文章之美,语言之工,足垂模楷于斯文,而树立言之准则。"好学深思,心知其意",是在善读书者;谨诵马迁之言以卒吾篇。

《孟子》第三

《孟子》七篇，序《诗》《书》，述仲尼。(《史记·孟子荀卿列传》。)《论语》之言，无所不包；而其所以示人者，莫非操存涵养之要。《七篇》之指，无所不究；而其所以示人者，类多体验扩充之功。(朱熹《论孟精义·自序》。)揆叙民物，本之性善；所以佐明六艺之文义，崇宣先圣之指务，王制拂邪之隐括，立德立言之程式也！(赵岐《孟子篇》叙。)练撰为篇，发其指意。

一 解题及隶经始末

古之贤圣，有所造述，大都系氏以"子"而为题目。如《汉书·艺文志》载儒家有《晏子》《曾子》《孟子》；道家有《鬻子》《管子》《庄子》《列子》；法家有《李子》《申子》《慎子》《韩子》之属，是也。《孟子》者，盖孟轲所作之书。孟，氏也。(焦循《孟子正义》曰："孟，氏也。如下云出自孟孙，则与鲁同姓。后世姓氏不分，氏亦通称姓。")子者，男子之通称也。此书，孟子之所自作也，故总谓之《孟子》。《论语》是诸弟子记诸善言而成编集，故曰《论语》，而不号《孔子》；《孟子》是孟轲所自作之书，如《荀子》，故谓之《孟子》。(何异孙《十一经问对》。)

其书列于诸子，遭秦火得不焚灭。（赵岐《孟子题辞》曰："孟子既没之后，大道遂绌。逮至亡秦焚灭经术、坑戮儒生，孟子徒党尽矣。其书号为诸子，故篇籍得不泯灭。"则是秦人焚书，不及诸子也。《论衡·书解篇》："秦虽无道，不燔诸子。"又《正说篇》："秦用李斯之议，燔烧五经。"与赵岐说合。）《汉书·艺文志》《隋书·经籍志》《旧唐书·经籍志》，咸入儒家。唐文宗开成二年，国子学石刻十二经，亦有《论语》而无《孟子》。至宋仁宗嘉祐六年，刻篆、正二体石经，中有《孟子》。《孟子》隶经自此始！（按：阮元《孟子注疏校勘记》引据各本目录中，有杭州府学宋高宗御书《石经》残本，不及《嘉祐石经》。钱大昕《十驾斋养新录》中有"宋高宗书《孟子》"一条，亦不及《嘉祐石经》。叶昌炽《语石》中有"石经"一则，称"宋《嘉祐石经》但有《易》《诗》《书》《周礼》《礼记》《春秋左氏传》，合《孝经》为七。"然读何绍基《东洲草堂诗集》，中有《寄题丁俭卿新获嘉祐二体石经册》七言古一诗，题下云："丁俭卿舍人凡新得宋嘉祐二体石经三百七十餘纸，为《易》《书》《诗》《春秋》《礼记》《周易》《孟子》七经。《玉海》等书述汴石经，不言有《孟子》。表章亚圣，自此刻始。是足补史志之阙。"则是《孟子》之有石经，盖断自宋嘉祐始矣。）

然欧阳修撰《唐书·艺文志》，仍以《孟子》入诸子儒家，一仍汉、隋《书》《志》之旧，而不之改也！厥后，高宗南渡，御书《石经》，绳其祖武，不遗《孟子》。而陈振孙《书录解题》乃以《论》《孟》同入经类，其说曰："自韩文公称'孔子传之轲，轲死不得其传'，天下学者咸曰'孔孟'。孟子之书，固非荀、扬以降所可同日语也。"自是《孟子》乃翘然别出于诸子，而与《论语》并崇为经焉！

二 《孟子》之作者

说者不一：有以为孟子自作者，汉儒相传之古说也；有以为弟子共记者,唐人后起然疑之说也。

按:孟子自作之说,由来已久,司马迁《史记·孟子荀卿列传》称:"孟轲游事齐宣王,宣王不能用;适梁,梁惠王不果所言,则见以为迂远而阔于事情;是以所知者不合!退而与万章之徒,序《诗》《书》,述仲尼之后,作《孟子》七篇。"此先汉古说,明云"《七篇》为孟子自作"也。其后赵岐《孟子题辞》云:"孟子以儒道游于诸侯,莫能听纳其说,于是退而论集所与高弟弟子公孙丑、万章之徒,难疑答问,又自撰其法度之言,著书七篇。"应劭《风俗通·穷通篇》云:"孟轲游于诸侯,所言皆以为迂远而阔于事情;困殆甚,退与万章之徒,序《诗》《书》仲尼之意,作书中外十一篇。"皆以为孟子所自撰,与《史记》同。至宋儒撰《孟子正义》引唐林慎思《续孟子》书二卷,以为:"《孟子》七篇,非轲自著,乃弟子共记其言。"韩愈《答张籍书》亦云:"孟轲之书,非轲自著;轲既没,其徒万章、公孙丑相与记轲所言焉。"自是唐人乃有以为"弟子共记",而不出孟子之自撰者矣!

然余读林慎思《续孟子·序》称:"孟子书先自其徒记言而著",其说亦与赵岐之称"论集所与高弟弟子难疑答问"者无殊指;盖弟子先撰记所闻,而孟子因论集其书也。《朱子语类》曰:"《论语》多门弟子所集,故言语时有长短不类处。《孟子》疑自著之书,故首尾文字一体,无些子瑕疵,不是自下手,安得如此!"然《孟子集注·序说》引《史记》列传,以为《孟子》之书,孟子自作;韩子曰"轲之书非自著";谓"《史记》近是"[①]。而《滕文公》首章"道性善"注,则曰

[①] 此处"序说",又称《孟子序说》;《列传》所云及韩子语,均见上文;"《史记》近是",则是朱子所下断语:"愚按:二说不同,《史记》近是。"

"门人不能尽记其词";又第四章"决汝汉"注曰"记者之误";又若以为弟子记,与韩愈如出一吻者。弟子以问,朱子答曰:"前说是,后两处失之!熟读《七篇》,观其笔势,如镕铸而成,非缀辑所就也!"(王应麟《困学纪闻》。)

阎若璩《孟子生卒年月考》曰:"《七篇》为孟子自作,韩昌黎故乱其说;然莫妙于朱子曰:'观《七篇》笔势,如镕铸而成,非缀缉可说。'余亦有一证:《论语》成于门人之手,故记圣人容貌甚悉;《七篇》成于己手,故但记言语或出处耳!"此其驳韩愈之说是矣!顾余读晁公武《郡斋读书志》曰:"孟子所见诸侯皆称谥,如齐宣王、梁惠王、襄王、滕定公、文公、鲁平公是也。夫死然后有谥。轲无恙时,所见诸侯,不应皆前死!且惠王元年至鲁平公之卒,凡七十七年。轲始见惠王,目之曰叟,必已老矣;决不见平公之卒也!后人追为之,明矣。"而若璩则从而为之解曰:"卒后,书为门人所叙定,故诸侯王皆加谥焉";则有当分别论者。何以言之?盖书中有王而加谥者系曰梁惠王、梁襄王、齐宣王,先孟子而卒者也。有王而不谥者,事皆系齐,疑曰"湣王"。后孟子而亡者也。至滕亡于孟子未卒之前,则孟子及见文公之死而称其谥,亦无足怪!独鲁平公卒于孟子之后,邹穆公无考;傥穆公之卒,亦如鲁平之在孟子后?吾意孟子所记,必俱如湣王之公而不谥。厥后门人淆误是惧,乃援滕文公之例,就其可知者,一体加谥以为识别焉耳?(考证详后。)然则以时君之皆举谥,而证《孟子》之非自作者,固未为知言也!

或者谓:"书中于孟子门人多以'子'称之,乐正子、公都子、屋庐子、徐子、陈子皆然,不称'子'者无几。果孟子所自著,恐未必自称其门人皆曰'子'。"此又不然!按"鲁平公将出"章,"乐正子入见",赵岐注:"乐正,姓;子,通称;孟子弟子也。"(《梁惠王下》。)然则"子"者,自如赵岐所云

"男子之通称"；不必弟子之于师。公孙丑问曰："夫子当路于齐。"孟子曰："子诚齐人也。"此则孟子自称其门人曰"子"之证一矣！孟子去齐，有欲为王留行者，客自称曰"弟子"，而应之曰"我明语子"，此则孟子自称其门人曰"子"之证二矣！如此之类，难以悉数；何得以此证《孟子》之非自作哉！

三 《史记》之孟子

按：《史记·孔子世家》叙生卒出处最悉；而《孟子列传》阙焉勿详！就其可考者言之：《六国表》魏惠王三十五年大书曰："孟子来，王问利国？对曰：'君不可言利。'"（《梁惠王上》"孟子见梁惠王王曰叟"章。）此与《十二诸侯年表》，鲁定公十年大书"孔子相"，皆特笔，史公所矜重者！其见于《魏世家》者，曰："三十五年，惠王数败于军旅，卑礼厚币以招贤者。邹衍、淳于髡、孟轲皆至梁。梁惠王曰：'寡人不佞，兵三折于外！太子虏！上将死！国以空虚，以羞先君宗庙社稷；寡人甚醜之！叟不远千里，辱幸至敝邑之廷，将何以利吾国？'孟轲曰：'君不可以言利若是！夫君欲利，则大夫欲利；大夫欲利，则庶人欲利。上下争利，国则危矣！为人君仁义而已矣，何以利为！'"年事与《六国表》同。是年齐宣王七年，周显王三十三年，太史公因《秦记》，采《世本》《战国策》，著所闻为表，其年系当无大误。

既一年，惠王卒，子襄王立；（《梁惠王上》"孟子见梁襄王"。）《表》亦与《世家》同。又十一年，而齐宣王卒，子湣王立。湣王立之六年，宋君偃为王。（《滕文公下》"万章问曰宋小国也今将行王政"章。）是年魏襄王卒，子哀王立。又二年而燕王哙让国于子之。又二年，当周赧王元年，鲁平公始立；而哙及子之皆乱死。《燕世家》云："子之南面行王事，而哙老不听政，顾为臣！国事皆决于子之，三年，国大乱。百姓恫恐，将军市被与太子平谋，将攻子之，诸将谓齐湣王曰：'因而赴之，破燕必矣！'齐王因令人谓燕太子，太子因要党聚众，将军市被围公宫，攻子之，不克，将军市被及百姓反攻太子平，将军市被死以徇。因构难数月，死者数万人，众人恫恐，百姓离志。孟轲谓齐王曰：'今伐燕，此文武之时，不可失也！'王因令章子将五都之兵，以因北地之众以伐燕。燕士卒不战，城门不闭，燕君哙死，齐大胜，燕子之亡。"（《梁惠王下》"齐人伐燕"两章，《公孙丑下》"沈同以其私问曰"章、"燕人畔"章）年事与《六国表》同。又二年，为楚怀王十七年，秦败楚将屈丐；而《楚世家》："怀王十六年，绝和于秦，发兵西攻秦，秦亦发兵击之。"厥为秦楚构兵之始。（《告子下》"宋牼将之楚"章。）此诸国事皆与孟子相涉者。

自魏惠王三十五年，至是凡二十四年。当孟子初至梁，梁惠王谓之曰"叟"！度其年当长于惠王：惠王以魏文侯二十五年生，生三十而即位；即位三十五年，年六十五矣！孟子又长于惠王，其游梁殆且七十也！（桐城吴汝纶《孟子考证》。）《史记·孟子列传》称"游事齐宣王，宣王不能用。适梁，梁惠王不果所言"；则是适梁在游齐之后；而《孟子》书先梁后齐者，此盖篇章之次，而非游历之次也。赵岐注："孟子冀得行道，故仕于齐，不用而去，乃适于梁。建篇先梁，欲以仁义为首篇，因言魏事，章次相从，然后道齐也。"（见《梁惠王上》"齐宣王问曰齐桓晋文之事"章。）其言可谓明且覈矣！

然《史记》"梁惠王不果所言"之后，别无下文；而苏辙《古史列传》则曰："先事齐宣王，后见梁惠、襄，又事齐湣。"则是孟子见梁惠王之前，先游齐，见宣王；而孟子见梁襄王之后，复去齐仕湣王。兹以《史记》载伐燕一事，与《孟子》互证之，其言可信，盖伐燕事在湣王十年也。《荀子·王霸篇》谓"齐闵北足败燕"，其以败燕属齐闵，与《史记》合。燕人畔，王曰："吾甚惭于孟子！"（《公孙丑下》。）王不称谥，盖谓湣王。湣王走死，在伐燕之后三十年，非孟子所及见。盖孟子及见齐宣王、梁惠王、襄王之卒，故并称谥；而不及湣王之死，故但称王；可断言也。然则《梁惠王下》齐人伐燕两章之称"宣王问曰""宣王曰"，盖承前十章之"齐宣王问曰""孟子谓齐宣王曰"而误衍一"宣"字耳！（《朱子语类》谓"湣王后来不好，门人为孟子讳，改为宣王"，其言迂曲不可信。）"孟子为卿于齐，出吊于滕，王使盖大夫王驩为辅行"，"孟子致为臣而归，王就见孟子"，（《公孙丑下》。）凡不系谥者，皆谓湣王。据《史记·六国表》及《田敬仲完世家》，湣王六年，宋自立为王；十年，伐燕；三十八年，灭宋。而《战国策·宋策》载："宋康王之时，有雀生鸇。史占曰：'小而生巨，必霸天下。'康王大喜，于是灭滕，伐薛，取淮北之地，乃愈自信！"是滕最早为宋所灭，当在"宋自立为王"之初；而滕文公问事齐事楚、问齐人筑薛，尚不以宋为患，则又远在"宋自立为王"之前，意者当在孟子游齐适梁之前耶？然则孟子及见滕文公之卒而称其谥，殆可断言！然滕于《六国表》无考。而《六国表》载鲁平公元年，则当齐湣王十年伐燕之岁，而"孟子见梁惠王"之后二十二年也。明年，秦楚始构兵，计其时孟子年当九十余矣；而遇宋牼于石丘，折之曰"秦楚何说以利"（《告子下》"宋牼之楚"章）；慨鲁侯之不遇，解之曰"行止非人所能"；浩然之气，老当益壮！其前后略可考信于《史记》者如此。

惟司马温公作《通鉴》，乃舍《史记》不之信，而从《竹书纪年》，以魏襄王在位之十六年，归之惠王为后改元；若曰："《纪年》魏史出汲冢，所书魏事，必得其真，故从焉。"其后阎若璩作《孟子生卒年月考》以折其说曰："不然！《纪年》

云：'惠成王九年四月甲寅，徙都大梁。'不知是年秦孝公甫立，卫公孙鞅未相，魏公子卬未虏，地不割，秦不逼，魏何遽徙都以避之耶？即一徙都如此，尚谓其生卒年月尽足信耶！此余之所以信《史记》以信《孟子》也！"温公舍《史记》而信《纪年》，慎矣！至纪齐年，则又并无依据，夺潜益威，以伐燕归之宣，以求合于《孟子》；于是齐、梁二国年系并失，而孟子事始末，无征不信，末由考见矣！余故采桐城吴氏之说，本史迁传信之记，疏通证明，折衷诸家，论世者傥有取焉！

四　《孟子》之本子

考《孟子》书之最古者，当推西汉河间献王本，《汉书·景十三王传》称"河间献王修学好古，所得书，皆古文先秦旧籍《周官》《尚书》《礼》《礼记》《孟子》《老子》之属"，是也。然则《孟子》初本为古文矣！惟未著篇数。《汉书·艺文志·诸子略》儒家《孟子》十一篇，应劭《风俗通·穷通篇》云"作书中外十一篇"，是为十一篇本；惟中外篇目不详。

赵岐《孟子篇叙》曰："《孟子》七篇所以相次叙之意：孟子以为圣王之盛，惟有尧舜，尧舜之道，仁义为上；故梁惠王问利国，对以仁义，为首篇也。仁义根心，然后可以大行其政；故次之以公孙丑问管、晏之政，答以曾西之［所］羞也。政莫美于反古之道，滕文公乐反古；故次以文公为世子，始有从善思体之心也。奉礼之谓明，明莫甚于离娄；故次之以离娄之明也。明者当明其所行，行莫大于孝；故次以万章问舜往于田号泣。孝道之本，在于情性；故次以告子论情性也。情性在内而立于心，故次以尽心也。尽己之心与天道通，道之极者也；是以终于尽心也。"至《题辞》称："七篇二百六十一章，三万四千六百八十五字。""又有外书四篇：《性善》《辨文》《说孝经》《为政》，其文不能宏深，不与内篇相似；似非《孟子》本真，后世依放而记也。"然后知世所传《梁惠王》《公孙丑》《滕文公》《离娄》《万章》《告子》《尽心》七篇，为中或曰内；余《性善》《辨文》《说孝经》《为政》四篇，为外也。惟赵岐删其外篇，存其内篇，著《孟子章句》；是为七篇本。

自后传《孟子》者，壹以赵岐《章句》七篇为本；而外书以久废阁（通"搁"）致亡！其佚文称引见于汉以前书者：《荀子·大略篇》曰："孟子三见宣王而不言事。门人曰：'曷为三遇齐王而不言事？'孟子曰：'我先攻其邪心。'"《韩诗外传》曰："高子问于孟子曰：'夫嫁娶者，非己所自亲也。卫女何以得编于《诗》也？'孟子曰：'有卫女之志则可；无卫女之志则怠！若伊尹于太甲，有伊尹之志则可；无伊尹之志则篡！夫道二：常谓之经，变为之权。怀其常道而挟其变权，乃得为贤！夫卫女行中孝，虑中圣，权如之何！'"又曰："孟子说齐宣王而不说，淳于髡侍。孟子曰：'今日说公之君，公之君不说；意者其未知善之为善乎？'淳于髡曰：'夫子亦诚无善耳！昔者瓠巴鼓瑟而潜鱼出听，伯牙鼓琴而六马仰秣。鱼、马犹知善之为善，而况君人者也！'孟子曰：'夫电雷之起也，破竹折木，震惊天下，而不能使聋者卒有闻；日月之明，遍照天下，而不能使盲者卒有见。今公之君若此也！'淳于髡曰："不然！昔者揖封生高商，齐人好歌；杞梁之妻悲哭，而人称咏。夫声无细而不闻，行无隐而不形。夫子苟贤，居鲁而鲁国之削，何也？'孟子曰：'不用贤，削何有也！吞舟之鱼，不居潜泽；度量之士，不居污世。夫艺，冬至必凋，吾亦时矣！'"董仲舒《春秋繁露·深察名号篇》曰："'性有善端，动之爱父母，善于禽兽则谓之善。'此孟子之言。"《史记·淮南王安传》，伍被对淮南王安引孟子曰："纣贵为天子，死曾不若匹夫！"刘向《说苑》

曰："孟子曰：'人皆以食愈饥，莫知以学愈愚！'"又曰："孟子曰：'人知粪其田，莫知粪其心！粪田莫过利苗得粟，粪心易行而得其所欲。何谓粪心？博学多闻。何谓易行？一性止淫也。'"扬子《法言·修身篇》曰："孟子曰：'夫有意而不至者，有之矣；未有无意而至者也！'"桓宽《盐铁论》引孟子曰："吾于《河广》，知德之至也！"又引孟子曰："尧舜之道，非远人也；而人不思之耳！"应劭《风俗通·正失篇》引孟子曰："尧舜不胜其美！桀纣不胜其恶！"梁武帝《答臣下神灭论》引孟子曰："人之所知，不如人之所不知，信矣！"萧子良《与孔中丞书》引孟子曰："君王无好智。君王无好勇。勇智之过，生平祸患所遵；正当仁义为本！"今七篇书皆无其文，岂所谓外书者耶？然赵岐疑其"依放而记"，不为章句，则亦卑之无甚高论！

惟汉儒注经，多明训诂名物；而赵岐之注《孟子》，独笺释文句，乃似后世之"口义"，与汉学稍殊。然孔安国、马融、郑玄之注《论语》，今载于何晏《集解》者，体亦如是。盖《易》《书》文皆最古，非通其训诂，则不明；《诗》《礼》语皆征实，非明其名物，亦不解。《论语》《孟子》，词旨显明，惟阐其义理而止；所谓"言各有当"也！（《四库提要·孟子正义》。）则亦不必为赵岐病矣！

惟赵岐注《孟子》，每章之末，括其大指，间作韵语，谓之"章指"；《题辞》所谓"章别其指"，《文选注》所引赵岐"孟子章指"是也。南宋后，《正义》出，尽删章指正文，仍剽掠其语散入《正义》；明国子监刊《十三经》承用此本，后世遂不复见赵岐元本矣！

考《崇文总目》载陆善经注《孟子》七卷，称"善经删去赵岐章指，与其注之繇（繁）重者，复为七篇"。（见《文献通考》。）是删去章指，始于善经，《正义》盖用善经本也。（钱大昕《十驾斋养新录》卷三。)虽题"宋孙奭撰"字样；而朱熹《语类》则谓："邵武士人假托；蔡季通识其人。卷首载孙奭《序》一篇，全录《音义序》，仅添三四语耳！其浅妄不学如此！"先是，孙奭于宋真宗大中祥符间，奉敕核定赵岐《注》，因刊正唐张镒《孟子音义》及丁公著《孟子手音》二书，兼引陆善经《孟子注》，成《孟子音义》二卷；就经文及注为之音释。书中所释，称"一遵《赵注》"；然亦时就章句有所证明，存其异同，与陆德明《经典释文》略相似；盖以补陆氏之阙，(陆德明《经典释文》于群经皆有音义，独阙《孟子》。)而匪以为《正义》。至《正义》则凭肊立说，不惟背经背注，且与《音义》亦时睹攸违；岂有出奭一人之作而忽彼忽此者？以故不为士林所重。

朱熹融会诸家之说，撰《孟子集注》七卷，于义理时有发明，而训诂、章指则采《赵注》为多。其可考见者，书中人名，惟盆成括、告子不从《赵注》"学于孟子"之说，季孙、子叔疑不从二弟子之说，余皆从之；书中字义，惟"折枝"训"按摩"之类不取《赵注》，余亦多取之。盖《赵注》虽不及后来之精密，而开辟荒芜，俾后来者得循途而深造，其功要不可泯也。

清儒治经，迈冠往古！阮元仿宋板《十三经》重刻于豫章，而《孟子》之赵氏章指，遂复系于章末之旧。焦循因之，撰《孟子正义》十四卷，荟萃清儒顾炎武以下六十余家之说，疏明《赵注》：傥赵氏之说，或有然疑，不惜驳破，以衷一是；至诸家或申赵义，或与赵殊，或专翼孟，或杂它经，兼有备录，以俟参考。可谓孟子之忠臣，《赵注》之诤友矣！

然《孟子》今本，有卒不能复赵岐之旧者！赵岐《题辞》谓"七篇二百六十一章，三万四千六百八十五字"。今按孙奭《音义》标《梁惠王》上七章、下十六章；《公孙丑》上九章、下十四章；《滕文公》上五章、下十章；《离娄》上二十八章、下三十二章；《万章》上九章、下七章；《告子》上二十章、下十六章；《尽心》上四十七章、下三十九章，共为二百五十九章；而以章指计之，《尽心》下篇止得三十八章，则共为二百五十八章，较《题辞》所云少三章。又《梁惠王》共五千二百六十四字，《公孙丑》共五千一百四十二字，《滕文公》共四千九百八十字，《离娄》共四千七百八十九字，《万章》共五千一百五十四字，《告子》共五千二百二十三字，《尽心》共四千六百七十四字，七篇共三万五千二百二十六字，较《题辞》所云多五百四十一字。则是今本《孟子》之字多而章少，有不同于赵岐者也！然旧书古简，脱漏居多，唐、宋后之本，应减于汉，否亦不能加多。今兹胜字，得毋有后人所羼入者乎？

五 《孟子》之读法

读法一如《论语》，每次作一意求之；虚心涵泳，切己体察，久而久之，必自有会。姑以鄙意，拟为读法：

第一 明其立言

孟子曰"我知言"，然则读孟子之书，何可不知孟子之言！《孟子》一书，游文六艺之中，留意《诗》《书》之际，敦教化，明人伦，此与《论语》同者也。然而有不同者：《论语》气平，《孟子》气激。《论语》辞约而意尽，《孟子》气盛而言宜。《论语》之发语用"噫"，《孟子》之发语用"恶"。《论语》正言庄论，多法语之言；《孟子》比物托兴，熹巽与之辞。《论语》短章多，长章少，惟"子路曾皙冉有公西华四子侍坐言志""季氏将伐颛臾"两章最长；《孟子》长章多，短章少，惟

"人有不为也，而后可以有为"，前后数章最短。此修辞之不同也。《论语》只言性，而《孟子》直道性善。《论语》只言仁，而《孟子》兼明仁义。《论语》只言志，而《孟子》深论养气。此树义之不同也。孔子之称弟子以名，孟子之称弟子曰"子"。孔子弟子自称名，孟子弟子如万章、咸丘蒙有自称"吾"者。孔子弟子称孔子曰"子"，孟子弟子称孟子曰"夫子"。孔子弟子，问仁者七，问孝者三，问政者六；而孟子弟子所问，皆不及此。此酬对之不同也。至衡政持论，详于法制；体国经野，具有规模，则与《论语》又有不同者！盖《论语》之论政也，祖述尧舜，宪章文武，尚王而未言制；而《孟子》则明王道而言制之所宜。治地莫善于助，仁政必始经界，班爵制禄，敷言秩如，盖《论语》二十篇之所未有！徒以井田、封建，所言殊于《周礼》，知于古未必有征，特孟子托古改制之乌托邦尔！

第二 籀其性理

"孟子道性善"，世人之所知也；而孟子之所以道性善者，则或世人之所未知。

其一，"孟子道性善"之方法。"孟子道性善"之方法有二：一以"故"言性。孟子曰："天下之言性也，则故而已矣！"（《离娄下》。）朱熹注："性者，人物所得以生之理也；故者，其已然之迹，若所谓'天下之故'者也。言事物之理，虽若无形而难知；然其发见之已然，则必有迹而易见。故天下之言性者，但言其故而理自明；犹所谓'善言天者必有验于人'也。"此孟子以"故"言性之说也。[此其说，可以法兰西学者古惺（Goucin，1792—1867）之论心理学明之。古氏以为："哲学必自事实始，此事实乃供给哲学以入思辨之境涯之机会者也。心理学不过为入形而上学之桥梁，形而上学乃最优之科学也,科学之科学也。科学之对象为实体,乃至不变化永久之实在也。而其研究之方法,则依观察;而观察之工夫,则不能有何等之科学。故可谓吾人乃观察精神之事实,而穷究其所以蕲到达绝对之原理。心理学之方法,乃充此职役者也。易言以明之,即以后天之方法得认先天之原理者也。"语见北京大学出版《西洋伦理学史》。]"孺子入井",(《公孙丑上》"人皆有不忍人之心"章。)"敬兄敬乡人",(《告子上》"孟季子问公都子曰"章。)皆孟子之所谓"故"也。二以"情"证性。孟子好以"恻隐""羞恶""辞让""是非"四端言性,皆"情"也;"情"之为言,"性之感"也。《荀子·正名篇》曰:"生之所以然者谓之性,性之好恶喜怒哀乐谓之情。"《论衡·初禀篇》曰:"情接于物而然者也。"盖"生之谓性",而"情"则性之发。"性"不可见,而"情"可见,故以情证性也。此孟子道性善之方法也。

其二,孟子道性善之界说。孟子道性善,只限于人,而物非所论。其《告子》"杞柳桮棬"一章,论人性之不同于植物;"生之谓性"一章,论人性之不同于动物;"性犹湍水"一章,论人性之不同于无生物。故尝见意于"人之所以异于禽兽"一章,曰:"明于庶物,察于人伦。"盖人之性善,而物之性不必皆善;人之性可率,而物之性不必可率。此孟子之所为"明"、所谓"察",不可不察也。

其他曰"存心",所以继性之善也。《易·系辞传》曰:"继之者善也,存之者性也。"而《孟子》则曰:"君子之所以异于人者,以其存心也。君子以仁存心,以礼存心。"(《离娄下》)。"苟得其养,无物不长;苟失其养,无物不消。孔子曰:'操则存,舍则亡。出入无时,莫知其乡。'惟心之谓欤?"(《告子下》)曰"养气",所以涵情之发也。

虽然,孟子之所谓"气"者,何也?曰"情之冲动"是也。(《公孙丑上》"气体之充也",赵岐注"气所以充满形体为喜怒也"。)情之为言,性之感也。德之哲家康德曰:"世界无制限纯粹之善,惟具'善意志'而已。何谓善意志?曰:'为理性之故而从理性之意志,是已。为义务之故而行义务之意志,是已。此乃不为感情所驱使,而率由理性之命令之意志也,非可由感情欲望而决定者也。倪以悲悯之情,而为施予之慈,是则情感之驱迫而然,不得为道德之行为也!必绝情祛欲,而后可以言道德。'"则是谓情感与理性不相容也。夫人之激发于情感,并心一决,固有莫之为而为,沛然莫之能御者,故曰:"其为气也,至大至刚!"使不"配义与道",人欲之横流,厥祸有酷于洪水!虽然,孟子不云乎:"以直养而无害,则塞乎天地之间!"则是理性可以养感性也。又曰:"其为气也,配义与道。无是,馁也。"则是感性可以配理性也。(《公孙丑上》"夫子加齐之卿相"章。)是理性与情感非不相容也。孟子曰:"乃若其情,则可以为善矣;乃所谓善也。"情之善,征于情之发;而康德则以情为不善,非绝情祛欲,不足以言道德。清儒戴震有言曰:"后儒不知情之至于纤悉无憾,是谓理。"(《戴东原集·与某书》。)其康德之谓乎!戴震又曰:"君子之治天下也,使人人各得其情,各遂其欲,而天下治。君子之自治也,情与欲,使一于道义。"(《孟子字义疏证》)孟子"集义"之功,"情与欲,使一于道义"而已。要之,"浩然之气"之为"至大至刚",此尽人之所同;而"配义与道"之"以直养",则孟子之所独矣!余故特表而出之。

第三 考其辨诸子

孟子好辨,而辨诸子之见孟子书者:有为神农之言者许行;(《滕文公上》。)有墨者夷之、(《滕文公上》。)宋牼;(《告子下》。按《庄子·天下篇》云:"墨子真天下之好,宋钘、尹文子闻其风而悦之,作为华山之冠,以自表见侮不辱救民之斗、禁攻寝兵救世之战,以此周行天下,上说下教,虽天下不取,强聒而不舍者也。")有为纵横之术者景春;(《滕文公下》赵岐注:"景春,孟子时人,为纵横之术者。")有《史记·滑稽列传》之淳于髡者;(《离娄上》《告子下》。)有《史记·货殖列传》之白圭者。(《告子下》。)乘间抵巇,辞气铿訇,此其指名者也!其不指名者,陈澧《东塾读书记》曰:孟子"距杨墨"。(《滕文公下》。)杨朱,老子弟子,距杨朱,即距道家矣!"善战者服上刑,连诸侯者次之,辟草莱任土地者次之。"(《离娄上》。)朱注以为"孙膑、吴起、苏秦、张仪、李悝、商鞅之类",则兵家、纵横家、农家皆距之矣!"省刑罚",(《梁惠王上》。)可以距法家。"生之谓性也,犹白之谓白欤?"(《告子上》。)可以距名家。"天时不如地利",(《公孙丑下》。)可以距阴阳家。"夫道一而已矣",可以距杂家。"齐东野人之语,非君子之言",(《万章上》。)可以距小说家。而距兵家为甚!其可考见者,如《公孙丑上》"天时不如地利"章,《离娄上》"求也为季氏宰"章,《告子上》"鲁欲使慎子为将军"章,《尽心下》"不仁哉梁惠王"章、"春秋无义战"章、"尽信书不如无书""有人曰我善为阵"章,皆距兵家言也!一纵一横,论者莫当,此亦《论语》之所罕见!盖孔子以攻异端为害,而孟子以辟异端自任;此孟子之所为不同于孔子。

而杨、墨者,尤孟子之所力距!然孟子之言仁义,盖即兼权杨、墨之说。何者?"义(義)"从我、羊,谊取"善我";非即杨氏"为我"之指乎?"仁"从人、二,训为"人偶";非即墨子"兼爱"之义乎?盖孟子之所为"距杨墨"者,恶其"执一"也。"所恶执一者,为其贼道也,举一而发百也。"(《尽心上》。)然则自孟子之言推之:徒"仁"而不制"义",则舍己而以狥人,人情之所难能也!(按《庄子·天下篇》曰:"墨子其生也勤，其死也薄。其道大觳，使人忧，使人悲。其行难为也，恐其不可以为圣人之道。反天下之心，天下不堪。墨子虽独能任，奈天下何！"）徒"义"而不体"仁"，则背群而私利己，人道或几乎息矣。徒"义"而不体"仁"者，杨氏之"为我"也！徒"仁"而不制"义"者，墨子之"兼爱"也！为数不同，"执一"则钧！孟子"执中"，故交讥焉。特是孟子言仁义而距杨墨者，谓其"充塞仁义"也。

然老、庄绝仁弃义，而孟子不置一辞者，何哉？於戏！孟子不云乎："仁也者人也，合而言之道也。"（《尽心下》。）朱熹《集注》："外国本'人也'之下，有'义也者宜也。礼也者履也。智也者知也。信也者实也。'凡二十字。今按：如此，则理极分明。"而王弼《老子注》曰："仁义礼知不能独用，必资道以用之。"与孟子如出一吻。盖道德者，仁义礼之大全；而仁义者，道之一端。老庄之学，抱一而体玄，故以道为本；孔孟之教，明体而达用，故以仁义为言，而要其归曰"志于道"：此孔子之所以窃比老彭，而孟子之于老庄所为存而不论也欤？

右论三事，聊当举隅；虽指要或有未尽，而宏纲亦庶无遗，引端竟委，俟诸异日！

《中庸》第四

《中庸》之书，所以开大原，立大本；（王柏古《中庸跋》。）盖圣学之渊源，入德之大方也！（杨时《中庸解·序》。）卒为是篇，以原圣学。

一　解题及隶《四书》始末

《中庸》，本《礼记》四十九篇之第三十一；然单篇别出，由来已久。《汉书·艺文志》有《中庸说》二篇。《隋书·经籍志》有宋散骑常侍戴颙《礼记中庸传》二卷，梁武帝《中庸讲疏》一卷、《私记制旨中庸义》五卷。宋仁宗书《中庸》赐王尧臣。张载以无所不学，当康定用兵时，上书谒范仲淹言兵事，仲淹曰："名教中自有乐地。"因勤读《中庸》。则表章不始二程。朱熹得二程之学，乃以配《大学》并《论语》《孟子》，称为《四书》，语详《大学》篇。

而谓之"中庸"者，谊训不一。郑玄《目录》云："名曰《中庸》者，以其记中和之为用也；庸，用也。"（《礼记正义》引。）此一说也。程颐曰："不偏之谓中，不易之谓庸。中者天下之正道，庸者天下之定理。"（杨时《中庸解·自序》。）此又一说也。颐为《中庸》作解，自以不满其意而焚稿焉；遂以属门人郭忠孝。忠孝《中庸说》谓:"中为人道之大,以之用于天下国家。"又云:"极天下至正谓之中,通天下至变谓之庸。"(朱彝尊《经义考》引黎立武说。)盖中之训,本诸师说;而庸之谊,兼采郑玄,折衷二家之间。此又一说也。朱熹曰:"中者,不偏不倚,无过不及之名。庸,平常也。"(《中庸章句》。)此又一说也。

其中程颐之解,宋学所宗;虽异郑玄,而古训是式,于谊为长,朱本之而加精密。"不偏不倚,无过不及",所以为"天下之正道";(《书·洪范》疏:"凡行不迁僻则谓之中。"《仪礼·聘礼》"每门每曲揖"注:"门中,门之正也。"《论语》"子张允执厥中"皇疏:"中,谓中正之道也。"《孟子·离娄下》章指:"履其正者,乃可为中。"《后汉书·陈宠传》注:"中,正也。"则是"中",古训"正"也。)平平常常,无易攸常,所以为"天下之定理"。《尔雅·释诂》:"庸,常也。"(《易·文言传》"庸,言庸行"九家注,《孟子·告子上》"庸,敬在兄"注,《荀子·不苟篇》"庸言必信之,庸行必慎之"注,皆曰:"庸,常也。"《周礼·大司乐》"中和祗庸孝友"注:"庸,有常也。"《庄子·德充符》"其与庸亦远矣",《释文》:"庸,常人也。"则是"庸",古训"常"也。)《韩非·解老》曰:"物之一存一亡,乍死乍生,初盛而后衰者,不可谓常;唯夫与天地之剖判也俱生,至天地之消散也不死不衰者,谓常,而常者无攸易。"故曰"不易之谓庸"。然则"中庸"者,至正而不可逾,寻常而无攸易。至正而不可逾,故不违道以干誉;寻常而无攸易,宁用哗众以取宠。学者所以进德之要,本末俱备矣!

二 《中庸》之作者

按《史记·孔子世家》曰:"子思作《中庸》。"郑玄《目录》云:"孔子之孙子思伋作之,以昭明圣祖之德。"(《礼记正义》引。)《孔丛子》云出依托,然见《隋书·经籍志》著录,多存汉魏旧说,亦称《中庸》为子思所撰。则"子思作《中庸》",乃汉以前相传旧说;疑可信也?惟孔鲋谓:"子思年十六作《中庸》。"而宋翔凤《过庭录》,乃据《孔子世家》以辨之曰:"《孔子世家》云:'伯鱼年五十,先孔子死。伯鱼生伋,字子思,年六十二,尝困于宋,作《中庸》。'郑康成说:'颜渊死,伯鱼尚未葬。'则亦卒于鲁哀十三年,盖遗腹生子思,在十四年,年甚幼,不及事孔子;故孔子之丧,皆门人所治,以子思在襁褓也。知子思年六十二,当威烈王六年,是年困于宋,作《中庸》。《中庸》为继圣明道之书,故以年著之,与上文叙孔子大事,必著年若干同例。六十二,非卒年也。子思卒年不书,史失之。又十三年,当威烈王十九年,为鲁缪公元年,子思年七十五,穆公亟见子思,尊礼之。果子思年六十二,安得至穆公时,孟子之言,反为失实矣!"其言甚辨以覈!

然宋氏引《孟子》以证史公纪年之或有误则可;而迁就依违则不可!今按《世家》上下文读之,曰:"伯鱼年五十,先孔子死。"曰:"子思生白,字子上,年四十七。"曰:"子上生求,字子家,年四十五。"则"年六十二"者,史公自叙子思卒年,非作《中庸》之年也。至谓《中庸》为子思困于宋而作,亦采《孔丛》而非史公之意。史公书曰:"尝困于宋。子思作《中庸》。"特提子思,玩语气别是一事;非如《过庭录》所引"尝困于宋,作《中庸》",脱去"子思"二字。独《孔丛》叙:"子思年十六,适宋,宋大夫乐朔与之言学焉。朔曰:'《尚书》虞、夏数四篇,善[也]!下此以讫秦、费,效尧、舜之言耳;殊不如也!'子思答曰:'事变有极,正自当耳!假令周公、尧、舜不更时异处,其书同矣!'乐朔曰:'凡书之作,欲以喻民也,简易为上;而乃故作难知之辞,不亦繁乎!'

子思曰：'书之意兼复深奥，训诂成义，古人所以为典雅也！'曰：'昔鲁委巷，亦有似君之言者！'伋答之曰：'道为知者传。苟非其人，道不传矣！今君何似之甚也！'乐朔不说而退；曰：'孺子辱吾！'其徒曰：'鲁虽以宋为旧，然世有雠焉；请攻之！'遂围子思。宋君闻之，不待驾而救子思。子思既免，曰：'文王困于羑里，作《周易》。祖君屈于陈蔡，作《春秋》。吾困于宋，可无作乎！'于是撰《中庸》之书四十九篇。"此宋说之所本也；独不采其"年十六"之说耳。而史公书则于"困于宋"曰"尝"，于"作《中庸》"曰"子思"，而以补叙于"年六十二"之后；则不知其为"年十六"欤？为非"年十六"欤？

叙其事而不系之年，信以传信，疑以传疑，《春秋》之志也！昔尧之命舜曰："允执厥中。"舜用中于民而亦以命禹；盖《中庸》之义所由本。而王应麟《困学纪闻》则谓：孔子曰："国家有道，其言足以治；国家无道，其默足以容。"（原注：《大戴礼·家语》。）曾子曰："孝子之事亲也，居易以俟命，不兴险行以侥幸。"（按：见《大戴记·曾子曰孝篇》。）《中庸》之言本此，然后知朱熹序《章句》，谓"子思推本尧舜以来相传之意，质以平日所闻父师之言，更互演绎，作为此书"；其言为信而有征也！

或谓："《中庸》是汉儒所撰，非子思作也。其隙罅有无心而发露者！孔、孟皆山东人，故论事就眼前指点。孔子曰'曾谓泰山不如林放'，曰'泰山其颓'；孟子曰'登泰山而小天下'，'挟泰山以超北海'。就所居之地，指所有之山，人之情也！汉都长安，华山在焉。《中庸》引山称'华岳而不重'；明明是长安之人，引长安之山，此伪托子思之明验。"（叶酉《再与袁随园书》。）或又谓："《中庸》《释文》一本'载山岳而不重'；今云：'载华岳而不重'。《尔雅·释山》云：'河南华，河西岳'；不是子思之文，当是西汉博士所改也。"（俞正燮《癸巳存稿》二。）此亦足以备异闻、资考论焉。

三 《中庸》之本子

按《汉书·艺文志》"《中庸说》二篇"，《隋书·经籍志》有宋散骑常侍戴颙《礼记中庸传》二卷，疑古《中庸》有二篇本，而传说者遂依分篇卷？犹《汉书·艺文志》著录《易》上下经，遂有《易传》周氏、服氏、杨氏、蔡公、韩氏、王氏皆二篇；《论语》鲁二十篇，遂有鲁《王骏说》亦二十篇。今云《中庸说》二篇，知必有一本《中庸》二篇也。戴颙为传二卷，疑尚见二篇本矣！今按《礼记》，《中庸》第三十一，而注疏分两卷，为卷第五十二，为卷第五十三；岂即古二篇之旧耶！《孔丛》称《中庸》之书四十九篇，则是《中庸》有四十九篇本也。而在《礼记》中者一篇；不知其四十九篇之要删欤？抑合并四十九篇而为一篇欤？朱熹为《章句》，因其一篇者，分为三十二章，遂大行于世。其后王柏因朱熹《章句》订《古中庸》二卷，以第一章至第二十章为上篇，以第二十一章至三十三章为下篇，縺析为二：自以为复《中庸》二篇之古；而《章句》不改朱熹也。

然朱熹订《大学》错简，而《中庸》不言。其后亦有订《中庸》错简，而别为定本者：就所睹记，则有明杨守陈撰《中庸私钞》一卷，管志道撰《中庸订释》二卷，周从龙撰《中庸发覆编》一卷，凡三家四卷，书轶不见，绪论仅存！（见朱彝尊《经义考》。）

杨氏谓："《中庸》之言，若散而无统，乱而无伦，但由简之有错耳！既移正其简，又欲更定其章，则文义皆已连属，更无少断；然后知《大学》之章可分，而《中庸》难以章分也。"（杨守陈《中庸私钞·自序》）遂以意之所欲正，别写为本；而取朱熹《章句》分抄其下焉。此订其错简而以为不可分章者，杨氏之书也。

　　管氏自幼读朱熹《章句》，即疑"哀公问政"章"礼所生也"之下，有"在下位"三句而遗全文。据朱熹述郑氏之解曰"此句在下，误重在此"，夫何以辨下文之非错简，而此处之非阙文也？又考《家语》"子曰三近"之上，有伪撰"寡人实固不足以成之"三语，则又疑《章句》中岂无误混孔氏祖孙言语，而强为分章之处？因先订此章；其他章句，亦有分其合而合其分者，（管志道《中庸订释·自序》。）凡为三十五章。此订其错简而别自分章与朱熹不同者，管氏之书也。

　　周氏之书，则以武周达孝、继述二条，次于作述之下、缵绪之上；"故君子不可以不修身"一条，次于在下位一条之下、天道人道之上。虽其中与传注不同者什九，而自谓以《中庸》解《中庸》；其称"发覆"者，从前所覆者，自今发之，周氏所自命也。（陈懿典《中庸发覆编序》。）此亦别出于朱熹之《章句》，而自成一书者也。

　　惟是朱熹《章句》，不从郑玄，而精密远胜，涵咏义理，舍之何求焉！

四　《中庸》之读法

　　昔程颐称：《中庸》之书，"始言一理，中散为万事，末复合为一理。放之则弥六合，卷之则退藏于密。其味无穷，而望善读者之玩索而有得焉！"（朱熹《中庸章句》引。）粗拟读法，以当启蒙。

第一　明其宗旨

中庸者，尽性之书也。(王渐逵《中庸义略·自序》。)其书始言一理者，天命之性也。中散为万事者，率性之道也。末复合为一理者，修道之教也。(张洪《中庸讲义·自序》。)首之以天命，性之原也。自天而推之人，则曰"率性之谓道"；自人而复乎天，则曰"修道之谓教"。(湛若水《中庸测·自序》。)教者，所以复其性而已。故于篇末，又从下学立心之始言之，推而至于"上天之载，无声无臭"，则人未始不为天，天未始不为人；天人相与之故，《中庸》之道极矣！(张洪《中庸讲义·自序》。)

第二　覈其篇章

《中庸》篇章，各家不同。就所睹记，《礼记正义》分全篇为两卷三十六节；其后宋儒晁说之撰《中庸传》一卷，支分节解，凡八十二节：天命之谓性（节）。率性之谓道（节）。修道之谓教（节）。道也者（至）非道也（节）。是故君子（至）不闻（节）。莫见乎隐（至）慎其独也（节）。喜怒哀乐之未发谓之中（节）。发而皆中节谓之和（节）。中也者（至）达道也（节）。致中和（至）育焉（节）。仲尼曰（至）忌惮也（节）。子曰中庸（至）久矣（节）。子曰道之（至）行矣夫（节）。子曰舜其（至）舜乎（节）。子曰人皆（至）守也（节）。子曰回之（至）失之矣（节）。子曰天下（至）能也（节）。子路问强（至）强哉矫（节）。子曰素隐（至）费而隐（节）。夫妇之愚（至）不能焉（节）。天地之大（至）破焉（节）。《诗》云鸢飞（至）察乎天地（节）。子曰道不（至）勿施于人（节）。君子之道四（至）先施之未能也（节）。庸德之行（至）慥慥尔

（节）。君子素（至）自得焉（节）。在上位（至）侥幸（节）。子曰射有（至）自卑（节）。子曰妻子（至）顺矣乎（节）。子曰鬼神（至）如此夫（节）。子曰舜其（至）其寿（节）。故天之（至）覆之（节）。《诗》曰嘉乐（至）必受命（节）。子曰无忧（至）子述之（节）。武王缵（至）保之（节）。武王末（至）一也（节）。子曰武（至）至也（节）。郊社（至）掌乎（节）。哀公问政（至）礼所生也（节）。在下位（至）治矣（节）。故君子（至）知天（节）。天下之达（至）一也（节）。或生而（至）一也（节）。或安而（至）一也（节）。子曰好学（至）国家矣（节）。凡为天下（至）所以怀诸侯也（节）。凡为天下（至）不穷（节）。在下位（至）身矣（节）。诚者天之（至）人之道也（节）。诚者不勉（至）圣人也（节）。诚之者（至）必强（节）。自诚明（至）明则诚矣（节）。唯天下至诚（至）参天（节）。其次（至）能化（节）。至诚（至）如神（节）。诚者自诚（至）道也（节）。诚者物之（至）为贵（节）。诚者非自（至）宜也（节）。故至诚（至）不测（节）。天地之道博也（至）纯亦不已（节）。大哉圣人（至）疑焉（节）。故君子尊（至）崇礼（节）。是故居上（至）之谓与（节）。子曰愚而（至）其身者也（节）。非天子（至）亦不作礼乐焉（节）。子曰吾说（至）寡过矣乎（节）。上焉者（至）弗从（节）。故君子之道（至）知人也（节）。是故君子（至）天下者也（节）。仲尼（至）大也（节）。唯天下至圣（至）配天（节）。唯天下至诚（至）之化育（节）。夫焉有（至）能知之（节）。《诗》曰衣锦（至）日亡（节）。君子之道（至）入德矣（节）。《诗》云潜虽（至）于志（节）。君子之所（至）屋漏（节）。故君子不动（至）有争（节）。是故君子不赏（至）刑之（节）。是故君子笃恭而天下平（节）。《诗》云予怀（至）末也（节）。《诗》曰德辅（至）至矣（节）。最细琐矣！

朱熹《章句》则分为三十三章，而复截为三大段，以为："首章，子思推本所传之意以立言，盖一篇之体要；其下十章，则引先圣之言以明之也。至十二章，又子思之言；其下八章，复引先圣之言明之。二十一章以下至于卒章，则又皆子思之言，反复推明，以尽所传之意者也。"（朱熹《书中庸后》。）大抵自第六章至十一章，则连之以知仁勇；自十二章至二十章，则连之以费隐；自二十一章至三十二章，则连之以天道人道。

王柏订《古中庸》，因熹《章句》，析为二篇：上篇自第一章至第二十章，以"中庸"为纲领；其下诸章，推言智仁勇，皆以明"中庸"之义也。下篇自第二十一章至卒章，以"诚""明"为纲领；其后诸章，详言天道人道，皆以著"诚""明"之道也。

黎立武撰《中庸分章》一卷，则自"天命之谓性"至"万物育焉"为第一章。（《礼记正义》第一节，朱熹《章句》第一章。）"仲尼曰"至"惟圣者能之"为第二章。（《礼记正义》第二节、第三节、第四节、第五节、第六节、第七节，朱熹《章句》第二章、第三章、第四章、第五章、第六章、第七章、第八章、第九章、第十章、第十一章。）"君子之道费而隐"至"察乎天地"为第三章。（《礼记正义》第七节，朱熹《章句》第十二章。）"子曰道不远人"至"君子胡不慥慥尔"为第四章。（《礼记正义》第八节，朱熹《章句》第十三章。）"君子素其位而行"至"反求诸其身"为第五章。（《礼记正义》第八节、第九节，朱熹《章句》第十四章。）"君子之道"至"父母其顺矣乎"为第六章。（《礼记正义》第九节、第十节，朱熹《章句》第十五章。）"子曰鬼神之为德"至"治国其如示诸掌乎"为第七章。（《礼记正义》第十一节、第十二节、第十三节、第十四节，朱熹《章句》第十六章、第十七章、第十八章、第十九章。）"哀公问政"至"不诚乎身矣"为第八章。（《礼记正义》第十五节、第十六节、第十七节、第十八节、第十九节、第二十节、第二十一节、朱熹《章句》第二十章。)"诚者天之道也"至"明则诚矣"为第九章。(《礼记正义》第二十二节、第二十三节、第二十四节,朱熹《章句》第二十章、第二十一章。)"唯天下至诚"至"故至诚如神"为第十章。(《礼记正义》第二十五节、第二十六节、第二十七节,朱熹《章句》第二十二章、第二十三章、第二十四章。)"诚者自成也"至"纯亦不已"为第十一章。(《礼记正义》第二十八节、第二十九节,朱熹《章句》第二十五章、第二十六章。)"大哉圣人之道"至"蚤有誉于天下者也"为第十二章。(《礼记正义》第三十节、第三十一节、第三十二节、第三十三节、第三十四节,朱熹《章句》第二十七章、第二十八章、第二十九章。)"仲尼祖述尧舜"至"天地之所以为大也"为第十三章。(《礼记正义》第三十五节,朱熹《章句》第三十章。)"唯天下至圣"至"其孰能知之"为第十四章。(《礼记正义》第三十五节,朱熹章句第三十一章、第三十二章。)"《诗》曰衣锦尚絅"至"无声无臭至矣"为第十五章。(《礼记正义》第三十五节、第三十六节,朱熹《章句》第三十三章。)凡十五章。

  明管志道《中庸订释》,大致本朱熹《章句》而稍变通之:以"人莫不饮食也"一节合"子曰道其不行矣夫"为一章。析"子曰无忧者"一节为一章。自"武王缵太王、王季、文王之绪"至"孝之至也"为一章。以"郊社之礼"一节自为一章。自"哀公问政"至"礼所生也"接"在下位"一节,然后接以"故君子不可以修身"一节为一章。自"天下之达道五"至"则知所以治天下国家矣"为一章。自"凡为天下有九经"至"道前定则不穷"为一章。自"诚者天之道也"至"明则诚矣"为一章。(黎立武《中庸分章》第九章。)自"唯天下至诚"至"唯天下至诚为能化"为一章。自"诚者自成也"至"无为而成"为一章。自"天地之道可一言而尽也"至"纯亦不已"为一章。自"子曰愚而好自用"至"亦不敢作礼乐焉"为一章。自"子曰吾说夏礼"至"蚤有誉于天下者也"为一章。自"唯天下至诚"至末为一章。谓通篇未有径以"《诗》云"作章首者，故订之云；凡三十五章。

清李光地撰《中庸章段》一卷，则分为一十二章，特联属其文："天命之谓性"至"万物育焉"为第一章。（《礼记正义》第一节，朱熹《章句》第一章。）"仲尼曰君子中庸"至"民鲜能久矣"为第二章。（《礼记正义》第二节，朱熹《章句》第二章、第三章。）"子曰道之不行也"至"强哉矫"为第三章。（《礼记正义》第二节、第三节、第四节、第五节、第六节，朱熹《章句》第四章、第五章、第六章、第七章、第八章、第九章、第十章。）"子曰素隐行怪"至"诚之不可掩如此夫"为第四章。（《礼记正义》第七节、第八节、第九节、第十节、第十一节，朱熹《章句》第十一章、第十二章、第十三章、第十四章、第十五章、第十六章。）"子曰舜其大孝也欤"至"其如视诸掌乎"为第五章。（《礼记正义》第十二节、第十三节、第十四节，朱熹《章句》第十七章、第十八章、第十九章。）"哀公问政"至"虽柔必强"为第六章。（《礼记正义》第十五节、第十六节、第十七节、第十八节、第十九节、第二十节、第二十一节、第二十二节、第二十三节，朱熹《章句》第二十章。）"自诚明"至"明则诚矣"为第七章。（《礼记正义》第二十四节，朱熹《章句》第二十一章。）"惟天下至诚为能尽其性"至"纯亦不已"为第八章。（《礼记正义》第二十五节、第二十六节、第二十七节、第二十八节、第二十九节，朱熹《章句》第二十二章、第二十三章、第二十四章、第二十五章、第二十六章。）"大哉圣人之道"至"此天地之所以为大也"为第九章。（《礼记正义》第三十节、第三十一节、第三十二节、第三十三节、第三十四节、第三十五节，朱熹《章句》第二十七章、第二十八章、第二十九章、第三十章。）"唯天下至圣"至"故曰配天"为第十章。（《礼记正义》第三十五节，朱熹《章句》第三十一章。）"唯天下至诚为能经纶天下之大经"至"其孰能知之"为第十二章。（《礼记正义》第三十五节，朱熹《章句》第三十二章。)"《诗》曰衣锦尚絅"至"至矣"为第十二章。(《礼记正义》第三十五节、第三十六节,朱熹《章句》第三十三章。)

诸家之中,莫多于晁说之,莫少于李光地;而要之,章分太碎,意欠融贯,为蔽一也!

今依《正义》,分为两篇:"治国其如示诸掌乎"以上为上篇,"哀公问政"以下为下篇。上篇四章:首"天命之谓性"至"万物育焉",题曰"原道";乃论道之大原出于天,为第一章。自"仲尼曰君子中庸"至"君子依乎中庸,遁世不见知而不悔惟圣者能之",题曰"中庸";言中庸之不可能而可勉也,为第二章。自"君子之道费而隐"至"小人行险以徼幸",题曰"衡庸";言道不远人之所以为庸也,为第三章。自"子曰射有似乎君子"至"治国其如示诸掌乎",题曰"推庸";言反求诸身以推之大孝达孝,而明庸之为道,可大可久也,为第四章。下篇三章:自"哀公问政"至"不诚乎身矣",题曰"修身";言五达道、三达德、九经而一本诸修身,为第一章。自"诚者天之道也"至"纯亦不已",题曰"衡诚";承上修身而言"诚者自成也",为第二章。自"大哉圣人之道"至"无声无臭至矣",题曰"叹圣";乃子思昭明圣祖之德,而举仲尼以为人道之极则也,为第三章。大抵上篇言"率性之谓道",下篇言"修道之谓教"。上篇以"中、庸"两字提纲,从"中和"引到"中庸"。知愚贤不肖,失乎"中"者也;故以"执其两端用其中于民"为"过""不及"说法。"素隐行怪",悖乎"庸"者也;故以"道不远人""反求诸其身",为"隐""怪"砭规。而终以"父母其顺"推极言之,以称大孝达孝,德博而化,壹本于庸言之信、庸行之谨也。下篇以"诚"字提纲,论天下五达道,国家九经,无不推本于"诚身";似是上篇"道不远人""反求诸其身"之指。而诚身之人有两等:一则"自诚明";"天下至诚","天下至圣",是也。一则"自明诚";

"择善面固执之","其次致曲",是也。而要其归于"无声无臭",与上篇篇首"不闻不睹"义相发。

然《中庸》一书,本是脉络贯联;而汉人辄于其中妄加"子曰"字,遂致截断文理,多生枝节。俞樾尝切论之,大指以为:子曰:"中庸其至矣乎!民鲜能久矣!道之不行也,我知之矣!知者过之,愚者不及也!道之不明也,我知之矣!贤者过之,不肖者不及也!人莫不饮食也,鲜能知味也!道其不行矣夫!"此数语本一气贯注,"民鲜能"句,即包下"不行""不明"两意;而"不行"由于"不明",故用"鲜能知味"一喻,而以"不行矣夫"为唱叹之语以结之!汉人于此加两"子曰"字,遂使一章变成三节,而语转不了矣!子曰:"舜其大知也欤!舜好问而好察迩言,隐恶而扬善,执其两端,用其中于民,其斯以为舜乎!人皆曰予知,驱而纳诸罟获陷阱之中,而莫之知辟也!人皆曰予知,择乎中庸而不能期月守也!回之为人也,择乎中庸,得一善,则拳拳服膺而弗失之矣!天下国家可均也,爵禄可辞也,白刃可蹈也,中庸不可能也!"此段文字亦一气贯注,因上章"不行""不明"两意,侧重"不明",故举舜之"大知"以示人,见必如舜之"大知",方可以明道;"人皆曰予知",而实非"知"也,故择乎中庸而不能守,因举回之为人,以示能守者之难得,而以中庸不可能为唱叹之语,并上章而结之。汉人于此加三"子曰"字,遂使一章变成四节,而语转不了矣!《礼记》如《坊记》《表记》《缁衣》等篇,其中"子曰""子云"等字,均是汉人增益,多可删除者;姑举《中庸》两段以示例,余可类推焉。亦有"子曰"字本非衍,而误以为衍者,如"哀公问政"一章,非皆孔子之言也,子思之言也。孔子之言至"夫政也者,蒲卢也",其辞毕矣;故"为政在人"以下,则皆子思之言。盖子思欲明"为政在人","取人以身",而特引夫子之语以发端也。下文"好学近乎知"三句,又著"子曰"

字,则其上非孔子之言明矣!学者不察,谓上下皆孔子语,乃以此"子曰"字为衍文。嗟乎!如前两章,则衍"子曰"字而不知;如此章,则应有"子曰"字而反以为衍;乃叹古书之不易读如此!(俞樾《达斋丛说·中庸说》。)

第三 观其会通

《中庸》一书,内贯《易》理,外通道、佛。佛教者,智信圆融之教也。世界诸宗教,无不根植于信,而见破于智,以故宗教与科学不两立,乃至与哲学亦相违悟。惟佛教则不然!其利乐有情,始于由智生信,复终于由信转智。观释尊四十九年之说法,最初说有,其次说不有而空,最后乃说究竟,即非空非有之中道。此三时所说之教义,无一非极悲智双连、朗照澄澈之观;而其钤键尤在第三时之中道教。中道教者,三时教之一,说有空不偏,中道之教也;是法相宗所立。

佛法以中道为究竟义,吾儒以中庸为第一谛。中庸之以"诚""明"互修,犹佛法之贵"智""信"圆融。"自明诚谓之教",教之始于由智生信也。"自诚明谓之性",道之终于由信转智也。"诚则明矣!明则诚矣!""诚者,天之道也。诚之者,人之道也诚。诚者,不勉而中,不思而得;从容中道,圣人也!诚之者,择善而固执之者也!""执其两端,用其中于民。""中"者,无过、不及之名。孔子赞《易》六十四卦,三百八十四爻,位当者言正,不当者非正;而言"中"也重于正。九三,六四,皆正也;三多凶,四多惧,以其不中也。九二,六五,皆非正也;二多誉,五多功,以其中也。故《象传》言"中"三十有五,《象传》言"中"三十有八,正不必中、中无不正也。其言中也,曰"正中",曰"时中",曰"大中",曰"中道",曰"中行",曰"行中",曰"嗣中",曰

"柔中",嗣、柔非"中"也,而得"中"者无咎。故尝谓《易》六十四卦三百八十四爻,一言以蔽之,曰"中"而已矣!子思昭明圣祖之德而作《中庸》,其义盖本之《易》。圣人之作《易》也,将以顺性命之理,和顺于道德而理于义,穷理尽性以至于命。(《说卦传》。)而"天命之谓性,率性之谓道,修道之谓教";此子思作《中庸》之所为开宗明义者也!

然尧之传舜曰"允执其中",而舜亦以命禹。《洪范》九畴,天所以锡禹也;五居九畴之中,故曰"建用皇极"。"皇极"者,"大中"之谓也。尧舜以来,言"中"不言"庸"。子思之言"中庸",何也?曰:所以救"素隐行怪","愚而好自用者之失也"。《说文》:"庸,从庚从用;庸之言,用也。"然好自用者不能和众;而和众者必依"中庸"。自性天之所命者言之,谓之中;《传》曰"民受天地之中",是也。自尽人所率用者言之,谓之中庸;此曰"用其中于民",是也。

"中"无定体,而用"中"莫如随时。故曰:"君子之中庸也,君子而时中。"虽然,"时中",唯圣者能之;而择"中"而执之,则人皆可勉。中之所在,善之所在也,故亦谓之择善。圣人之教人也,欲使知愚贤不肖之伦,去其过、不及而归于中,故示之以从人之方,曰"择乎中庸"。"择"也者,能、不能未定之词也。择之而得之,得之而固执之,久之而无时之不用其"中",此之谓"时中",此之谓"依乎中庸"矣。

然则何以复言中和?曰:自"用其中"者而言,谓之"中庸";自"和于众"者而言,谓之"中和"。"发而皆中节"者,合乎时、和乎众者也。天有四时,顺其序,不夺其伦,谓之太和;人有七情,中其节,不陵于众,谓之"中和"。"中"以"和"为用,"庸"以"中"为体;故《博雅》训"庸"为"和"。而《中庸》一篇首言"致中和","中和"即"中庸"也。惟"中"斯依乎"庸",惟"庸"乃"和"乎众。孔子特发其义于《乾》之九二，而推极其致于九五。其赞《乾》九二曰："龙德而正中者也；庸言之信，庸行之谨，闲邪存其诚，善世而不伐，德博而化。《易》曰'见龙在田，利见大人'，'君德也'。""君"者"群"也；"君德"之言"群德"也。夫以龙德正中之德博而化，而基之于"庸言之信""庸行之谨"，此依乎"庸"以执"中"者也。其赞九五曰："同声相应，同气相求。水流湿，火就燥。云从龙，风从虎，圣人作而万物睹。本乎天者亲上，本乎地者亲下，则各从其类也。"盖圣人先得我心之同然者，故为"同声""同气"之义。圣人之于人亦类也，故为"各从其类"之义。《彖》曰："乾道变化，各正性命，保合太和"；即指九五而言。此依乎"庸"以和众者也。"素隐行怪，后世有述焉"；斯不"庸"矣！"愚而自用"，求逞于人焉；斯失"和"矣！乾元用九而戒之以"天德不可为首"；惟其矫强，以不"庸"者而失"中"也。

六十四卦，不外乎"时中"，孔子知其意而特发"中庸"之义于《乾·文言》。惟"时中"，斯因时制宜，无时不"中"；惟"中庸"，斯和光同尘，无众不和。庄子知其意而特发中庸之义于《齐物论》，曰："彼亦一是非，此亦一是非。果且有彼是乎哉？果且无彼是乎哉？彼是莫得其偶，谓之道枢；枢始得其环中，以应无穷，是亦一无穷，非亦一无穷也。惟达者知通为一，为是不用而寓诸庸。庸也者，用也。用也者，通也。通也者，得也，适得而几已；因是已！是以圣人和之以是非，而休乎天钧。"虽为言不同，而言"中"言"庸"则一。然则《中庸》之书，盖道出于《易》，而旁通于道、佛书者焉！

余五岁，受《中庸》于伯兄子兰先生。伯兄课督綦严，而于朱熹《章句》多异说。迄今四十余，鬓毛已斑；而伯兄不禄，忽忽十年。自伤老大无成，每展是书，未尝不追念伯兄之教，低徊庄诵而不能自已也！爰当启蒙而述是篇。

《孝经》第五附

按王俭《七志》，以《孝经》居首。（见《经典释文·叙录》。）盖孝，德之本也，教之所由生。爱敬尽于事亲，而德教加于百姓，古以是为至德要道；而挽近世昌言觝排，以为悖情拂性，吾国"父不父"之罪状在是也！於戏！"非孝者无亲"！而谩言曰"仁民爱物，旁施四海"者，吾闻其语矣，未见其人也！夫谁欺，欺天乎！爰撰是篇，以晓来学。

一 解 题

"孝"者事亲之德，"经"者常行之典。《尔雅·释训》曰："善父母为孝。"《礼记·祭统》曰："孝者畜也，顺于道，不逆于伦，此之谓畜。"《说文·老部》："孝，善事父母者，从老省，从子承老也。"则是"孝"者，事亲之德也。而题曰"经"者：按《说文·系部》："经，织也。"《玉篇》："经纬以成缯布。"借以为"经纶天下"之意。《易·屯卦·象》曰："云雷屯，君子以经纶。"《周礼·天官·太宰》"以经邦国"，注："经，法也。王谓之礼经，常所秉以治天下也；邦国官府谓之礼法，常所守以为法式也。常者，其上下通名。"然则"经"者，国家之法典，编著之国籍，设之于官府，而布之于百姓者也。

今按子称曰"先王有至德要道，以顺天下，民用和睦"，（《开宗明义章第一》。）"孝"之谓也。然则"孝"之为道，盖王者常所秉以治天下，诸侯卿大夫士庶人常所守以为法式，与法典同其用，而教敬敦礼，示民有常者也；故题以"经"。《汉书·艺文志》曰："《孝经》者，孔子为曾子陈孝道也。夫孝，天之经，地之义，民之行也；举大者言，故曰'孝经'。""郑玄《六艺论》曰：'孔子以六艺题目不同，指意殊别，恐道离散，后世莫知根源，故作《孝经》以总会之。'（邢昺《孝经序正义》引。）明其枝流虽分，本萌于孝者也。"（《隋书·经籍志》引。）皇侃《义疏》曰："经者，常也，法也。此经为教，任重道远，虽复时移代革，金石可消，而为孝事亲，常行存世不灭，是其常也；为百代规模，人生所资，是其法也。"言孝之为教，使可常而法之。《易》有上经、下经，老子有《道经》《德经》。孝为百行之本，故名曰"孝经"，"经"之题名始此。盖《易》《书》《诗》《礼》《春秋》，孔子称引之见《论语》者，并不繁称"经"；而《史记·老子传》但云"乃著书上下篇，言道德之意五千余言"，亦未名"经"。独此书言孝，特表而出之曰"天地之经"，（《三才章第七》。）始肇"经"之一名；是孔子自名之也。然则书之题名"经"，傥以《孝经》为权舆欤？

二　《孝经》之作者

宋儒陈骙、汪应辰以《孝经》为伪撰。然按蔡邕《明堂月令论》引魏文侯《孝经传》；《吕氏春秋·先识览·察微篇》亦引《孝经·诸侯章》；而董仲舒《春秋繁露·五行对篇》："河间献王问温城董君曰：'《孝经》曰：夫孝，天之经，地之义。'"《汉书·匡衡传》："衡上疏曰：《大雅》曰：'无念尔祖，聿修厥德。'孔子著之《孝经》首章。"汉世儒者,其言凿凿,则《孝经》非伪撰可知。它若陆贾《新语》、刘向《说苑》、应劭《风俗通》诸书,皆有援据《孝经》之语,益征《孝经》自两汉以前,炳若日月,而非后世作伪之徒所剽窃窜改也。今观其文,去大、小戴《礼记》所录为近;其中各章皆引《诗》为结,实开荀子著书、《韩诗外传》之体;而《开宗明义章第一》曰"仲尼居,曾子侍",与《大戴礼记》"孔子闲居,曾子侍",(《主言篇》。)《小戴礼记》"孔子闲居,子夏侍""仲尼燕居,子张、子夏、言游侍",文法正同。特以其书言孝道乃天下之大本,故自为一经。(《中庸》"立天下之大本",郑玄注:"大本者,经也。")

而《汉书·艺文志》徒称"《孝经》者,孔子为曾子陈孝道",顾不言载笔者谁何?据《史记·仲尼弟子列传》曰:"曾参,南武城人,字子舆,少孔子四十六岁。孔子以为能通孝道,故授之业,作《孝经》。"则是孔子之作也。傥是孔子之言而曾子载焉,但可谓之"述",不可谓之"作",故郑玄以为孔子作也:此最古说。

顾有谓《孝经》,孔子不为曾子陈者。按刘炫《述义》,其略曰:"炫谓孔子自作《孝经》,本非曾参请业而对也。士有百行,以孝为本;本立而后道行,道行而后业就,故曰:'明王之以孝治天下也。'然则治世之要,孰能外乎!徒以教化之道,因时立称;经典之目,随时表名。至使威仪礼节之余,盛传当代;孝悌德行之本,隐而不彰。夫子运偶陵迟,礼乐崩坏,名教将绝,特感圣心!因弟子有请问之道,师儒有教诲之义,故假曾子之言以为对扬之体;乃非曾子实有问也。若疑而始问,答以申辞;则曾子应每章一问,仲尼应每问一答。按《经》,夫子先自言之,非参请也;诸章以次演之,非待问也。且辞义血脉,文连旨环,而开宗题其端绪,余音广而成之,非一问一答之势也。理有所极，方始发问，又非请业请答之事。首章言'先王有至德要道'，则下章云'此之谓要道'，'非至德其孰能顺民'，皆遥结首章，非答曾子也。举此为例，凡有数科。必其主为曾子言，首章答曾子已了，何由不待曾子问，更自述而明之？且首起曾参侍坐，与之言，二者是问也，一者叹之也。盖假言乘间曾子坐也，与之论孝，开宗明义，上陈天子，下陈庶人，语尽无更端，于曾子未有请，故假参叹孝之大，又说以孝为理之功；说之已终，欲言其圣道莫大于孝，又假参问，乃圣人之德，不加于孝；在前论敬顺之道，未有规谏之事，殷勤在悦色，不可顿说犯颜，故须更借曾子言苦陈谏诤之义；此皆孔子须参问，非参须问孔子也。庄周之斥鷃笑鹏，罔两问影；屈原之渔父鼓枻，太卜拂龟；马卿之乌有、无是；扬雄之上林、子虚；宁非师祖以为楷模者乎？若依《郑注》，实居讲堂，则广延生徒，侍坐非一；夫子岂凌人侮众，独与参言耶？且云'汝知之乎'，何必直'汝'曾参，而参先避席乎？必其遍告诸生，又有对者，当参不让侪辈而独答乎？由斯言之：经教发抒，夫子所撰也。而《汉书·艺文志》谓其为曾子特说此经，然而圣人之有述作，岂为一人而已？"（邢昺《孝经序正义》引。）斯其与《史记》《汉书》称"孔子为曾子陈孝道而作"之说不合；要以为孔子之作，无可疑者。

顾有以为"曾参虽有至孝之性，未达孝德之本，偶于闲居，因得侍坐，参起问于夫子，夫子随而答参，是以集录，因名为《孝经》"者，盖以为夫子之言，而曾子述之也。邢昺《正义》引之而不著谁说；意者起于隋、唐之后？盖刘炫尝驳难其说也；曰："假使参自集录，岂宜称师字者乎？"（亦为《述义》，邢昺《孝经序正义》引。）谓开宗明义，揭"仲尼居"以称也。顾宋儒好仍其说，而甚焉；且以为曾子弟子所为矣！王应麟《困学纪闻·孝经篇》曰："致堂谓：《孝经》，非曾子所自为也。曾子问孝于仲尼，退而与门弟子言之，门弟子类而成书。（致堂，胡寅号。）晁子止（晁公武《读书志》。）谓：何休称'子曰：吾志在《春秋》，行在《孝经》'；则孔子自著也。今首章'仲尼居'，则非孔子所著矣。当是曾子弟子所为书。"此后起之说，未为可据也。独刘炫以为"夫子运偶陵迟，名教将绝，特假曾子之问以为对扬之体"；虽为无据而实有见。

近儒陈澧《东塾读书记·孟子篇》曰："孟子书，诸弟子问而孟子答之；多客主之辞，乃战国文体也。（如《卜居》《渔父》之类。）如万章谓'今之诸侯犹御'，其持论之严如此！则其问'不托诸侯''不见诸侯'，为客主之辞明矣。李榕村《语录》曰：'万章好论古，大抵博观杂取，一切稗官野史，都记得多；却不知其人，连大禹、伊尹、孔子都疑惑一番！'此不知《孟子》文体也。《万章篇》所论唐虞三代之事，闳远深博，非问答之文，不能畅达之；读书岂可不识文章之体乎！"盖意以往复而始发，理以诘难而有明，自古有然，不独《孝经》！《孝经钩命诀》："孔子在庶，德无所施，功无所就，志在《春秋》，行在《孝经》。"又曰："某以匹夫，徒步以制正法，以《春秋》属商，以《孝经》属参。"陆德明曰："《孝经》与《春秋》，虽具夫子述作；然《春秋》周公垂训，史书旧章；《孝经》专是夫子之意。"按孔子作《春秋》成于七十二岁；而郑君言《孝经》所以总会六艺；然《孝经》，孔子最后成也。

三　《孝经》之本子

《汉书·艺文志》著录二本：一《孝经》一篇十八章，可为《孝经》之初本。汉兴，长孙氏、博士江翁、少府后苍、谏大夫翼奉、安昌侯张禹传之，各自名家，经文皆同，惟《孝经古孔氏》一篇为异;"父母生之,续莫大焉","故亲生之膝下",诸家说不安处,古文字读皆异。刘向曰:"《庶人章》分为二也,《曾子敢问章》为三,(即今《正义》本《圣治章第九》。)又多一章,凡二十二章。"厥为《孝经》之第二本,然皆不传!

其可考见者,按桓谭《新论》曰:"《古孝经》千八百七十二字,合异者四百余字。"而《孝经》古系之"孔氏"者,盖以为"孔氏壁中古文"也;非"孔安国传"之云也。武帝末,鲁恭王坏孔子宅,欲以广其宫,而得古文《尚书》《礼记》《论语》及《孝经》凡数十篇,皆古字也。孔安国者,孔子后也,悉得其书,以考二十九篇,得多十六篇,语详《汉书·艺文志·尚书叙》,乃谓:孔安国悉得《古文尚书》,以考今文二十九篇,得多十六篇,献之;语意甚明,而不涉于《孝经》。《古文孝经》者,孝昭帝时,鲁国三老所献;至光武建武之世,给事中议郎卫宏所校,皆口传,官无其说。独故太尉南阁祭酒许慎学《孝经孔氏古文说》,谨撰具一篇。(《说文解字叙》后《许冲上书》。)然则《古文孝经》之著书者,汉儒许慎一人而已,何有孔安国传也!《汉书·艺文志》叙《孝经》,亦明著曰"孔氏壁中古文",而不言孔安国传。

至隋,秘书监王劭于京师,访得孔安国传,送至河间刘炫,因序其得丧,述其义疏,讲于人间,渐闻朝廷,儒者喧喧,皆云:"炫自作之,非孔旧本。"而祕府又先无其书,(《隋书·经籍志》。)以许慎《说文》所引及桓谭《新论》考证,亦皆不合!然自是传《孝经》者,有今文、古文二本。今文称"郑玄注",其说传自荀昶,而《郑志》不载其名;古文称"孔安国传",其书出自刘炫,而隋儒已言其伪。陆德明与炫同时,而撰《经典释文》,所据者盖郑注今文,故首出"郑氏"二大字;但按《叙录》云:"世所行《郑注》,相承解为郑玄,按《郑志》及《中经簿》无。中朝穆帝集讲《孝经》,云以郑玄为主；检与康成注《五经》不同，未详是非？"而不加以断言；盖疑以传疑之辞也。

至唐玄宗开元七年三月，诏令群儒质定。右庶子刘知几主古文，五十二验以驳郑；国子祭酒司马贞主今文，摘《闺门章》文句凡鄙，《庶人章》割裂旧文，妄加"子曰"字，及注中"脱衣""就功"诸语，以驳孔。两议并上，诏《郑[注]》依旧行用；《孔注》传习者稀，亦存继绝之典。十年六月，上注《孝经》，颁天下及国子学；天宝二年五月，上重注，亦颁天下。（《唐会要》。）唐以前诸儒之说，因藉捃摭以仅存。四年九月，以《御注》仍自八分，刻石于太学，谓之《石台孝经》；旧在西安府学，为碑凡四。自是玄宗《御注》行，而郑、孔两家并废。厥为世间之第一古本，其章句盖同今文也。

玄宗既自注《孝经》，诏元行冲为疏；（《唐书·元行冲传》。）宋真宗咸平二年，翰林侍讲学士邢昺受诏校定《孝经义疏》，（《宋史·邢昺传》。）特剪截《元疏》，旁引诸书，成《孝经正义》三卷。《元疏》废而《邢疏》遂行，今刊入《十三经注疏》者是也；可谓《孝经》之第二古本，而于是古文之不讲久矣！

迨宋之南，朱熹乃取古文《孝经》，分为经一章、传十四章，删经文二百二十三字，成《孝经刊误》一卷。其大指以"仲尼居"至"未之有也"为一节；云："夫子、曾子问答之言，而曾氏门人之所记；疑所谓《孝经》者，其本文止如此，其下则或者杂引传记，以释经文。"推朱熹之意，则第一节犹《大学章句》所谓经一章；其下"释经文"者，犹《大学章句》所谓传；而"杂引传记"者，犹《中庸章句》所谓"杂引孔子之言以明之"也。（陈澧《东塾读书记》卷一。）古文于是有改本，而为南宋以后作注者之所遵用焉。至元，吴澄又改定今文《孝经》，从朱熹《刊误》之例，分列经、传，其经则合今文六章为一章，其传则依今文为十二章而改易其次序；至朱熹所删一百七十二字，(朱熹《刊误》删二百二十三字，中有句删其字者。此惟载所删之句，故止一百七十二字。)与古文《闺门章》二十四字，并附录于后，为《孝经定本》一卷。盖《孝经》至是而古文、今文皆有改本矣！

然世传古文之不同于今文者，特如黄震《日钞》所称"首章今文云：'仲尼居，曾子侍'；古文则云：'仲尼闲居，曾子侍坐'。今文云：'子曰：先王有至德要道'；古文则曰：'子曰：参，先王有至德要道'。今文云：'夫孝，德之本也，教之所由生也'；古文则曰：'夫孝，德之本，教之所由生'。文之或增或减，不过如此；于大义固无不同。至于分章之多寡，今文《三才章》，'其政不严而治'，与'先王见教之可以化民'，通为一章；古文则分为二章。今文《圣治章第九》'其所因者本也'，与'父子道之天性'通为一章；古文则分为二章。'不爱其亲而爱他人者'，古文又分为一章。章句之分合，率不过如此；于大义亦无不同。古文又云：'闺门之内具礼矣乎，严父严兄，妻子臣妾，犹百姓徒役也。'此二十二字，今文全无之；而古文自为一章，与前之分章者三，共增为二十二。所异者又不过如是，非今文与古文各为一书也。"

自唐玄宗《御注》行，而古文《孔传》、今文《郑注》均佚；独本经存！晚出《孔传》《郑注》得自日本者，(乾隆丙申，歙人汪翼沧自日本携彼国太宰纯《校刊古文孝经孔氏传》以归，付鲍廷博刊之知不足斋。阮元《孝经义疏校刊记序》曰：《孔注》今不传，近出于日本国者，诞妄不可据。要之，《孔注》即存，不过如《尚书》之伪传，决非真也。《郑注》之伪，唐刘知几辨之甚详，而其书久不存。日本国又撰一本，流入中国，此伪中之尤不可据者。)特所谓"伪中之伪"耳，宁足据哉！然则言《孝经》者，舍《唐注》《邢疏》其何以焉！

至让清道光间，仪征阮元芸台则以《孝经》为曾子之书也，既撰《曾子注释》，以与《孝经》相表里；因命次子福喜斋撰《孝经义疏补》九卷，全载《唐注》《邢疏》原文，而以《曾子十篇》中，凡可以发明《孝经》，可以见孔、曾授受大义者，悉分系于各章各句之下。至明皇《御注》，半存旧注，而《郑注》亦杂其中。如有《郑注》见引于唐以前书者，悉据以补之；而于释文所载《郑注》旧字旧义，全行载入，以存郑氏旧观，且疏证之。古籍可相辅翼，并为甄录；兼下己意，曲鬯旁通。虽曰"补疏"，而实与疏全经者无殊。专家之学，清儒莫逮也！并存于此。

四 《孝经》之读法

《孝经》篇幅匪宏，而纲纪毕具；上自君卿，下迄士庶；括囊大典，宣究道原。黄震《日钞》，《孝经》弁首，而《论语》《孟子》次之；以为大道之户奥，六艺之总会，读经者当先读《孝经》也！粗述观记，以拟读法。

第一 明其宗旨

吾闻英国哲家达尔文氏，昌言天演，征见物竞，优胜劣败，适者生存；同人道于鸷兽，以竞争为固然！宜若"圣人人伦之至"，必当退听于无权？而顾致警于道德之不可蔑弃，其大指以为："道德之原，实起于亲子之有爱！扩而充之，则为同族同类之兼相爱，斯称为动物之群性；而与动物之自利性，如车之有两轮，如鸟之有双翼，并偕有生以俱来。天演物竞，自然淘汰；此群性之于人类，乃日继长增高以有缉熙于光明者，此何以故？盖坏国丧家，必由营私；专欲难成，多助得顺。故群性之发长，亦为适者资格之一。就一国家、一社会之个人而言：忠信笃敬、仁人良士之子孙，角知争雄，较之贪夫败类、诈伪桀黠者之子孙，孰为胜利，虽未可必；而以团体竞争言，则多数忠信笃敬、仁人良士之个人所构成之国家、之社会，必较诸多数贪夫败类、诈伪桀黠之个人所构成之国家、之社会，为繁荣而强固。何者？盖营私自利，坏国变家，人道或几乎息，宁我之能独存！则固事有必至、理无可疑者！"而推群性之见端，厥征于亲子之有爱。於戏！此"非孝者无亲"之所以为大乱之道；（《五刑章第十一》。）而"教民亲爱"之所以"莫善于孝"也！（《广要道章第十二》。）"爱亲者不敢恶于人，敬亲者不敢慢于人。"（《天子章第二》。）"圣人因严以教敬，因亲以教爱；圣人之教不肃而成，其政不严而治。父子之道，天性也！"（《圣治章第九》。）"先王见教之可以化民也，是故先之以博爱而民莫遗其亲。"（《三才章第七》。）此"孝"之所以"为德之本"，"教之所以由生也"！（《开宗明义章第一》。）

夫人之所以竞胜于物而不殄厥胤者，徒以其仁而能群也。试征诸载籍：其在《汉书·刑法志》曰："夫人肖天地之貌，怀五常之性，聪明精粹，有生之最灵者也！爪牙不足以供耆欲，趋走不足以避利害，无毛羽以御寒暑，必将役物以为食，任智而不恃力；此其所以为贵也！故不仁爱，则不能群。不能群，则不胜物。不胜物，则食不足，争心将作。上圣卓然，先行敬让博爱之德者，众心说而从之；从之成群，是谓君矣！归而往之，是谓王矣！《洪范》曰：'天子作民父母，为天下王。'圣人取类以正名，而谓君为父母，明仁爱德让，王道之本。"推班氏之指，"明仁爱德让，王道之本"，而取类于父母者，岂不曰"群性之见端，厥征于亲子之有爱"也乎！此可以征赫胥黎之论天演焉！

赫氏论曰："人之有群，其始亦动于天机之自然乎！其亦天之所设而非人之所为乎！群肇于家，其始不过夫妇、父子之合；合久而系联益固，生齿日繁，则其相为生养保持之事，乃愈益备。故宗法者，群之所由昉也。夫如是之群，合而与其外争，或人或非人，将可以无畏而有以自存；盖唯泯其争于内，而后有以为强，而胜其争于外也！此所与飞走蠕泳之群同焉者也！且与生俱生者有大同焉！曰好甘而恶苦，曰先己而后人。夫曰'先天下为忧，后天下为乐'者，世容有是人，而无如其非本性也！人之先，远矣！其始禽兽也，不知更几何世而为山都木客；又不知更几何年而为毛民猺獠；由毛民猺獠，经数万年之天演而有今日；此不必深讳者也！自禽兽以至为人，其间物竞天择之用，无时而或休；而所以万物争存，战胜而种盛者，中有最宜者在也！是最宜云何？曰'独善自营'而已！夫自营为私，然'私'之一言，乃无始来斯人种子；由禽兽得此，渐以为人，直至今日而根株仍在者也。古人有言：'人之性恶。'又曰：'人为孽种，自有生来便含罪恶。'其言诞妄哉！是故凡属生人，莫不有欲，莫不求遂其欲；其始战胜万物而为天之所择以此！其后用以相贼而为天之所择亦以此！何则？自营大行，群道将息，而人种灭矣！此人所与为鸟兽昆虫异者，又其一也！自营甚者，必侈于自由。自由侈则侵；侵即争；争则群涣；涣则人道所恃以为存者去！故曰'自营大行，群道息而人种灭'也。然而天地之性，物之最能群者，又莫人若！如是则其所受于天，必有以制此自营者，夫而后有群之效也。夫物莫不爱其苗裔，否则其种早绝而无遗，自然之理也。独爱子之情，人为独挚！其种最贵，故其生有待于父母之保持，方诸物为最久，故其用爱也尤深；继乃推类扩充，缘所爱而及所不爱。是故慈幼者，仁之本也；而慈幼之事，又若从自营之私而起；由私生慈，由慈生仁，由仁胜私。"（见严复译《天演论导言》第十二、第十三。）此班氏"明仁爱德让，王道之本"之所为取类于父母者也！然则人种之不灭，由于群道之不息；群道之不息，由于仁心之博爱：心同理同，推诸东海准，而推诸西海而无不疑！

　　虽然，赫氏言慈子为仁之本；而孔子则以孝弟为仁之本，与子言孝，而不与父言慈者曷居？曰："此圣人所以为'人伦之至'也！亲之爱其子，盖动物之所同然；而子之知孝亲，斯人道之所独而跻于'圣人人伦之至'耳！"吾闻英国哲家有特兰门德氏（Henvg Dramont）者，著《人类向上论》（Aglntafman）书；其名称与达尔文氏昌言天演以《动物进化论》为揭帜者，若作旗鼓之当，大指以为："人群之进化乃爱之进化，而非由于竞争；此人之所以异于普通生物也！大抵生物为生存而努力者有二：一为维持己之生存，一为维持他之生存。而生活之纲，乃以此一经一纬之所组成。为己之生命而努力，乃有竞争；而其为他人之生命而努力者，即伦理学中之所谓爱也。爱之云者，非近世所发见，非后天之观念，非宗教、伦理、文学、美术之所产出；其来源之远，与地球原形质之胚胎以俱萌；其发荣滋长，亦自有其历史。从来言进化者，只知竞争而不言爱；则是知其一而不知其二也！夫生物与无生物之区别有二，即营养与生殖而已。营养者，自外部吸取物质以储于体内而同化之，以发育自体；是为己之生命而努力也。生殖者，割体内之一部而养育之，俾分离于体外，别成一生活体；是为他之生命而努力也。故原形质之利己与利他，已征兼营并存；而下等原生细胞之个体分裂，即牺牲自体之生活以成多数之生活体，即爱之原始作用。至高等植物，则生殖器官与营养器官，同其具体。吾人若观花果实及种子之一切机能，则知其为他之生命而努力者，其进步已著。进而至于动物，则生殖之机能益宏，而爱情之端倪显露。至人类而保抱提携，鞠育教诲，亲子之爱，笃实辉光。推之而家庭也，国家也，社会也，皆爱之所创造者也；

同情也，协助也，皆爱之所发生者也。爱之真意义，即牺牲自己以利他人之生存之谓也。匪仅父母对于其子女而存；而子女者，只爱之精神最显著之发表机关而已。夫父母之生育子女，其初为生理的活动；其继为伦理的活动。方其生也，生理作用也；然生理作用毕其事，而伦理作用代之起。伦理的爱，所以续生理的爱而竟其全功者也；而人类之生存，不能不依此伦理的爱而活动；此则所谓"爱之进化"也。夫以生理学中未终了之爱，继继绳绳，而以入伦理学之范畴，其爱乃底于完成！"故曰："父母生之，续莫大焉。"（《圣治章第九》。）"孝悌之至，通于神明，光于四海，无所不通。"（《感应章第十六》。）苟能充之，足以保四海；苟不充之，不足以事父母。人知爱其子，牛马亦知爱其子；苟言爱之进化，而征诸亲之慈子，尚未跻于"圣人人伦之至"。然则"慈"者生物之所同，而"孝"乃人伦之所独也。故曰："天地之性人为贵，人之行莫大于孝。"（《圣治章第九》。）此《孝经》一书所以与子言孝，而不与父言慈也！故特为发其指焉。

第二　观其会通

善有元，事有会！《易大传》曰："天下同归而殊途，一致而百虑。"《孝经》一书，纲纪《论语》，旁通《春秋》，肇开墨学；通于一而万事毕，知其元，则众善举矣！何以言其然？

案《孝经·开宗明义章第一》，统下天子、诸侯、卿大夫、士、庶人五章言之；而谓"孝始于事亲，中于事君，终于立身"。若以"事君"作君主解，则君主之最尊者，莫如天子矣，更何"事君"之可言！"君"之为言，"群"也；（《荀子·王制》："君者，善群也。"《春秋繁露·灭国[上]》君者，不失其群者也。"《白虎通·号》："君之为言，群也。"）"事君"者，谓有事于群以为群服务也。"爱亲","敬亲","始于事亲"也。"爱亲者不敢恶于人，敬亲者不敢慢于人"，(《天子章第二》。)"中于事君"也。而要其"终于立身"者，则以爱根性生，而"事亲""事君"，皆穷理尽性之所有事，而非于立身以外别有所事也。《论语》以《学而时习章》第一、《其为人也孝弟章》第二，见学者穷理尽性，不外于立身；而立身之道，莫大于孝弟。"爱亲者不敢恶于人，敬亲者不敢慢于人。"(《天子章第二》。)"圣人因严以教敬，因亲以教爱。"(《圣治章第九》。)此孝弟所以为仁之本也！(《论语·其为人也孝弟章》。)仁从人、从二，会意，人相偶也。人之相偶，始于父子兄弟；而亲亲乃为仁民之基。不孝不弟，则人相偶之大本已坏，而失其所以为人，何立身之与有！故曰"纲纪《论语》"也。

按《孝经钩命决》：孔子曰："欲观我褒贬诸侯之志，在《春秋》；崇人伦之行，在《孝经》。"此虽纬书，然当时曾隐括其语曰："吾志在《春秋》，行在《孝经》。"孟子曰："《春秋》，天子之事也"，故曰"志"；而孝则士庶人之所得尽，故曰"行"。何休取两语以序《春秋》；唐玄宗采两语以弁《孝经》。《春秋》"上本天道，中用王法，而下理人情"，(本孔广森《春秋公羊经传通义·叙》。)补敝起废，(本《太史公自序》。)治之于已事之后；而《孝经》"始于事亲，中于事君，而终于立身"，(《开宗明义章第一》。)敦敬教爱，顺之于未流之先。("以顺天下"，语见《开宗明义第一》《三才章第七》。)《春秋》循名核实，宽于贤贤，而峻以治不肖；《孝径》至德要道，仁以爱民，而本之事亲。一挈法家之要，一弘儒者之教；而要其归于"则天之明，因地之义"，(《三才章第七》。)"因其行事而加吾王心"，则无乎不同！故曰"旁通《春秋》"也。

抑尝读《汉书·艺文志》之叙墨家者流曰："养三老五更，是以兼爱。宗祀严父，是以右鬼。以孝视天下，是以上同。"

今按《孝经·三才章》曰："先之以博爱而民莫遗其亲。""博爱"义与"兼爱"同；而"民莫遗其亲"者，"孝"也。"先王知教之可以化民也，是故先之以博爱"，"而民莫遗其亲，以同于上"，殆墨者"以孝视天下，是以上同"之说之所本矣！《天子章》曰"爱亲者不敢恶于人"，亦《墨子》言兼爱本于"欲人之爱利其亲，故爱利人之亲"之指也。《广至德章》曰："教以孝，所以敬天下之为人父者也；教以悌，所以敬天下之为人兄者也。"《释文》引《郑注》："天子父事三老，兄事五更。"《白虎通德论》曰："不臣三老五更者，欲率天下为人子弟。"此则墨者"养三老五更，是以兼爱"之说之张本矣！

墨家者流，盖清庙之守；"宗祀严父，是以右鬼"。今按《孝经·圣治章》曰："孝莫大于严父。严父莫大于配天。昔者周公郊祀后稷以配天，宗祀文王于明堂以配上帝。"《感应章》曰："宗庙致敬，不忘亲也。修身慎行，恐辱先也。宗庙致敬，鬼神著矣！"亦墨者"宗祀严父，是以右鬼"之意。（章炳麟《太炎文录》卷一。）然自今日言之，罔不以为迷信者！而不知儒者虽不质言鬼神之有，而卒不忍斥言鬼神之不有；此正"圣人人伦之至"，而神道设教之微意也！

何以言其然？《论语》："祭如在，祭神如神在。子曰：'吾不与祭，如不祭！'"盖鬼神由于致敬而后著；曰"如在"者，非真有在也。《礼·中庸》："子曰：'鬼神之德，其盛矣乎！视之而弗见，听之而弗闻，体物而不可遗，使天下之人齐明盛服，以承祭祀，洋洋乎如在其上，如在其左右！'《诗》曰：'神之格思，不可度思，矧可射思！'夫微之显，诚之不可掩如此夫！"故曰："宗庙致敬，鬼神著矣！""著"之为言，"微之显"，"诚之不可掩"也。《礼·祭义》曰："祭之日，思其居处，思其笑语，思其志意，思其所乐，思其所嗜；齐三日，乃见其所为齐者。祭之日，入室，僾然必有见乎其位；周旋出户,肃然必有闻乎其容声;出户而听,忾然必有闻乎叹息之声。""是故先王之孝也,色不忘乎目,声不绝乎耳,心志嗜欲不忘乎心;致爱则存,致悫则著。"然则鬼神之著,由乎"致悫"也。故曰:"宗庙致敬,鬼神著矣!"又《祭义》称宰我曰:"吾闻鬼神之名,不知其所谓?"子曰:"气也者,神之盛也。魄也者,鬼之盛也。合鬼与神,教之至也。众生必死,死必归土,此之谓鬼。骨肉毙于下,阴为野土,其气发扬于上,为昭明焄蒿悽怆;("昭明"乃光景之属,"焄蒿"气之感触人者,"悽怆"如《汉书》所称"神君至,其风肃然"之意。)此百物之精也,神之著也。因物之精,制为之极,命名鬼神以为黔首则;百众以畏,万民必服!圣人以是为未足也,筑为宫室,设为宗祧,以别亲疏远迩,教民反古复始,不忘其所由生也。众之服自此,故听且速也。二端既立,报以二礼:建设朝事,燔燎膻芗,见以萧光,以报气也;此教众反始也。荐黍稷,羞肝肺首心,覸以侠(夹)甒〔甒〕,加以郁鬯,以报魄也;教民相爱,上下用情,礼之至也。故曰:宗庙致敬,不忘亲也。"此"因亲以教爱","圣人人伦之至",而先王神道设教之微意。是墨子右鬼,孔子未尝不右鬼也!

乃近儒夏曾佑论孔、墨之别,则曰:"丧礼者,墨子与孔子不同之大原也。儒家以君父为至尊无上之人,当一往不返之事;而孝又为政教全体之至纲,丧礼乌得而不重!墨子既欲节葬,必先明鬼;有鬼神,则身死犹有其不死者存,故丧可从杀。(见所著《中国历史》。)不知墨子言节葬,固与孔子三年之丧异;而言明鬼,则未尝不与孔子"宗庙致敬"之旨同。《淮南子·要略训》曰:"墨子学儒者之业,受孔子之术,以为其礼烦扰而不说,厚葬靡财而贫民,服伤生而害事,故背周道而用夏政。"此节葬所说,所以与《孝经·丧亲章》义绝相反也!要之,肇开墨学,于《孝经》一书有征焉!

第三 权其时宜

孔子论共学适道，而要其终于可权；孟氏距杨朱、墨翟，而斥之曰无权。"权"也者，权其宜也。吾读《孝经》言天子之孝、诸侯之孝、卿大夫之孝、士之孝，异其位者异其辞，为封建之世言之也。封建之世，天子世其天下，诸侯世其国，卿大夫士世其家；自人之始生，其尊卑贵贱之分已定矣。故乡大夫之孝，在私其土。卿大夫曰宗庙；士曰爵禄，曰祭祀；必世守之毋失，失则伍于民！孟子曰"民为贵"，封建之世，乌睹其为贵也！秦废封建，卿大夫、士之号为贵族者，以次夷为民；于是无卿大夫，无士。非无卿大夫也；卿大夫其暂，民其常也。非无士，士皆民也。於戏！卿大夫、士之不世及亦已久矣！而卿大夫仍欲保其卿大夫，士亦进而求卿大夫。问其说，曰："不若是，非孝也！"此圣人所不料也！历二千年以至民国，国且无君矣！非无君也；君其暂，民其常也。而卿大夫欲保其卿大夫如故；士进而求卿大夫如故。曰："不若是，非孝也。"尤圣人所不料也！而于是有洪宪之祸！僭帝既仆，犹且不悛！今之从政，滔滔皆是！论其职责，是曰"民佣"；揆其心事，犹"吾大夫"也！

於戏！天下之患，莫大于既民矣，乃不甘于为民！《孝经》不云乎："用天之道，因地之利，谨身节用以养父母，庶人之孝也。"（《庶人章第六》。）诚甘于为民而力行之，充其量，必尽己之性、尽物之性，窥造化之秘，启山海之藏，参赞化育，以蔚为国光，庶几所谓"扬名于后世以显父母，孝之终"者，（《开宗明义章第一》。）宁曰异人任也！况在今日，民穷财尽，亦以耗矣！不若是，民且不自聊生，其何能国！卿大夫者，丽于国而有也，食于民而贵也；民不聊生，国且不国，卿大夫云乎哉!《记》有之曰:"礼,时为大。"使孔子生今日而言教孝,吾知当在此而不在彼也!

右陈三事,弥纶群言,咸有本末,匪同臆说。独愧闻道苦晚,事父未能!昭德塞违,以俟君子。

老子《道德经》解题及其读法

班固曰："道家者流，其原出于史官"；其传书莫著于老子。孔子当周衰，以圣德不得位，序《诗》《书》《礼》《乐》为儒宗；而见规于老子，其事见《庄子》《太史公书》者，具可征信。老子生竝孔子，孔子所严事；而其为书简易条畅，利以排偶，间以语己，不为钩棘，文章乃与《论语》类。至云："玄同以为体，因循以为用，无成势，无常形"；则胜民久国之道，虽孔子莫之尚也！

然当孔子之时，其道未大显。至战国，世益陵夷狙诈，争战之风日炽；贤者自放不得志，痛其时诸侯王，亡虑皆为民害；而世儒又貌袭多伪，乃发愤取老子之说，务推本言之以捄（救）其失，则庄周之徒兴焉！其词洸洋放恣以适己，其意则重可悲矣！秦得天下，益尚诈力，烧《诗》《书》。民萌凋瘵，天下滋欲休息，慕黄、老之无为，载其清静，民以宁一。质文异尚，时各宜也。上自文、景之君，萧、曹之相国，儒者司马氏父子、贾谊之论大道，皆右黄、老。黄、老之学，于是为极盛！而诸儒老师，区区守《诗》《书》燹弃之余，蒐残讨遗，用力至勤苦，《六经》始萌芽向明。

然"道"之称，卒专于黄、老。正始以来，士大夫尚清谈，崇高致；人人言老、庄，卒放弃礼法，天下大乱！老、庄氏之教，外形骸生死，宁静自胜；王衍、何晏之伦，溺心势物，殆不啻与之背驰绝远；而老、庄不幸蒙其名！是故其学盛于汉，而貌袭于魏、晋；既以为世垢病，高明迈俗之士，知名物训诂之学，弱于德，强于物，未足弥道之量；而假说于浮屠，藉以明心见性焉！乌虖！道家微而释氏兴，其道有相因也。士不幸生末世，波谲云诡，情伪万状。老子之学，淡泊无为，即不善国，亦以自宁。因撰是篇，以诏学者。

一 老 子

老子者，楚苦县厉乡曲仁里人也，（按：《太史公书》传周秦诸子详其邑里者，独《孔子世家》曰"孔子生鲁昌平乡陬邑"，《老子列传》曰"老子者，楚苦县厉乡曲仁里人也"。它所记若"颜回鲁人"，"孟柯邹人"，"张仪魏人"，则记其国而不地。若"庄子蒙人"，"申不害京人"，则记其地而不国。若"苏秦东周洛阳人"，"李斯楚上蔡人"，则并国与地记之，亦不及其邑里。）名耳，字聃，姓李氏，周守藏室之史也。（据《后汉书·桓帝纪》章怀注引《史记》。——以上老子里贯、姓名、仕历。）

孔子西藏书于周室。子路谋曰："由闻周之征藏史有老聃者，免而归居。夫子欲藏书，则试往因焉。"孔子曰："善！"往见老聃。而老聃不许。于是繙十二经以说。（陆德明《经典释文》曰："'十二经'说者，云《诗》《书》《礼》《乐》《易》《春秋》六经，又加六纬，合为十二经也。"）老聃中其说，曰："大谩！愿闻其要。"孔子曰："要在仁义。"老聃曰："请问仁义，人之性邪？"孔子曰："然！君子不仁则不成，不义则不生。仁义，真人之性也；又将奚为矣？"老聃曰："请问何谓仁义？"孔子曰："中心物恺，兼爱无私，此仁义之情也。"老聃曰："噫！几乎后言！夫兼爱，不亦迂乎！无私焉，乃私也！夫子若欲使天下无失其牧乎？则天地固有常矣，日月固有明矣，星辰固有列矣，禽兽固有群矣，树木固有立矣。夫子亦放德而行，循道而趋，已至矣！又何偈偈乎揭仁义，若击鼓而求亡子焉！"（据《庄子·天道篇》。）"夫播糠眯目，则天地四方易位矣！蚊虻噆肤，则通宵不寐矣！夫仁义憯然乃愤吾心，乱莫大焉！吾子使天下无失其朴；吾子亦放风而动，总德而立矣！夫鹄不日浴而白,乌不日黔而黑;黑白之朴,不足以为辩。名誉之观,不足以为广。泉涸,鱼相与处于陆,相呴以湿,相濡以沫;不若相忘于江湖!"(《庄子·天运篇》)

　　孔子见老聃归,三日不谈。弟子问曰:"夫子见老聃,亦将何规哉?"孔子曰:"吾乃今于是乎见龙!龙合而成体,散而成章,乘乎云气而养乎阴阳。予口张而不能嗋!予又何规老聃哉!"子贡曰:"然则人固有尸居而龙见,雷声而渊默,发动如天地者乎?赐亦可得而观乎?"遂以孔子声见老聃。老聃方将倨堂而应,微曰:"予年运而往矣!子将何以戒我乎?"子贡曰:"夫三王五帝之治天下不同,其系声名一也;而先生独以为非圣人,如何哉!"老聃曰:"小子少进!子何以谓不同?"对曰:"尧授舜,舜授禹。禹用力而汤用兵。文王顺纣而不敢逆;武王逆纣而不肯顺。故曰不同。"老聃曰:"小子少进!余语女三王五帝之治天下!黄帝之治天下,使民心一;民有其亲,死不哭,而民不非也。尧之治天下,使民心亲;民有为其亲,杀其杀,而民不非也。舜之治天下,使民心竞;民孕妇十月生子,子生五月而能言,不至乎孩而始谁,则人始有夭矣!禹之治天下,使民心变;人有心而兵有顺;杀盗非杀,人自为种而天下耳;是以天下大骇,儒墨皆起!其作始有伦,而今乎妇女,何言哉!余语女:三王五帝之治天下,名曰治之而乱莫甚焉!三王之知,上悖日月之明,下暌山川之精,中堕四时之施,其知憯于蛎虿之尾,鲜规之兽,莫得安其性命之情者;而犹自以为圣人,不可耻乎?其无耻也!"(《庄子·天运篇》)子贡蹴蹴然不安!

　　孔子谓老聃曰:"丘治《诗》《书》《礼》《乐》《易》《春秋》六经,自以为久矣,孰知其故矣!以奸者七十二君,论先王之道,而明周召之迹,一君无所钩用。甚矣夫!人之难说也!道之难明邪?"老子曰:"幸矣!子之不遇治世之君也!夫

《六经》,先王之陈迹也,岂其所以迹哉!今子之所言,犹迹也。夫迹,履之所出;而迹岂履哉!夫白鶂之相视,眸子不运而风化。虫雄鸣于上风,雌应于下风而化。类自为雌雄,故风化。性不可易,命不可变,时不可止,道不可壅,苟得于道,无自而不可。失焉者无自而可。"孔子不出,三月复见;曰:"丘得之矣!乌鹊孺;鱼傅沫;细腰者化;有弟而兄啼;久矣夫!丘不与化为人!不与化为人,安能化人?"老子曰:"可!丘得之矣!"(据《庄子·天运篇》。——以上孔子见老子而语仁义。按《庄子·天道篇》称,孔子见老聃繙十二经以说,曰"要在仁义"。《天运篇》载孔子见老聃而语仁义,老聃所以难之者,辞意略同,疑是一事两记,故节并之。此即《史记》本传载:孔子适周,谓弟子"老子犹龙"之所本也。)

  孔子见老聃。老聃新沐,方将被发而干,慹然似非人。孔子便而待之,少焉,见曰:"丘也眩与?其信然与?向者先生形体掘(倔)若槁木,似遗物离人而立于独也!"老聃曰:"吾游于物之初。"孔子曰:"何谓邪?"曰:"心困焉而不能知,口辟焉而不能言,尝为女议乎其将:至阴肃肃,至阳赫赫;肃肃出乎天,赫赫发乎地;两者交通成和而物生焉;或为之纪而莫见其形,消息满虚,一晦一明,日改月化,日有所为而莫见其功。生有所乎萌,死有所乎归,始终相反乎无端而莫知乎其所穷。非是也,且孰为之宗?"孔子曰:"请问游是?"老聃曰:"夫得是,至美至乐也;得至美而游乎至乐,谓之至人!"孔子曰:"愿闻其方。"曰:"草食之兽,不疾易薮;水生之虫,不疾易水;行小变而不失其大常也,喜怒哀乐,不入于胸次。夫天下也者,万物之所一也;得其所一而同焉,则四支百体,将为尘垢;而死生终始,将为昼夜,而莫之能滑;而况得丧祸福之所介乎?弃隶者若弃泥涂,知身贵于隶也。贵在于我而不失于变。且万化而未始有极也,夫孰足以患心!已为道者解乎此!"孔子曰:"夫子德配天地,而犹偃至言以修心;古之君子,孰能脱焉?"老聃曰:"不然! 夫水之于汋也,无为而才自然矣! 至人之于德也,不修而物不能离焉;若天之自高,地之自厚,日月之自明;夫可修焉!"孔子出,以告颜回曰:"丘之于道也,其犹醯鸡与! 微夫子之发吾覆也,吾不知天地之大全也!"(据《庄子·田子方篇》。)

孔子问于老聃曰:"今日晏闲,敢问至道?"老聃曰:"汝斋〔齐〕戒,疏瀹而心,澡雪而精神,掊击而知! 夫道,窅然难言哉! 将为汝言其崖略:夫昭昭生于冥冥,有伦生于无形,精神生于道,形本生于精;而万物以形相生,故九窍者胎生,八窍者卵生。其来无迹,其往无崖,无门无房,四达之皇皇也;邀于此者,四枝强,思虑恂达,耳目聪明;其用心不劳,其应物无方,天不得不高,地不得不广,日月不得不行,万物不得不昌,此其道欤? 且夫博之不必知,辩之不必慧,圣人以断之矣。若夫益之而不知益,损之而不知损者,圣人之所系也。渊渊乎其若海! 魏魏乎其终则复始也! 运量万物而不匮,则君子之道,彼其外欤? 万物皆往资焉而不匮,此其道欤? 中国有人焉,非阴非阳,处于天地之间;直且为人,将反于宗。自本观之,生者喑〔暗〕醷物也;虽有寿夭,相去几何! 须臾之说也,奚足以为尧、桀之是非! 果蓏有理,人伦虽难,所以相齿。圣人遭之而不违,过之而不守;调而应之,德也;偶而应之,道也;帝之所兴,王之所起也。人生天地之间,若白驹之过郤(隙),忽然而已;注然勃然,莫不出焉;油然漻然,莫不入焉;已化而生,又化而死;生物哀之,人类悲之。解其天弢,堕其天袠,纷乎宛乎,魂魄将往,乃身从之,乃大归乎! 不形之形,形之不形,是人之所同知,非将知之所务也,此众人之所同论也。彼至则不论,论则不至,明见无值,辩不若默。道不可闻,闻不若塞,此之谓大得。"(据《庄子·知北游篇》。)

孔子行年五十有一而不闻道，乃南之沛，见老聃。老聃曰："子来乎？吾闻子，北方之贤者也；子亦得道乎？"孔子曰："未得也。"老子曰："子恶乎求之哉？"曰："吾求之于度数，〔五年〕而未得也。"老子曰："子又恶乎求之哉？"曰："吾求之于阴阳，十有二年而未得。"老子曰："然！使道而可献，则人莫不献之于其君；使道而可进，则人莫不进之于其亲；使道而可以告人，则人莫不告其兄弟；使道而可以与人，则人莫不与其子孙。然而不可者，无它也；中无主而不止，外无正而不行。由中出者，不受于外；圣人不出。由外入者，无主于中；圣人不隐。名，公器也，不可多取。仁义，先王之蘧庐也，止可以一宿而不可久处，觏而多责。古之至人，假道于仁，托宿于义，以遊逍遥之虚；食于苟简之田，立于不贷之圃。逍遥，无为也；苟简，易养也；不贷，无出也；古者谓是采真之遊。以富为是者，不能让禄；以显为是者，不能让名；亲权者，不能与人柄，操之则慄，舍之则悲；而一无所鉴，以窥其所不休者，是天之戮民也！怨恩取与，谏教生杀，八者正之器也；唯循大变，无所湮者，为能用之。故曰：'正者正也'；其心以为不然者，天门弗开矣！"（据《庄子·天运篇》。）

老子曰："夫道，于大不终，于小不遗，故万物备广；广乎其无不容也！渊乎其不可测也！形德仁义，神之末也，非至人，孰能定之！夫至人有世，不亦大乎；而不足以为之累。天下奋棅而不与之偕；审乎无假而不与利迁；极物之真，能守其本；故外天地，遗万物，而神未尝有所困也。通乎道，合乎德，退仁义，宾礼乐，至人之心，有所定矣。世之所贵道者书也，书不过语，语有贵也。语之所贵者意也，意有所随。意之所随者，不可以言传也；而世因贵言传书！世虽贵之哉，〔，我〕犹不足贵也！为其贵非其贵也！故视而可见者，形与色也；听而可闻者，名与声也。悲夫！世人以形色名声为足以得彼之情！夫形色名声，果不足以得彼之情；则知者不言，言者不知，而世岂识之哉！"（据《庄子·天道篇》。——以上孔子见老聃而问道，老聃论之。）

孔子曰："吾闻诸老聃曰：'天子崩，国君薨，则祝取群庙之主而藏诸祖庙，礼也。卒哭成事，而后主各反其庙。君去其国，太宰取群庙之主以从，礼也。袷〔祫〕祭于庙（祖），则祝迎四庙之主。主出庙入庙必跸。'老聃云。"曾子问曰："葬引至于堩，日有食之，则有变乎？且不乎？"孔子曰："昔者吾从老聃助葬于巷党，及堩，日有食之。老聃曰：'丘！止柩！'就道右，止哭以听变。既明，反而后行；曰：'礼也！'反葬而丘问之曰：'夫柩不可以反者也；日有食之，不知其已之迟数；则岂如行哉！'老聃曰：'诸侯朝天子，见日而行，逮日而舍奠。大夫使，见日而行，逮日而舍。夫柩，不蚤出，不莫宿。见星而行者，唯罪人与奔父母之丧者乎？日有食之，安知其不见星也？且君子行礼，不以人之亲痁患。'吾闻诸老聃云。"孔子曰："吾闻诸老聃曰：'昔者史佚有子而死，下殇也，墓远。召公谓之曰：何以不棺敛于宫中？史佚曰：吾敢乎哉？召公言于周公。周公曰：岂不可！史佚行之。下殇用棺衣棺，自史佚始也。'"子夏问曰："三年之丧卒哭，金革之事无辟也者，礼欤？"孔子曰："吾闻诸老聃曰：'昔者鲁公伯禽有为为之也。'今以三年之丧从其利者，吾弗知也。（据《礼记·曾子问》。）

初，南宫敬叔言鲁君曰："请与孔子适周。"鲁君与之一乘车，两马，一竖子，俱适周；盖问礼于老子云。（据《史记·孔子世家》及本传。）

老子修道德，其学，以礼为忠信之薄；然处不违俗而为周史，守其藏室；以故明于礼而能对孔子之问也！（——以上孔子问礼于老子。）

居周久之，见周之衰，乃遂去。至关，关令尹喜曰："子将隐矣！强为我著书！"于是老子乃著书上下篇，言道德之意，五千余言。（据《史记》本传。——以上著书上下篇。）

其问道从游之可考见者：有阳子居，有崔瞿，有士成绮，有庚桑楚，有柏矩；而庚桑楚为著，庄子特纪其事而因以题篇者也。

阳子居南之沛；老聃西游于秦；邀于郊，至于梁而遇老子。老子中道，仰天而叹曰："始以汝为可教；今不可也！"阳子居不答；至舍，进盥漱巾栉，脱屦户外，膝行而前曰："向者弟子欲请夫子；夫子行不闲，是以不敢。今闲矣，请问其故？"老子曰："而睢睢盱盱！而谁与居！大白若辱，盛德若不足。"阳子居蹴然变容曰："敬闻命矣！"其往也，舍者迎将其家，公执席，妻执巾栉；舍者避席，炀者避灶。其反也，舍者与之争席矣！（据《庄子·寓言篇》。）

阳子居见老聃曰："有人于此，向疾强梁，物彻疏明，学道不勤，如是者可比明王乎？"老聃曰："是于圣人也，胥易技系，劳形怵心者也！且也虎豹之文来田；猨狙之便，执斄之狗来藉；如是者可比明王乎？"阳子居蹴然曰："敢问明王之治？"老聃曰："明王之治，功盖天下而似不自己，化贷万物而民弗恃；有莫举名，使物自喜；立乎不测，而遊于无有者也。"（据《庄子·应帝王篇》。）

崔瞿问于老聃曰："不治天下，安臧人心？"老聃曰："汝慎无撄人心！人心排下而进上，上下囚杀；淖约柔乎刚强；廉刿彫琢，其热焦火，其寒凝冰；其疾俛仰之间，而再抚四海之外；其居也渊而静，其勤〔动〕也县而天；偾骄而不可系者，其惟人心乎！昔者黄帝始以仁义撄人之心，尧、舜于是乎股无胈、胫无毛，以养天下之形；愁其五藏以为仁义，矜其血气以规法度；然犹有不胜也！尧于是放讙兜于崇山，投三苗于三峗，流共工于幽都，此不胜天下也。夫施及三王而天下大骇矣！下有桀、跖，上有曾、史，而儒墨毕起；于是乎喜怒相疑，愚智相欺，善否相非，诞信相讥，而天下衰矣！大德不同而性命烂漫矣！天下好知而百姓求竭矣！于是乎釿锯制焉，绳墨杀焉，椎凿决焉！天下脊脊大乱，罪在撄人心；故贤者伏处大山嵁岩之下，而万乘之居，忧慄乎庙堂之上！今世，殊死者相枕也，桁杨者相推也，刑戮者相望也，而儒墨乃始离跂攘臂乎桎梏之间！意！甚矣哉！其无愧而不知耻也！甚矣！吾未知圣知之不为桁杨接槢也？仁义之不为桎梏凿枘也？焉知曾、史之不为桀、跖嚆矢也？故曰绝圣弃知而天下大治。（据《庄子·在宥篇》。）

　　士成绮见老子而问曰：“吾闻夫子圣人也，吾固不辞远道而来愿见，百舍重趼而不敢息！今吾观子非圣人也！鼠壤有馀蔬，而弃妹，不仁也！生熟不尽于前，而积敛无崖！"老子漠然不应。士成绮明日复见，曰：“昔者吾有刺于子！今吾心正卻矣！何故也？"老子曰：“夫巧知神圣之人，吾自以为脱焉！昔者子呼我牛也而谓之牛，呼我马也而谓之马。苟有其实，人与之名而弗受，再受其殃！吾服也恒服，吾非以服有服。"士成绮雁行避影，履行遂进，而问修身若何？老子曰：“而容崖然！而目冲然！而颡頯然！而口阚然！而状义然！似系马而止也！动而持，发也机，察而审，知巧而睹于泰，凡以为不信。边竟有人焉，其名为窃！（据《庄子·天道篇》。）

　　柏矩学于老聃，曰：“请之天下遊。"老聃曰：“已矣！天下犹是也！"又请之。老聃曰：“汝将何始？"曰：“始于齐。"之齐，见辜人焉，推而强之，解朝服而幕之，号天而哭之，曰：“子乎子乎！天下有大菑，子独先离之！曰：‘莫为盗！莫为杀人！'荣辱立，然后睹所病；货财聚，然后睹所争。今立人之所病，聚人之所争；穷困人之身，使无休时，欲无至此，得乎？古之君人者，以得为在民，以失为在己；以正为在民，以柽为在己；故一形有失其形者，退而自责。今则不然！匿为物而愚不识，大为难而罪不敢，重为任而罚不胜，远其涂而诛不至。民知力竭，则以伪继之！日出多伪，士民安取不伪！夫力不足则伪；知不足则欺；财不足则盗。盗窃之行，于谁责而可乎？（据《庄子·则阳篇》。）

老聃之役，有庚桑楚者，偏得老聃之道，以北居畏垒之山；其臣之画然知者去之，其妾之挈然仁者远之；拥肿之与居，鞅掌之为使。居三年，畏垒大穰。畏垒之民相与言曰："庚桑子之始来，吾洒然异之！今吾日计之而不足，岁计之而有余；庶几其圣人乎！子胡不相与尸而祝之、社而稷之乎？"庚桑子闻之，南面而不释然。弟子异之，庚桑子曰："弟子何异于予！夫春气发而草木生，正得秋而万宝成；夫春与秋，岂无得而然哉？大道已行矣！吾闻至人尸居环堵之室，而百姓倡（猖）狂，不知所如往。今以畏垒之细民，而窃窃焉欲俎豆予于贤人之间，我其杓之人耶！吾是以不释于老聃之言！"弟子曰："不然！夫寻常之沟，巨鱼无所还其体而鲵鳅为之制；步仞之丘陵，巨兽无所隐其躯，而蘖狐为之祥。且夫尊贤授能，先善与利，自古尧、舜以然；而况畏垒之民乎！夫子亦听矣！"庚桑楚曰："小子来！夫函车之兽，介而离山，则不免于罔罟之患；吞舟之鱼，砀而失水，则蚁能苦之。故鸟兽不厌高，鱼鳖不厌深。夫全其形生之人，藏其身也，不厌深眇而已矣！且夫二子者，又何足以称扬哉！是其于辩也，将妄凿垣墙而殖蓬蒿也！简发而栉，数米而炊，窃窃乎！又何足以济世哉！举贤则民相轧，任知则民相盗。之数物者，不足以厚民。民之于利甚勤；子有杀父，臣有杀君；正昼为盗，日中穴阫！吾语汝！大乱之本，必生于尧、舜之间，其末存乎千世之后。千世之后，其必有人与人相食者也！"（据《庄子·庚桑楚篇》）

南荣趎蹴然正坐曰："若趎之年者已长矣！将恶乎托业以

及此言耶？"庚桑子曰："全汝形，抱汝生，无使汝思虑营营，若此三年，则可以及此言也！"南荣趎曰："目之与形，吾不知其累〔异〕也，而盲者不能自见。耳之与形，吾不知其异也，而聋者不能自闻。心之与形，吾不知其异也，而狂者不能自得。形之与形亦辟矣，而物或间之邪？欲相求而不能相得。今谓趎曰：'全汝形，抱汝生，勿使汝思虑营营。'趎勉闻道达耳矣。"庚桑子曰："辞尽矣！"曰："奔蜂不能化藿蠋，越鸡不能伏鹄卵；鲁鸡固能矣。鸡之与鸡，其德非不同也；有能与不能者，其才固有巨小也。今吾才小不足以化子！子胡不南见老子？"（据《庄子·庚桑楚篇》）

南荣趎赢粮七日七夜，至老子之所。老子曰："子自楚之所来乎？"南荣趎曰："唯！"老子曰："子何与人皆（偕）来之众也？"南荣趎惧然顾其后。老子曰："子不知吾所谓乎？"南荣趎俯而惭，仰而叹曰："今者吾忘吾答，因失吾问。"老子曰："何谓也？"南荣趎曰："不知乎？人谓我趎愚；知乎？反愁我躯！不仁？则害人！仁则反愁我身！不义？则伤彼！义则反愁我已！我安逃此而可？此三害者，趎之所患也，愿因楚而问之。"老子曰："向吾见若眉睫之间，吾因以得汝矣！今汝又言而信之，若规规然，若丧父母揭竿而求诸海也！汝亡人哉！惘惘乎！汝欲反汝情性而无由入，可怜哉！"南荣趎请入就舍，召其所好，去其所恶，十日自愁，复见老子。老子曰："汝自洒濯！孰哉！郁郁乎！然而其中津津乎犹有恶也！夫外韄者，不可繁而促〔捉〕，将内揵；内韄者，不可缪而捉，将外揵。外内韄者，道德不能持；而况放道而行者乎！"（据《庄子·庚桑楚篇》）

南荣趎曰："里人有病，里人问之。病者能言其病，然其病病者犹未病也。若趎之闻大道，譬犹饮药以加病也，趎愿闻卫生之经而已矣。"老子曰："卫生之经，能抱一乎？能勿失乎？能无卜筮而知吉凶乎？能止乎？能已乎？能舍诸人而求诸己乎？能翛然乎？能侗然乎？能儿子乎？儿子终日嗥而嗌不嗄，和之至也！终日握而手不挽，共其德也！终日视而自不瞚，偏不在外也！行不知所之，居不知所为，与物委蛇而同其波；是卫生之经已！"南荣趎曰："然则是至人之德已乎？"曰："非也，是乃所谓冰解冻释者。夫至人者，相与交食乎地而交乐乎天，不以人物利害相撄；不相与为怪，不相与为谋，不相与为事，翛然而往，侗然而来，是谓卫生之经已。"曰："然则是至乎？"曰："未也！吾固告汝曰：'能儿子乎？'儿子动不知所为，行不知所之，身若槁木之枝而心若死灰；若是者，祸亦不至，福亦不来；祸福无有，恶有人灾也！宇泰定者，发乎天光。发乎天光者，人见其人。人有修者，乃今有恒。有恒者，人舍之，天助之。人之所舍，谓之天民；天之所助，谓之天子。学者，学其所不能学也。行者，行其所不能行也。辩者，辩其所不能辩也。知止乎其所不能知，止矣！若有不即是者，天钧败之。备物以将形，藏不虞以生心，敬中以达彼，若是而万恶至者，皆天也，而非人也；不足以滑成，不可内于灵台。灵台者，有持而不知其所持，而不可持者也。不见其诚已而发；每发而不当，业入而不舍，每更为失。为不善乎显明之中者，人得而诛之。为不善乎幽闲之中者，鬼得而诛之。明乎人，明乎鬼者，然后能独行。券内者行乎无名，券外者志乎期费。行乎无名者，唯庸有光；志乎期费者，唯贾人也；人见其跂，犹之魁然。与物穷者，物入焉。与物且者，其身之不能容，焉能容人！不能容人者无亲；无亲者尽人！兵莫憯于志，镆铘为下！寇莫大于阴阳，无所逃于天地之间！非阴阳贼之，心则使之也。"（据《庄子·庚桑楚篇》。）故曰："老聃无为自化，清净自正"；（据《史记》本传。）非化正于人也。"相与交食乎地而交乐乎天，不以人物利害相撄，不相与为怪，不相与为谋，不相与为事，翛然而往，侗然而来"；夫是之谓至人已！庄生赞之曰："老聃乎！古之博大真人哉！"（据《庄子·天下篇》。——以上老聃问学诸人之可考见者。）

老聃死！秦失弔之，三号而出。弟子曰："非夫子之友邪？"曰："然！""然则弔焉若此可乎？"曰："然！始也吾以为其人也；而今非也！向吾入而弔焉；有老者哭之，如哭其子；少者哭之，如哭其母。彼其所以会之，必有不蕲言而言、不蕲哭而哭者。是遁天倍情，忘其所受；古者谓之遁天之刑。适来，夫子时也。适去，夫子顺也。安时而处顺，哀乐不能入也；古者谓是帝之县解！指穷于为薪，火传也，不知其尽也。（据《庄子·养生主篇》。——以上老聃死。）

余观古之称老聃者，莫详于庄生。庄生寓言著书十余万言，无所不窥，然其要本归于老子，而于老子论议所从游及其死，凿凿言之，有始有卒，不类无端崖之辞；疑出古道者之传说，而庄生闻见所逮以著诸篇者也。其言"周之征藏史有老聃"，孔子往见，退而谓弟子，喻以"见龙"；又称"老聃西游于秦"，俱与《太史公书》合。而《太史公书》两叙孔子问礼老子，或者疑其不类，然可征信于《礼·曾子问》之篇者也。虽行年不可覈考，而其人其事，要非无征不信者矣！然庄生书，特会老子之指。谨撰生书所纪，旁参史公之书，次其行事，以备读《老子》书者考览焉。

二　老子《道德经》

《论语·述而》载：子曰："述而不作，信而好古，窃比于我老彭！"《庄子·逍遥游》："而彭祖乃今以久特闻。"陆德明《释文》："彭祖，《世本》云：'姓籛，名铿，在商为守藏史，在周为柱下史,年八百岁。'篯,音翦,一云即老子也。"《汉博陵太守孔彪碑》云:"述而不作,彭祖赋诗。"(钱大昕云:"作"与古音谐韵。)则是"述而不作"两言,老聃之赋诗也。

今按《五千文》中"谷神不死,是谓玄牝;玄牝之门,是谓天地根;绵绵若存,用之不勤"数言,伪《列子》引为黄帝书。黄帝虽无书,而古来传有此说,后人仰录为书,则亦有之;《吕氏春秋》、贾谊《新书》皆有引也。又"将欲取之,必姑与之",此《周书》之辞也。"强梁者不得其死",此周庙《金人铭》之辞也。"天道无亲,常与善人",东汉郎𫖮上《便宜七事》,引以为《易》之辞。则《老子》书,盖张前人之义而说之,"述而不作"也。书中言"执古之道以御今之有;能知古始,是谓道纪",又屡称"古之善为士者","古之所以贵此道者","古之善为道者",而著书又多采古说:则是"信而好古"也。然《史记·老庄申韩列传》曰:"老子著书上下篇,言道德之意,五千余言。"《儒林传》曰:"窦太后好老子书。"《汉书·景十三王传》曰:"献王得古文《孟子》《老子》之属。"皆直曰《老子》,无"经"名。

《汉书·艺文志·诸子略》,道家有《老子邻氏经传》四篇,《老子傅氏经说》三十七篇,《老子徐氏经说》六篇,刘向《说老子》四篇。邻氏、徐氏不知何时人?班固以次刘向《说老子》前,盖元、成以先人也。刘向《说老子》不称"经",而邻氏、傅氏、徐氏皆称"经"者,殆班固所谓"传其学者尊其师",故然。然尚不曰《道德经》也。《太平御览》一九一引扬雄《蜀王本纪》曰:"老子为关尹喜著《道德经》",当为《道德经》一名之权舆。

晁以道《记王弼注老子后》曰:"弼题是书曰《道德经》,不析乎道德而上下之。"董逌《藏书志》曰:"唐玄宗既注《老子》,始改定章句为《道德经》;凡言道者类之上卷,言德者类之下卷。"然陆德明生于隋、唐之际,所撰《释文》,正用王弼注本,而题云:"《道经》卷上,《德经》卷下。"贾公彦《周礼师氏疏》引《老子·道经》云"道可道";《德经》云"上德不德"。颜师古《汉书注》:《魏豹传》引《老子·道经》云:"国家昏乱,有忠臣。"《田横传》引《老子·德经》云:"贵以贱为本,高以下为基,是以王侯自谓孤、寡、不穀。"《楚元王传》引《老子·德经》云:"知足不辱。"《西域传》注引《老子·德经》云:"天下有道,却走马以粪。"又《严助传》:"老子所谓'师之所处,荆棘生之'者也。"师古注:"《老子·道经》之言。"《酷吏传》:"老氏称:'上德不德,是以有德;下德不失德,是以无德。法令滋章,盗贼多有。'"师古注:"《老子·德经》之言。"又云:"下士闻道大笑之。"师古注:"《老子·道经》之言也。"章怀太子《后汉书·翟酺传》注引《老子·道经》云:"鱼不可以脱于渊。"是古人引《老子》,皆以道、德分经,盖不始于唐玄宗矣!然后人析《老子》书,上卷说道,下卷说德;今以书考,道、德混说,无分上下。如上卷说"玄德",说"孔德之容",说"常德",言"德"者不一,宁可以道经限之乎?下篇云:"反者道之动,弱者道之用","道隐无名","道生一",言"道"者亦不一,宁可以德经限之乎?故知以道、德分经为无据也。

何谓"道"?何谓"德"?按《韩非子·解老》曰:"德者内也,得者外也。上德不德,言其神不淫于外也;神不淫于外,则身全;身全之谓德。德者,得身也,凡德者,以无为集,以无欲成,以不思安,以不用固,为之欲之,则德无舍;德无舍则不全。用之思之,则不固;不固则无功,无功则生于德;德则无德。不德则在有德。故曰:'上德不德,是以有德。'道者,万物之所然也,万理之所稽也;理者成物之文也;道者,万物之所以成也。故曰:'道,理之者也。'物有理,不可以相薄。物有理不可以相薄，故理之为物之制，万物各异理。万物各异理，而道尽稽万物之理，故不得不化；不得不化，故无常操；无常操，是以死生气禀焉，万智斟酌焉，万事废兴焉。"此"道"与"德"之别也。然则"道"无方体，"德"有成亏，陆德明《释文》曰："道，生天地之先。""德，道之用也。""德者得也，道生万物，有得有获。"此其义也。

《庄子·徐无鬼》曰："故德总乎道之所一。""道之所一者，德不能同也。"郭象注："道之所容者虽无方，然总其大归，莫过于自得，故一也。各自得耳，非相同也；而道一也。"此"德"与"道"之枢也，然则无乎不在之谓道，自其所得之谓德。老子曰："孔德之容，唯道是从。"《庄子·天下篇》曰："古之所谓道术者，无乎不在。""道"者，人之所共由；"德"者，人之所自得也。然"道"非有余于"德"也，"道"散而"德"彰；"德"非不足于"道"也，"德"成而"道"隐。

老子著书言道德之意，后人尊之为经，遂题之曰《道德经》云尔。太史公曰："李耳无为自化，清静自正。"物任其性，事称其能，形品万殊而性同得。《庄子·齐物论》曰："物固有所然，物固有所可。无物不然，无物不可。故为是举莛与楹，厉与西施，道通为一。其分也，成也；其成也，毁也。凡物无成与毁，复通为一。唯达者知通为一，为是不用而寓诸庸。庸也者，用也；用也者，通也；通也者，得也；适得而几矣。因是已；已而不知其然，谓之道。"此道德之意也。

孔子之孙子思，作《中庸》，亦言道言性，言无声无臭：其旨略同于老子。《论语》得老子之文；而《中庸》得老子之意。其大指以为："天命之谓性，率性之谓道。""万物并育而不相害，道并行而不相悖；小德川流，大德敦化；此天地之所以为大！"其诸老子所谓"吾不知其名，字之曰道，强为之名曰大，大曰逝，逝曰远"者耶？此亦道德之意也。

明乎此，而后群异各安其所安，众人不失其所是。老子曰："道者同于道，德者同于德，失者同于失。同于道者，道亦乐得之；同于德者，德亦乐得之；同于失者，失亦乐得之。"不强人以同我，亦不丧我以逐物，夫是之谓达者。庄生所谓："惟达者知通为一，为是不用而寓诸庸；庸也者用，用也者通，通也者得。"郭象注："达者无滞于一方，故忽然自忘而寄当于自用；自用者莫不条畅而自得。"夫是之谓"上德不德，是以有德"也。不知此者，不足以发道德之意，而读老子之书。

三 《道德经》之本子

考《道德经》之最古者，当推战国时河上丈人注本。《史记·乐毅列传》载：乐氏之族有乐瑕公、乐臣公，善修黄帝、老子之言，显闻于齐，称贤师。太史公曰："乐臣公学黄帝、老子，其本师号曰河上丈人，不知其所出。河上丈人教安期生；安期生教毛翕公；毛翕公教乐瑕公。乐瑕公教乐臣公；乐臣公教盖公；盖公教于齐高密、胶西，为曹相国师。"《隋书·经籍志·道家》载："梁有战国时《河上丈人注老子经》二卷，亡。"今古文不可考。然考《汉书·景十三王传》称："河间献王修学好古，所得书，皆古文，先秦旧籍，《周官》《尚书》《礼》《礼记》《孟子》《老子》之属。"则是汉世《老子》传写，有古文本矣。其书亦不传世。所传者，独推《河上公注》本为最古。

据葛洪《神仙传》谓："河上公者，莫知其姓名，汉孝文帝时，居河之滨。侍郎裴楷言其通《老子》。孝文诣问之，即授《素书道经》。"《隋书·经籍志·道家》载："老子《道德经》二卷，汉文帝时，河上公注。"则是汉文帝问道之河上公，非乐臣公所师之河上丈人也。然太史公习道论于黄子，论大道则先黄老而后《六艺》，尊其所学。于《曹相国世家》叙："师盖公，其治要用黄、老术"；《留侯世家》言："从赤松子游，学辟谷道引轻身"；《陈丞相世家》称："阴谋道家所禁"；《外戚世家》云："窦太后好黄帝、老子言；帝及太子诸窦，不得不读《黄帝》《老子》，尊其术"；《儒林列传》又叙："窦太后好《老子》书，召辕固生问《老子》书"；《汲郑列传》言："黯学黄、老之言，治官理民好清静"；莫不备著其事。使汉文帝有问道之河上公，焉容不纪？然按其书言河上丈人，而不及河上公，其不可信者一也。且刘向父德，少修黄、老术，向亦有《说老子》四篇，世传老子之学；然而奉诏校诸子，条其篇目，道家有《老子邻氏经传》四篇、《老子傅氏经说》三十七篇、《老子徐氏经说》六篇，亦不及《河上公注》。倘有其书，岂有不见之理！其不可信者二也。又按孔颖达《礼记正义》称："马融为《周礼注》，欲省学者两读，故具载本文。"则是后汉以来，始就经为注；何以是书作于西汉，注已散入各句之下！其不可信者三也。盖本流俗人所为，托于神仙之说。其分章均有标题，如第一章曰"体道第一"，第二章曰"养身第二"，得八十一章。以《上经》法天，天数奇，故有三十七章；《下经》法地，地数偶，故有四十四章；遂为后世言老子章句者之祖。此一本也。

汉成帝时，蜀人严遵乃以阴道八、阳道九，以八行九，故七十二章，上四十章，下三十二章，全与河上公不合；然其书不传，仅吴澄《道德经注跋》中连称及之耳。此又一本也。

至魏正始之世，山阳王弼，幼而察惠，年十余，好老氏，通辩能言，以为书中"佳兵者不祥之器"，至于"战胜以丧礼处之"，非老子之言。注《老子》，为之指略，题其书曰《道德经》，不析乎道、德而上下之。此又一本也。然隋陆德明《老子音义》,自称"依王本",而析上篇为《道经》,下篇为《德经》,则王弼本有分经、不分经之两本矣。德明又屡言"河上公为《章句》四卷","河上公授汉文以《老子章句》四篇",与《隋书·经籍志》载"老子《道德经》二卷,汉文帝时河上公注"者又不同,则河上公本亦有二卷、四卷之两本矣。是王弼本与河上公并行。

唐贞观初,邺人傅奕考覈众本,勘数其字云:"王弼本有五千六百八十三字,或五千六百一十字。河上公本有五千三百五十五字,或五千五百九十字。"则是河上公、王弼两家之书,各有二本;歧之中又有歧焉。又言:"项羽妾本,齐武平五年,彭城人开项羽妾冢得之。安丘望之本,魏太和中,道士寇谦之得之。河上丈人本,齐处士仇岳传之。三家本有五千七百二十二字。"(见彭耜《道德经集注》引《老子实录》,据此则河上丈人本,唐傅奕尚及见之,《隋志》云亡者,非也;而以为"圣人常养教人,故无弃人;常养教物,故无弃物"四语,独得诸河上公,而古本无有。)别校定古本,清人镇洋毕沅刻入《经训堂丛书》者是也。此则于河上、王弼两本之外,别出一本者也。

然世所行者,非河上,则王弼。据所知者,王弼《注》有武英殿校刊华亭张之象本,有浙江官书局重刊张本,有遵义黎氏《古逸丛书》集唐字本;而《河上公章句》,则有易州景龙刻石木,吴云刊广明元年经幢残本,《绩语堂碑录》广明元年经幢残本,刘承幹刊《道藏》成玄瑛《道德经义疏》本,常熟虞氏铁琴铜剑楼藏宋刊本,涵芬楼《四部丛刊》影宋本,世德堂本。而京师图书馆藏有唐人写卷子残本,亦与河上本合。《唐书·刘知几传》称开元初,知几尝议老子书无《河上公注》,请存王弼学。宰相宋璟等不然其论,奏与诸儒质辩。博士司马贞等共黜其言,请兼行二家。"弼学虽兼行,而河上本犹流传于民间。宋则众本杂出,率祖河上。故熊克于乾、道间求王弼本,至谓"近世希有,久乃得之"。今行王弼之张之象本,即熊氏所得,晁说之称为"近古"者也。此外宋人又有江安傅氏双鉴楼藏范应元《集注老子道德经古本》(《老子道德经古本集注直解》),每章均有标题,如第一章曰"道可道章第一",第二章曰"天下皆知章第二"。题曰"古本",不知所从出,颇与傅奕本同。其举王弼本与古本同者,覈之弼注,皆信;而与今弼本则不合,近刊入《续古逸丛书》者也。此又一本也。

近世杭县马叙伦会覈众本,而旁参近代王昶、纪昀、毕沅、严可均、王念孙、俞樾、孙诒让、谭献,以及陶方琦、易顺鼎、刘师培诸家之校识,钩鈲稽谳,撰《老子覈诂》四卷,罔不订其同异、证其是非,良足以资讲诵、备考论者焉!

四 《道德经》之读法

桐城吴汝纶言:"晚周以来,诸子各自名家,其大要有集录之书,有自著之言。集录者,篇各为谊,不相统贯;原于《诗》《书》者也。自著者,建立一榦,枝叶扶疏,原于《易》《春秋》者也。(见《天演论序》。)余观老子著书上下篇,言道德之意五千余言,则所谓"一榦而枝叶扶疏"者也。凡书之一榦而众枝者,立言有纪,错事有会。途虽殊,其归则同;虑虽百,其致不二。苟识其要,不在博求;一以贯之,不虑而尽矣!姑以鄙意,拟其读法。

第一 通其指意

老子言道德,世人之所知也;而老子之所以言道德者,则或世人之所未知。

其一，老子之观道，始于"知常"，终于"斠玄"，两义一贯，斯通道纪。而《老子》书开宗明义之第一言，曰："道可道，非常道；名可名，非常名。"俞樾《诸子平议》谓："常与尚，古通。尚者，上也。常道，犹之言上道也。"不知"常"者，绝对不变之称；(《韩非子·解老》曰：夫物之一存一亡，乍死乍生，初盛而后衰者，不可谓常。唯夫与天地之剖判也，俱生；至天地之消散也，不死、不衰者谓之常，而常者无攸易。)而五千言之所反复阐明者，"知常"之第一义谛也。夫"知常"要于"观复"；而"观复"必先"守静"。故曰："致虚极，守静笃，万物并作，吾以观复。夫物芸芸，各复归其根；归根曰静，是谓复命；复命曰常，知常曰明；不知常，妄作凶。""道常无名。""道常无为而无不为。""用其光，复归其明，无遗身殃，是谓习常。""知和曰常。知常曰明。"一编之中，三致意于斯。使循"常""尚"之通假，而读"常道"为"上道"；则"知常""习常""道常无名""道常无为"，如此之类，更作何解？然则道之"常"何耶？以"有"为"道之常"耶？则"无名天地之始"。以"无"为"道之常"耶？则"有名万物之母"。若以"不可道"者谓是"常道"，"不可名"者谓是"常名"；则滞于"常无"，活句翻成死句矣！

道德五千言，无一而非活句；老子所谓"正言若反"也；不知此义，何能读五千言？故曰："常无欲以观其妙，常有欲以观其徼。此两者，同出而异名；同谓之玄。""玄者，悬也；物理之所通摄而不滞于物者，皆玄也。"(采严复《评老子说》。)

夫建"常无"一义以观道妙而明"有"之非真"有"；又建"常有"一谛以观道徼而明"无"之非真"无"；然后通摄有无而无所滞，斯之谓"玄"。然则"玄"之一义与佛所称"涅槃"，同为"不可思议"。"不可思议"之云，与云"不可名言""不可言喻"者迥别；亦与云"不能思议"者大异。假如人言见奇境怪物，此谓"不可思议"；又如深喜极悲，如当身所觉，如得心应手之巧，此谓"不可言喻"。又如居热地人，生未见冰，忽闻水上可行；如不知通吸力理人，初闻地圆对足底之说，茫然而疑，翻谓世间无此理，实告者妄言，此谓"不能思议"。至于"不可思议"之物，则如云"世间有圆形之方"，"有无生而死"，"有不质之力"，"一物同时能在两地"诸语，方为"不可思议"。此在日用常语中，与所云谬妄违反者，无以异也。然而谈理见极时，乃必至"不可思议"之一境；既不可谓谬，而理又难知；此真所谓"不可思议"。

而"不可思议"一言，乃佛书最为精微之语也。佛所称"涅槃"，即其"不可思议"之一。自世尊宣扬正教以来，其中圣贤于"涅槃"，皆不著文字言说，以为不二法门，超诸理解，岂曰无辩，辩所不能言也。然而津逮之功，非言不显；苟不得已而有云，则其体用固可得以微指也：一是"涅槃"为物，无形体，无方相，无一切有为法；举其大意言之，固与寂灭真无者无以异也。二是"涅槃"寂不真寂，灭不真灭。假其真无，则无上真偏〔徧〕知之名，乌从起乎？此"释迦牟尼"所以译为"空寂"而兼"能仁"也。三是"涅槃"湛然妙明，永脱苦趣，福慧两足，万累都捐，断非未证斯果者所及知，所得喻；正如方劳苦人，终无由悉息肩时情况；故世人不知，以为佛道若究竟寂灭空无，则亦有何足慕；而智者则知由无常以入长存，由烦恼而归极乐，所得至为不可言喻；故如渴马奔泉，久客思返；真人之慕，诚非凡夫所与知也！

涅槃可指之义如此。第其所以称"不可思议"者，非必谓其理之幽妙难知也；其"不可思议"，即在"寂不真寂""灭不真灭"二语；世果何物乃为非有、非非有耶？譬如有人，真死矣而不可谓死；此非天下之违反而最难著思者耶？故曰"不可思议"也。此不徒佛道为然；理见极时，莫不如是！盖天下事理，如本〔木〕之分条，水之分派；求解则追溯本源；故理之可解者，在通众异为一同；更进，则此所谓同，又成为异，而与它异通于大同。当其可通，皆为可解；如是渐进，至于诸理会归，最上之一理，孤立无对，既无不冒，自无无通；无无通，则不可解；不可解者，"不可思议"也。此所以毗耶一会，文殊师利菩萨唱不二法门之旨；一时三十二说皆非，独净名居士不答一言，斯为真喻！何以故？不二法门，与思议、解说二义相灭，不可同称也。此为"不可思议"之真实理解；（自"不可思议之云"以下，采严复译《天演论》"案"。）亦"玄"之真实理解。此"同"之所以"谓之玄"；"可道"之所以为"非常道"；而老子所为称"不言之教"者也。然老之称"玄"于"不言"，与佛之证"涅槃"于"不可思议"同；而所以证之者则大异。盖一修般若以证涅槃，一弃知以求玄同；一明心见性，一归真返朴；故有异也。此老子之观道也。

其二，老子之体道。道之常曰"玄"；而得道之常以体诸身者曰"玄德"。德之证玄，极于致虚，竺（笃）于守静；而欲守静，必先为雌。观于老子著书，好以阴性为喻；如云"万物之母"，云"玄牝"，云"为雌""守雌"，与《周易》之扶阳抑阴者不同；疑出《易归藏》义也。《周礼》太卜"三易"云："一曰《连山》，二曰《归藏》，三曰《周易》。"杜子春云："《连山》，伏羲。《归藏》，黄帝。"郑玄《易赞》及《易论》云："夏曰《连山》，殷曰《归藏》，周曰《周易》。"贾公彦云："《归藏易》以纯坤为首，坤为地，故万物莫不归而藏于其中；故名《易》为《归藏》也。"道家言多本黄帝；如伪《列子》称引"谷神不死，是谓玄牝"数语为出黄帝书；而黄帝之《易》为《归藏》，以纯坤为首，与老子"为雌""守雌"之旨合。《周易·系辞传》曰："阖户谓之坤，辟户谓之乾。一阖一辟谓之变。"先言坤而后言乾，正合《礼·礼运》所称"坤乾之义"。谓《归藏》商《易》，首坤次乾；与它处之言乾坤者不同；疑亦袭《归藏》语。老子曰："天门开，阖能为雌乎？"而《易乾坤凿度》称"乾为天门"，则是"天门"者"乾"；"辟户谓之乾"，故曰"天门开"。《万形经》曰："天门辟，元气易，始于乾也。"而老子之道出《归藏》，贵于阖能为雌，故以此致问。盖惟"雌"，虚而能受；惟"雌"，伏而无为。故曰："致虚极；守静竺（笃）；万物并作，吾以观复。夫物芸芸，各归其根，归根曰静，是谓复命。复命曰常，知常曰明。"此《老》之与《易》所为不可相提并论也。夫《易》观变，《老》知常。《易》见天下之动，故首乾；《老》守归根之静，故为雌。而魏晋士大夫之好谭玄者，乃以《老》与《易》联称，并《庄子》为"三玄"，宁必为知其类也乎！

第二　审其篇章

《老子》分章，世率依河上公八十一章本，然支离胶扰，多不可通。元大德间，临川吴澄以翰林告疾归，自京南下，留清都观，与门人论《老子》书，因正厥讹而撰《道德真经注》；后自跋云："庄君平所传章七十二，诸家所传章八十一；然有不当分而分者，定为六十八章：上篇三十二章，二千三百六十六字；下篇三十六章，二千九百六十二字。凡五千二百九十二字。"虽以意为之，而不必于古有所考。然揆其意，固不以《河上公章句》为是者也。

至于有清，桐城姚鼐曰："《老子》书，六朝以前多为之注者，而其本不传。有所谓《河上公章句》者，盖流俗妄人作之而托于神仙之说；其于《老子》书，宜合而分、宜分而合者，谬合易见，而行之既久，洎宋苏子由之伦，博学深思，《老子》

书尤其所用意,乃守其分章之失,于文义甚不可通者,乃穿凿附会,缴绕其词以就之。(见《老子章义》自题。)夫著书者,欲人达其义,故言之首尾曲折,未尝不明贯;必不故为深晦也。然而使之深晦,迂而难通者,人好以己意乱之也。"(见《老子章义》序。)因撰《老子章义》,颇欲有所諟正;少者断四字("报怨以报")、七字("治大国若烹小鲜")、八字("天道无亲,常与善人")、九字("民不畏威,则大威至矣")为章;多则连字数百为章;其间以意易置前后,仍得八十一章,上篇三十一,下篇五十,顾第勿深考,有諟有违,未可以一概定也。

其后德清俞樾撰《古书疑义举例》,中论《分章错误》,言:"《老子》五十七章'以正治国,以奇用兵,以无事取天下,吾何以知其然哉,以此'数句,当属上章。如一十二章曰:'吾何以知众甫之然哉,以此';五十四章曰:'吾何以知天下然哉,以此';并用'以此'二字为章末结句是也。'天下多忌讳而民弥贫',乃别为一章。"而姚鼐《章义》则去"以此"二字,而移四十六章"天下有道,却走马以粪;天下无道,戎马生于郊"两语,于"然哉"之下,接"天下多忌讳而民弥贫"之上;言:"有道不以兵为正,则走马以供粪田事矣!无道以兵为正,则戎马生郊,天下多怨恶而民贫矣。'粪''贫'与下'民多利器,国家滋昏'之'昏'合韵。"与俞樾说又不合也。

杭县马叙伦谓:"姚鼐颇欲諟正,又率尔不择事据。钩鈲稽譣,俞氏为胜!"然俞氏零章偶举,未逮全书!马氏会勘众家,重有覈定,写附《老子覈诂》之后,不分上下篇,得一百一十四章,少者断六字乃至十字为章,("多言速穷,不如守中",八字为章。"反者道之动,弱者道之用",十字为章。"治大国若烹小鲜",七字为章。"为无为,事无事,味无味",九字为章。"言有宗,事有君",六字为章。"天道无亲,常与善人",八字为章。)多者不过百余字。["大国（邦）者下流"至"则大者宜为下"，百四字为一章，最长。] 然马氏徒覼于字句，而疏于篇章；分章太碎，义未融贯，视诸家伯仲之间耳！

《老子》原分章次盖不可知，或据《韩非子·解老篇》以为分五十五章者，亦未可信也。太史公曰："好学深思，心知其意。"仆所为不能无望于善读书者焉！

第三　旁籀诸子

今按道家如《文子》《庄子》《列子》，法家如《慎子》《韩非子》，名家如《尹文子》，杂家如《吕氏春秋》《淮南子》诸书，于《老子》书咸有籀明，其中《文子》《列子》出伪托；然造自魏晋人手，要是汉以前古说。余生也晚，汉以前说《老》之书，如邻氏《经传》、傅氏《经说》、徐氏《经说》，以及刘向《说老子》诸篇，著录于《汉书·艺文志》者，既逸不可睹。《河上公注》依托，又益肤浅。古义湮坠！吾侪生老子之后，亦既数千年于兹；而欲籀明其指，要必藉乎《庄》《列》诸子说《老》之书。何者？以其近古而俗变类，闻见亲而知真也。

然余读诸子书之说《老》者，籀诵厥文，盖有二体：一说解之以意，而结以"故曰"，引老子之言，《韩非子·解老》是也；一晓譬之以事，而结以"故曰"，引《老子》之言，《韩非子·喻老》是也。其他如《庄子》外篇《胠箧》引《老子》"鱼不可脱于渊，国之利器，不可以示人"，引《老子》"大巧若拙"；《在宥》引《老子》"绝圣弃知"；《知北游》引《老子》"失道而后德，失德而后仁，失仁而后义，失义而后礼。礼者忠信之薄而乱之首也"，引《老子》"为道者日损，损之又损之，以至于无为，无为而无不为也"；《淮南子·原道训》引

《老子》"天下至柔，驰骋天下之至坚，出于无有，入于无间，吾是以知无为之有益"；引《老子》"天下神器不可为也，为者败之，执得失之"，皆《韩非子·解老》之属，说解之以意，而结以"故曰"者也。至《庄子·知北游》引《老子》"行不言之教"，及《淮南子·道应训》引"《老子》曰"，则《韩非子·喻老》之体，晓譬之以事，而结以"故曰"者也。二者意为周、秦诸子说《老》之通行文体耶？独《尹文子·大道上》说《老子》"道者万物之奥，善人之宝，不善人之所宝"；《大道下》说《老子》"民不畏死，奈何以死惧之"，皆先引《老子》曰，而后敷畅其义。《文子》亦然；而所引《老子》，盖益非《五千言》语，要于诸子为说《老子》别体矣！

第四　会覈众注

　　《老子》书，唐朝以前，解者甚众，后蜀道士杜光庭笺注六十余家，姓名见明人焦竑撰《老子翼·附录》，而系以衡论曰："河上公，(《河上公老子章句》二卷，今存。) 严君平，(汉成帝时蜀人，名遵，有《道德指归论》十四卷，残卷一之卷六六卷，刻入毛晋《津逮秘书》，亦疑伪托。) 皆明理国之道。松罗仙人，(无考。) 魏代孙登，(字公和，《隋书·经籍志》云：《老子道德经》二卷，《音》一卷，晋尚书郎孙登注。) 梁朝陶隐居，(梁隐居陶弘景，武帝［时］人。《唐书·艺文志》有陶弘景《注》四卷。) 南齐顾欢，(字景怡，南齐隐士。《隋书·经籍志》云：《老子义纲》一卷，顾欢撰。《唐书·艺文志》云：顾欢《道德经义疏》四卷，又《义疏治纲》一卷。) 皆明理身之道。苻坚时罗什，(本西胡人，苻坚时自关入中国。《唐书·艺文志》有鸠摩罗什《注》二卷。) 后赵时图澄，(原注：本西国胡僧，《注》上下二卷。) 梁武帝，(《隋书·经籍志》云：《老子讲疏》六卷，梁武帝撰。《唐书·艺文志》有梁武帝《讲疏》四卷，又《讲疏》六卷。）梁道士窦略，（原注：《注》四卷，与武帝、罗什所宗不异。）皆明事理因果之道。梁朝道士孟智周，（号小孟。《唐书·艺文志》有孟智周《义疏》五卷。）臧玄静，（原注：字道宗，作《疏》五卷。）陈朝道士诸糅，（原注：作《玄览》六卷），隋朝道士刘进喜，（原注：作《疏》六卷。《唐书·艺文志》有道士刘进喜《老子通诸论》一卷。）唐朝道士成玄瑛，（《唐书·艺文志》：道士成玄瑛，注《老子道德经》二卷。又《开题序诀义疏》七卷。注：玄瑛字子宝，陕州人，隐居东海。贞观五年，召至京师。永徽中，流郁州。）蔡子晃、黄玄颐、李荣、车玄弼、张惠超、黎元兴，（诸人无考。）皆明重玄之道。何晏，（《唐书·艺文志》有何晏《讲疏》四卷；又何晏《道德问》二卷。）钟会，（《隋书·经籍志》云：《老子道德经》二卷，钟会注。《唐书·艺文志》有钟会《注》二卷。）杜元凯，（其书无考。）王辅嗣，（《注》二卷行世。）张嗣，（《隋书·经籍志》云：梁有《道德经》二卷，张嗣注。）羊祜，（《隋书·经籍志》云：梁有《老子道德经》，晋太傅羊祜解释。《唐书·艺文志》有羊《注》二卷，又《解释》四卷。）卢氏、刘仁会，（两人无考。）皆明虚极无为、理家理国之道。此明注解之人意不同也。又诸家禀学，立宗不同。严君平以虚玄为宗，顾欢以无为为宗，孟智周、臧玄静以道德为宗，梁武帝以非有非无为宗，孙登以重玄为宗。宗旨之中，孙氏为妙矣！"论列唐以前解《老》诸家，明其指意，皎若列眉；亡者什九，仅得见者，独《河上公章句》《严君平指归》《王弼注》《顾欢注疏》《成玄瑛义疏》《李荣注》六种而已！若论宗旨，梁武帝、孙氏为胜；惜其书不传也！

　　宋贤解《老》，苏辙为著；其《道德经解》二卷，大旨主于佛、老同源，而又引《中庸》之说，以相比附。其兄轼跋曰："使汉初有此书，则孔、老为一；使晋、宋有此书，则佛、老不为二。"朱子谓其援儒入墨，作《杂学辩》以箴之。然在儒家为异说，在道家则本旨也。

临川吴澄，元之儒者，学出象山，以尊德性为本；所撰《道德真经注》四卷，与苏辙旨意略同，亦足以自畅其说。然一家之见，发义未宏！

独焦竑采韩非以下解《老子》者六十四家，而纂其精要，裒为《老子翼》一书。其首尾完具、自成章段者，仿李鼎祚《周易集解》之例，各标举姓名，列本章之后；其音义训诂，但取一字一句者，则仿裴骃《史记集解》之例，联贯其文，缀本章末句之下，裁择有法。上下篇各为一卷。所采诸说，大抵取诸《道藏》，多非世所常行之本。竑之去取，特为精审；其大指主于阐发玄言，而论"老子非言无之无，而明有之无"。何以言其然？盖"无之无"者，是舍有以适无者也；其名为輐断。"有之无"者，是即有以证无者也；其学为归根苟物之各归其根也，即芸芸并作，而卒不得名之曰有；此致虚守静之极也。大抵学者知器而不知道，故《易》明器即道；见色而不见空，故释明色即空；得有而不得无，故老明有即无。审知有之即无也，则为无为、事无事，而为与事，举不得以碍之矣！此焦竑著书之意也。

同时，释德清号憨山道者，参修心宗，精习《楞严》《法华》，于《老子》书恍有得，撰《道德经解》，乃以禅证老，以惟心止观印决五千言；细玩沉思，阅十五年，言有会心，即托之笔，必得义以遗言，因言以见义，或经句而得一语，或经年而得一章，深有得于"离言"之旨；欲请益于焦竑，不果。

阒寂三百年以至挽近，石埭杨文会出，深叹"竑所辑《老子翼》，阙《憨山解》，诚为憾事！"而文会湛深禅觉，撰《道德经发隐》，乃以禅悟发老学，重申"重玄"之旨，以为"无名天地之始"，无而忽有，有即非有；有既非有，始亦无始。"有名万物之母"，有名无体，依无名起；起即无起，谁为其母？天地万物，当体空寂也，故"常无欲，以观其妙"；妙者缘起万有也！即无以观于有，则常无而常有矣。"常有欲以观其窍"，窍者空洞无物也，即有以观于无，则常有而常无矣。二者俱常，不坏理而成事，不离事而显理；名虽异而体则同。大抵开章用"有""无"二门交互言之，以显玄旨，为《道德》五千言之纲领；犹之《心经》用"色""空"二门，两相形夺，以显实相，为般若六百卷之肇端也。"无"亦"玄"，"有"亦"玄"，度世经世，皆无二致，乃此经之正宗，可谓理事无碍法界矣！更有向上一关，若不透过，犹未造极；直须"玄之又玄"，方称"众妙之门"也！此重玄法门，乃神圣所证之道，世人罕能领会！后世参《华严》宗旨者，以十玄六相等义发明事事无碍法界，方尽此经重玄之奥也。"重玄"为宗，发自孙登，而其言不可得考！如杨文会者，则可谓嗣孙登之绝响，而能发老氏之玄谛者也！爰书其指以殿于末。

余耽诵老言，十年于兹，粗写睹记，以备览观；倘有遗旨，待补它日！中华民国十六年十月，写于光华大学。

《文史通义》
解题及其读法

中国之书，总以四部，四部之学，经史为大！特是经名学而史不闻，（浦起龙《史通通释·叙》曰："六经之名，始见《庄》《列》书。史名尤古，见于《书》《论语》。自汉止立经博士，而史不置师；向、歆《七略》不著类。至唐千年，人为体例，论罕适归，而史之失咙。"）史有书而学罕述。三、五之代，书有《典》《坟》，悠哉邈矣，不可得而详！古往今来，质文递变；诸史之作，不恒厥体；然载笔有人，而述学罔见！

囊括大例，榷而为论，史之名学，断自二家：唐有刘知几，近推章学诚。刘知几作《史通》；章学诚纂《文史通义》；千载相望，骈称绝作！然而有不同者：刘知几别出经生而自成史家；章学诚综赅经学而贯以史例。刘氏之业专，而章氏之学大！其不同者一也。刘知几著书言史法；章学诚发凡籀史意。刘氏之裁断有法，而章氏之议论入微！其不同者二也。刘知几议馆局纂修之制；章学诚明一家著述之法。刘氏之论备，而章氏之道尊！其不同者三也。（章氏《家书》二曰："吾于史学，盖有天授，自信发凡起例，多为后世开山；而人乃拟吾于刘知几。不知刘言史法，吾言史意；刘议馆局纂修，吾议一家著述；截然两途，不相入也。"见《章氏遗书》卷九《文史通义》外编三。）

明乎章氏之不同于刘氏，而后可与读章氏之书！然孟子有言："颂其诗，读其书，不知其人可乎！是以论其世也。"仆纂兹篇，爰析四目：一曰论世，述章氏之生世也。二曰叙传，知章氏之为人也。三曰解题，正名以覈实也。四曰读法，发凡而起例也。至"读法"之章，重分四节：曰校本，明刊本之不同。曰析篇，辨众篇之异趣。曰原学，明作者之有本。曰异议，竟群言之流别。将以究义蕴，诏读例。词不必自我出，学庶以明一家！伯尔君子，尚览观焉！

一 论 世

夷考让清一代学派，实开自昆山顾炎武亭林。其后婺源有江永慎修，休宁有戴震东原，歙有程瑶田易畴；而休宁戴氏声誉隆洽，最称大师：由声韵训诂、名物度数以反求之于诸经，一洗宋、元儒者肤受之陋；其所变易，灼然如晦之见明；其所弥缝，奄然如合符复析！三吴间则吴县惠栋定宇禅其家学，亦称大师，衍昆山顾氏之绪；与休宁戴氏同。然而有不同于戴氏者：惠氏之学，博闻强识，以信而好古为揭帜；说者谓之纯汉学。戴氏之学，"空诸依傍"，以"实事求是"为鹄的；（戴氏《东原文集·与某书》曰："志存闻道，必空所依傍。汉儒训诂有师承，有时亦傅会。"钱大昕《潜研堂集·戴震传》曰："实事求是，不主一家。"）说者谓之考证学。皖之有戴氏，犹吴之有惠栋。

惠栋受学于其父士奇；其弟子有同县江声艮庭、余萧客古农；而嘉定王鸣盛西庄、钱大昕辛楣，乃汲吴县惠氏之流而别自成家。盖吴县颛汉儒治经家法，而嘉定则以其汉学考证之法，旁及诸史也。夫嘉定出于吴学，而门户较吴为大，非吴学所得赅；犹之文家阳湖派衍自桐城，而附庸蔚为大国，非桐城所得掩耳！

戴震受学于江永，亦尝执经问业于惠栋，则是皖者吴之旁出也。惟吴中惠氏世守古学，张皇补苴，而未知所入手！至戴震始谓"有志闻道，当先从事于字义、制度、名物，以通六经"之语；考诸篆书由《说文》以睹古圣人制作本始，更念《尔雅》为承学津筏，又殚心其书，遂为后来治学者开一法门！实事求是，不主一家；"有一字不准六书，一字解不通贯群经，即为无稽者不信；不信，必反复参证而后即安。以故胸中所得，皆破出传注重围。"（采余廷灿《戴东原先生事略》，见《国朝耆献类征》百三十一。）其播教四方，传于北，有曲阜孔广森㢲轩、栖霞郝懿行兰皋；传于南，有金坛段玉裁懋堂、高邮王念孙怀祖。段玉裁阐扬师说，穷微极博，撰《说文解字注》，因字形以说字音字义，谓："《说文》《尔雅》相为表里，治《说文》而后《尔雅》及传注明；《说文》《尔雅》及传注明而后谓之通小学，而后可通群经之大义。"而于是汉学之机括以发！王念孙精深古训，乃别出机杼而撰《广雅疏证》一书，谓"训诂之指，本于声音"；就古音以求古义，扩充于《说文》《尔雅》之外，无所不达。传其学以授于子引之伯申，而于是休宁之门户始大！郝懿行为《尔雅义疏》，乃不惮繁词，以阐发字借声转之义；正名辨物，旁笺子史，并为休宁法嗣。独孔广森虽从戴震学，而工骈文，说《公羊》，不类休宁朴学面目！

其间段氏、王氏最能光大震学，世称"戴段二王"。而高邮王氏父子尤以朴学精识諟正经传，旁及诸子，哀然为乾嘉大师，以追休宁戴氏，骈称曰"休宁高邮之学"。特是休宁专治经训，而高邮旁及诸子。盖高邮之学，由名物训诂以通大义，出皖派师法，而别开蹊径；犹吴派之别出嘉定也。德清俞樾曲园、瑞安孙诒让仲容、余杭章炳麟太炎，皆衍高邮而有大名！及其蔽也，碎义逃难！"于是专求古人名物制度、训诂书数，以博为量，以窥隙攻难为功；枝之猎而去其根，蒐之搜而遗其巨！"（采姚鼐《赠钱献之序》，见《古文辞类纂》卷十二。）风气所鼓而不知偏之为害；虽有大力，莫之敢逆也。

独章学诚生当举世溺于训诂音韵、名物度数之时，谓"君子学以持世，不宜以风气为轻重"；（《家书》五，见《章氏遗书》卷九《文史通义》外编三。）治学蕲于明道，立言必有宗旨。言道之不离于事，将以实事求是，砭宋儒之空；明经之不外于史，亦以疏通致远，捄汉学之碎。理贵实证，言不离宗，又推其说，施之于一切立言之书，而条其义例，比于子政，辨章旧闻，一人而已！大抵"章氏之学，其缜密繁博，或不逮休宁、高邮诸儒远甚！即其文事僿蔓，亦不如孔广森之渊雅。然识足以甄疑似、明正变，提要挈纲，卓然有以见夫经史百家之支与流裔而得大原，则有非休宁、高邮诸儒所能谛言者！盖休宁、高邮诸儒之学精于覈；而章氏之学则善于推。休宁、高邮诸儒之学谆于析；而章氏之学则密于综。休宁、高邮诸儒所用以为学之術径，惟章氏能会其通；亦惟章氏能匡其蔽！（采刘承幹《章氏遗书序》。）休宁、高邮诸儒之学既世学者承袭，寖成风会，破坏形体，支离大道，而所以议章氏者且百端。君子则以章氏之召世疾也，盖有五焉；何则？

"为休宁、高邮之学者，凭据佐验，得一孤证，即可间执承学之口，而不必问其全书宗旨之如何；不通，则引申段〔叚〕借以说之；又不通，则错简衍文以迁就之。为章氏之学，则每立一例，必穿穴群籍，总百氏之所撢，而我乃从而管之。故为章氏之学也拙；而为休宁、高邮之学也巧！人情喜巧而恶拙。一也。

"为休宁、高邮之学者，劳于目治，逸于心获，但使有古类书、字学书数十种，左右钩稽，一目可以得三四条。为章氏之学，则其立义也探赜甄微；彷徨四顾，有参考数年而始得者；亦有参考数十年而始得者；及其得也，适如人所欲言，则人之视之也亦与常等矣！故为章氏之学也难；而为休宁、高邮之学也易！人情趋易而避难。二也。

"为休宁、高邮之学者，严绝勦说，故必引据成文；往见时贤解经之书，王伯申说，段茂堂说，开卷灿然；非是则人以为陋。为章氏之学则不然！有檃栝成文者焉，亦有不必檃栝成文者焉；同不是，异不非，惟义之与比；放之四海而准，公之四达之衢而人不能窃！故为章氏之学也约，而为休宁、高邮之学也博！人情尚博而鄙约。三也。

"为休宁、高邮之学者，意主疏通以求是；解一名，详一训，虽繁杀殊科，而其义也，皆有所底。为章氏之学，则规槩诚设，其运无乎不在，有略引其端以俟好学深思之自反者，有泛称广譬验之造述而后确者；虽复节目有疏落，援考有舛谬，而正无害其大体。故为章氏之学也虚；而为休宁、高邮之学也实！人情畏虚而夸实。四也。

"抑又有其可异者！为休宁、高邮之学者，以墨守为宗，再传而后，疲精许、郑，至甘以大义微言，拱而让之宋儒；佞程、朱者，意其不我牴犡也，则往往援之以自重。为章氏之学，则务矫世趋；群言骰列，必寻其原而遂之于大道，虽以举世所鄙弃之郑樵，举世所訾毁之象山、阳明，章氏扬榷所及，亦且时时称道焉。章氏以不党救党，而守门户者以为党！章氏以不衺治衺，而昧则识者以为衺！故为章氏之学也逆风会；而为休宁、高邮之学也顺风会。逆则不乐从，而顺则人人皆骛之。五也。"

"虽然，学之为术，有统有宗，必伦必脊；或治其分，或揽其总；虽相迕而实相济，譬则振裘然；章氏挈其领，而休宁、高邮诸儒则理其甗。为章氏之学，而不以休宁、高邮精密征实之术佐之；凭臆肤受，其病且与便词巧说者相去不能以寸！"（采张尔田《章氏遗书序》。）而为休宁、高邮之学者，不幸不见天地之纯［美］、古人之大全，不该不偏，一曲之士也！倘无章氏以持其后，则判天地之美、察古人之全，道术将为天下裂矣！昔者孔子问于子贡曰："汝以予为多学而识之者欤？"对曰："然！非欤？"曰："非也！予一以贯之！"大抵为休宁、高邮之学者，所谓"多学而识之"者也，而章氏则"一以贯之"者也。

方当让清乾嘉之世，休宁、高邮之学既称极盛；而异议亦起，大要不出三派：其一为桐城派之文学，姚鼐、方东树其选也；其一为浙东派之史学，章氏及邵晋涵其著也；其一为常州派之经学，庄存与、刘逢禄其桀也。大抵桐城、浙东以宋学为根柢，而常州则以西京张门户；桐城、浙东以大义为导扬，而常州则以微言恣诡诞。大义者，君子中庸之道，愚夫可与知能也；微言者，非常可怪之论，夫子之所罕言也。孔子曰："素隐行怪，后世有述焉，吾弗为之矣！"常州既以素隐行怪不餍人意，桐城复以浅见寡闻诟讥儒林。独章氏疏通知远，阐扬书教，以起为浙东开山之祖。谨为寻其脉络，条其流别，以著于篇；而为读章氏书者知人论世之资焉。

二 叙 传

章氏名学诚，字实斋，浙江会稽人；乾隆戊戌进士，官国子监典籍。其先世由浦城迁居山阴，再徙而籍道墟，称道墟章氏；（见《章氏遗书》卷二十三《家谱杂议》。）后又自道墟迁居绍兴府城，至学诚盖百年矣。（见《章氏遗书》卷二十八《仲贤公三世像记》。）父镳，字骧衢，号励堂；乾隆壬戌进士，官湖北应城知县。少孤，喜读书，而家贫不能购书，则借读于人；随时手笔记录，孜孜不倦，晚年汇所札记，殆盈百帙。尝得郑氏《江表志》及五季十国时杂史数种，欲抄存之，嫌其文体破碎，随笔删润，文省而义意更周，仍其原名，加题为"章氏别本"。又喜习书，缮五经文，作方寸楷法，尤喜《毛诗》《小戴氏记》，凡写数本，手不知疲；尝恨为此二事所牵，不得专意札录所未见书。每还人所借，有札未竟者，怅怅如有所失，盖好且勤也如是。然聚书无多，仕官所历，随身三数千卷，（见《章氏遗书》卷二十二《瀹云山房乙卯藏书目记》。）最重余姚邵廷寀念鲁《思复堂文集》。廷枈尝及事同邑黄宗羲黎洲,讲肄宗阳明,而学问则贯串群史;盖衍浙东学术之绪,(浙东学术,语详《章氏遗书》卷二《文史通义》内篇二。)而为镳家学之所自出也。(见《章氏遗书》卷九《文史通义》外篇三《家书》三。)

浙东学术,始余姚黄宗羲,盖出山阴刘宗周蕺山之门,而开鄞县万斯大充宗、斯同季野兄弟经史之学;再传而得鄞县全祖望谢山,三传而得余姚邵晋涵二云,皆以史学有闻于当世;而晋涵,廷枈从孙,与学诚欢好。学诚之学,可谓集浙东学术之成者焉;其好学深思,于史学盖有天授,壹本之于父镳。镳尝辨《史记索隐》,谓"十二本纪法十二月,十表法十干"诸语,斥其支离附会。而学诚时年未弱冠,亦议邓氏《函史》上下篇卷,分配阴阳老少为非;特未能遽笔为说耳。(亦见《章氏遗书》卷九《文史通义》外篇三《家书》三。)然幼而多病,一岁中,铢积黍计,无两月功;资又椎鲁,日诵才百余言,犹汲汲不中程;十四受室,尚未卒业《四子书》。(见《章氏遗书》卷二十二《文集》七《与族孙汝楠论学书》。)顾拙于记诵,神于解会。

初,镳之聚徒授经也,评点诗文,为及门称说,深辟村塾传本之胶执训诂;独究古人立言宗旨。(见《章氏遗书》卷九《文史通义》外篇三《家书》三)听者罕会!而学诚尚为群儿嬉戏左右,闻父言,则私心称喜,决疑质问,间有出成人拟议外者。(见《章氏遗书》卷二十二《文集》七《与族孙汝楠论学书》。)年十六,侍镳应城官舍,童心未歇,从学于江夏柯绍庚公望;绍庚工书,善举业,而学诚则无意于应举文,独好为诗赋,绍庚意以为恨;曰:"文无古今,期于通也。时文不通,诗古文辞,又安能通耶?"顾学诚不屑其言!春秋佳日,宾从联骑出游,归必有所记述,见者相与叹赏;学诚益喜自命。(见《章氏遗书》卷十七《文集》二《柯先生传》。)又取《春秋左氏传》删节事实。镳见之,乃诲曰:"编年之书,仍用编年删节,无所取裁;曷用纪传之体,分其所合?"于是力究纪传之史,而辨析体例;(见《章氏遗书》卷九《文史通义》外编三《家书》三。)日夜抄录《春秋》内外传及衰周、战国子史,辄复以意区分,编为纪、表、志、传,作《东周书》凡百余卷。(见《章氏遗书》卷九《文史通义》外编三《家书》六,又卷二十二《文集》七《与族孙汝楠论学书》。)自命史才,大言不逊!然于文字承用、转辞助语,犹未尝一得当也。(见《章氏遗书》卷十七《文集》二《柯先生传》。)

自以读书当得大意;方年少气锐,专务涉猎,四部九流,泛览不见涯涘;好立议论,高而不切,攻排训诂,驰骛空虚;盖未尝不憪然自喜!独怪休宁戴震东原振臂而呼曰:"今之学者毋论学问文章,先坐不曾识字!"既骇其说,就而问焉。震应之曰:"予弗能究先天后天、河洛精蕴,即不敢读'元亨利贞';弗能知星躔岁差、天象地表,即不敢读'钦若敬授';弗能辨声音律吕、古今韵法,即不敢读'关关雎鸠';弗能考三统正朔、《周官》典礼,即不敢读'春王正月'。"学诚闻震言则大媿。(见《章氏遗书》卷二十二《文集》七《与族孙汝楠论学书》。)徒以天性高明,沉潜不足;故于训诂考质多所忽略,而神解精识,乃能窥及古人所未到处!

年二十岁,购吴兆宜注《庾开府集》。中有"春水望桃花"句;注引《月令章句》"三月桃花水下";既为镂所见,则抹去其注而评于下曰:"望桃花于春水之中,神思何其绵邈!"学诚读之,顿觉有会;回视《吴注》,意味索然矣!自后观书,遂能别出意见,不为训诂牢笼;虽时有卤莽之弊,而古人大体,乃实有所窥!

廿一二岁,駸駸向长;纵览群书,于经训未见领会,而史部之书,乍接于目,便似夙所攻习;(见《章氏遗书》卷九《文史通义》外编三《家书》三、《家书》六。)意所不愜,辄批抹涂改,疑者随时札记,以俟参考。(见章氏之子华绂《文史通义跋》。)尝谓"读书札记，贵在积久贯通"。（见《章氏遗书》卷二十二《文集》七《与族孙汝楠论学书》。）自称"廿三四时所笔记者，后虽亡失！然论诸史于纪、表、志、传之外，更当立图；列传于《儒林》《文苑》之外，更当立《史官传》；此皆当日之旧论也。惟当时见书不多，故立说鲜所征引耳！"其识之卓绝，则有迨老不能易者！（见《章氏遗书》卷九《文史通义》外编三《家书》六。）

年二十三，始游北京，应顺天乡试。自是三应举，三报罢！年二十八，始读《史通》。既累举不得意，肄业国子监，乃问学于大兴朱筠竹君。筠既通儒硕望，一见许以千古！独言及时文，则曰："足下于此无缘，不能学！然亦不足学也！"学诚请益，曰："家贫亲老，不能不望科举。"筠对曰："科举何难！科举何尝必要时文！由子之道，任子之天，科举未尝不得；即终不得，亦非不学时文之咎也！"与曩者所闻柯绍庚言不同。学诚则大服！（见《章氏遗书》卷二十九《外集》二《与汪龙庄简》。）顾旅困不能自存，遂依筠以居，咤嚓无聊甚！然由是得见当世名流及一时闻人之所习业；（见《章氏遗书》卷十八《文集》三《任幼植别传》。）讨论讲贯，备知学术源流同异，以证曩昔之所治学；有幼时所见，至是证其至当不可移者！乃知一时创见，或亦有关天授，特少小学力未充，无所取证，不能发挥尽致耳！从此所学益以坚定！（见章氏之子华绂《文史通义序》。）

年三十一，实为乾隆三十二年戊子，中顺天乡试副榜！而国子监司业仁和朱芬元春浦为同考官，见学诚对策言《国子监志》之得失，惊叹不已！怪六馆师儒，安得遽失此人！于是名稍稍闻！（见《章氏遗书》卷十六《文集》一《国子监司业朱府君墓碑》。）既而朱筠以翰林侍读学士出提督安徽学政，与偕者胥一时名士，而学诚与焉。所与上下议论、忻合无间者，最称邵晋涵；时学诚方学古文辞于朱筠，苦无藉手；晋涵辄据前朝遗事，俾学诚试为传记以质文心；其有涉史事者，若表志、记注、世系、年月、地理、职官之属，凡非文义所关，覆检皆无爽失；由是与晋涵论史契合隐微，（见《章氏遗书》卷十八《文集》三《邵与桐别传》。）没齿不贰！

然晋涵长于学，而学诚善于裁。（见《章氏遗书》卷九《文史通义》外编三《家书》五。）方当乾隆御宇，四库馆开，广献书之路，遗籍秘册，荟萃都下；学士侈于闻见之富，别为风气，讲求史学，非马贵与之所为整齐类比，即王应麟之所为考逸搜遗。独学诚语于晋涵曰："史学不求家法，则贪奇嗜琐，但知日务增华，不过千年，将恐大地不足容架阁矣！"晋涵闻之，抚膺叹绝！欲以斯意刊定前史，自成一家。时议咸谓前史榛芜，莫甚于元人修宋、辽、金三《史》，而措功则《宋史》尤难！晋涵遂慨然自任；尝据宋事与史策流传大违异者凡若干事，燕闲屡为学者言之。学诚因言："俟君书成，余更以意为之，略如二谢、司马诸家之《后汉》，王隐、虞预之《晋书》，各自为家，听抉择于后人！"晋涵曰："何如？"学诚曰："当取名数事实，先作比类长编，卷帙盈千，可也。至撰集为书，不过五十万言；视始之百倍其书者，大义当更显也！"晋涵曰："如子所约，则吾不能！然亦不过三倍于君，不至骛博而失专家之体也！"学诚曰："愿闻立言宗旨？"晋涵曰："宋人门户之习，语录庸陋之风，诚可鄙也！然其立身制行，出于伦常日用，何可废耶！世之士大夫博学工文，雄出一代，而于辞受取予、出处进退之间，不能无箪豆万钟之择；本心既失，其他又何议焉！此著宋史之宗旨也！"学诚闻其言而耸然！

学诚尝盛推晋涵从祖廷寀所著《思复堂文集》，谓五百年来罕见！晋涵则谦挹之甚！疑学诚阿私，所以及其先也！学诚正色曰："班、马、韩、欧、程、朱、陆、王，其学其文，如五金贡自九牧，各有地产，不相合也！独君家念鲁先生洪炉鼓铸，自成一家，更无金品州界之分，谈何容易！文以集名，而按其旨趣义理，乃在子史之间；五百年来谁能办此！"晋涵虽诺，未深然也；久之，乃过学诚曰："近忆子言，熟复先念鲁文，信哉如子所言！乃知前人之书，竟不易读！子乃早辨及此！"学诚因为言曰："思复堂文，全氏祖望著书尝排诋之！然以余所论：全氏通籍馆阁，入窥中秘，出交名公巨卿，以视念鲁先生终老诸生，穷伏海滨；闻见自宜有进；然论文章则不如思复堂远甚！何者？盖全氏修辞饰句，芜累甚多；不如《思复堂集》辞洁气清！若其泛滥驰骤，不免漫衍冗长；不如《思复堂集》雄健谨严，语无枝剩！至于数人共为一事，全氏各为其人传状碑志，叙所共之事，复见叠出，至于再四！不知古人文集，虽不如子书之篇第相承；然同在一集之中，必使前后虚实分合之间，互相趋避，乃成家法；而全氏不然！以视《思复堂集》全书止如一篇，一篇止如一句，百十万言，若可运于掌者，相去又不可以道里计矣！至于闻见有所出入，要于大体无伤，古人不甚校也！往者王弇州（太仓王世贞。）之雄才博学，实过震川（昆山归有光。），而气体不清，不能不折服于震川之正论！今全氏之才，不能远过弇州；而《思复堂集》高过震川数等，岂可轻相非诋！是全氏之过也！"晋涵深契其论！（见《章氏遗书》卷十八《文集》三《邵与桐别传》及其子贻选跋。）

晋涵尝为总督湖广尚书镇洋毕沅秋帆諟定所撰《宋元通鉴》以续司马光书；则请姑标《宋元事鉴》，言："《说文》史训记事；又《孟子》赵注亦以天子之事为天子之史，见古人即事即史之义。"宛转迁避，盖取不敢遽续司马光书；犹世传李焘所续，谦称为《长编》尔！而学诚因推孟子其事其文之义，且欲广吕祖谦撰辑之《宋文鉴》一书，别为《宋元文鉴》，将与《事鉴》并立，以为后此一成之例。晋涵又仿司马光例，年经国纬，以为《事鉴》目录，而学诚则曰："纪传之史，分而不合，当用互注之法，以联其散；编年之史，浑灏无门；当用区别之法，以清其类。"晋涵就求其说；则应之曰："纪传之史，事同而人隔其篇；犹编年之史，事同而年异其卷也。马、班篇叙之法亡，而后史乃于篇首为目录。傥作史者诚取目录子注之意，而稍从类别区分，著于编首以为别录焉；则详略可以互纠，而繁复可以检省矣！大抵纪传苦于篇分；别录联而合之，分者不终散矣！编年苦于年合；别录分而著之，合者不终混矣！盖枉欲矫而直欲揉，归于相济而已矣！

"今于纪传之史，必当标举事目，大书为纲，而于纪、表、志、传与事连者，各于其类附著篇目于下，定著别录一编，冠于全书之首；俾览者如振衣之得领，张网之挈纲；治纪传之要义，未有加于此也！傥为编年而作别录，则如每帝纪年之首，著其后妃、皇子、公主、宗室、勋戚、将相、节镇、卿尹、台谏、侍从、郡县、守令之属，区别其名，注其见于某年为始、某年为终；是亦编年之中，可寻列传之规模也。其大制作、大典礼、大刑狱、大经营，亦可因事定名，区别品目，注其终始年月；是又编年之中，可寻书志之矩则也。至于两国聘盟，两国争战，亦可约举年月，系事隶名，是又于编年之中，可寻表历之大端也。如有其事其人，不以一帝为终始者，则于其始见也，注其终详某帝；于其终也，注其始详某帝，可也。其有更历数朝，仿其意而推之，可也。要使入于编年之中，隐得纪传班部，以为较司马光《目录》《举要》诸编，尤得要领！"且欲广其例而上治司马光书，以为编年者法！问何所昉？学诚则言："其意盖本于杜预治《左》，别有世卿公子诸谱例耳！"（见《章氏遗书》卷七《文史通义》外编一《史篇别录例议》，卷九《文史通义》外编三《为毕制军与钱辛楣宫詹论续〈鉴〉书》。）沅善其说而不能用也！

学诚尝以马、班而后，二十一家义例不纯，体要多舛，世士以博稽言史，则史考也；以文笔言史，则史选也；以故实言史，则史纂也；以议论言史，则史评也；以体裁言史，则史例也。唐、宋至今，积学之士，不过史纂、史考、史例；能文之士，不过史选、史评。其间独推刘知几、曾巩、郑樵皆良史才，生史学废绝之后，能推明古人大体！然郑樵有史识而未有史学，曾巩具史学而不具史法，刘知几得史法而不得史意；故欲遍察其中得失利病，为校雠之学，上探班固、刘向，溯源《官》《礼》，下贬《雕龙》《史通》，甄别名实，品藻流别，约为科律，为《文史通义》一书。(见《章氏遗书》卷二十二《文集》七《与族孙汝楠论学书》，卷二十九外集二《与严冬友侍读》、外编卷十六《和州志》一《志隅自叙》及《补遗》。）大指以为：

"撰述欲圆而神，记注欲方以智。智以藏往，神以知来。记注欲往事之不忘，撰述欲来者之兴起；故记注藏往似智，而撰述知来拟神也。藏往欲其贱备无遗，故体有一定，而其德为方；知来欲其决择去取，故例不拘常，而其德为圆。而撰述之书，不可律以记注一成之法。迁书所创纪传之法，本自圆神；固书因迁之体，而为一成之义例。后世袭用其体，不知变通，而史才、史识、史学，转为史例拘牵；愈袭愈舛，以致圆不可神，方不可智，如宋、元二《史》之溃败决裂，不可救挽；实为史学之河淮洪泽逆河入海之会！于此而不为回狂障隳之功，则滔滔者何所底止！不知纪传原本《春秋》，《春秋》原本《尚书》。《尚书》典、谟之篇，记事而言亦具焉；训、诰之篇，记言而事亦见焉。

"古人事见于言，言以为事，未尝分事、言为二物也。《尚书》训诰之记言，必叙其事，以备所言之本末；汉儒误信《玉藻》记文，而以《尚书》为记言之专书焉；毋乃因后世之空言而疑古人之事实乎？《春秋》之事则齐桓、晋文，而宰孔之命齐侯，王子虎之命晋侯，皆训诰之文也；而左氏附传以翼经，夫子不与《文侯之命》同著于编；则《书》入《春秋》之明证也。《尚书》讫平王,而《春秋》讬始于平王;明乎其相继也。马迁绍法《春秋》,而删润典谟以入纪传。班固承迁有作,而《禹贡》取冠《地理》,《洪范》特志《五行》;而贾、董二《传》,仿《尚书》训诰之记言,叙贾、董生平行事,无意求详,前后寂寥数言,不过为政事诸疏、天人三策备始末尔;则以《春秋》之学为《尚书》也。而《书》与《春秋》不得不合为一矣!逮史迁著书,自命《春秋》经世,壹出董子天人性命之学;则是纪传原本《春秋》,《春秋》原本《尚书》之明效大验也。《尚书》一变而为左氏之《春秋》;《尚书》无成法,而《左氏》有定例,以纬经也。《左氏》一变而为史迁之纪传;《左氏》依年月,而迁书分类例,以搜逸也。迁书一变而为班氏之断代;迁书通变化,而班氏守绳墨,以示包括也。司马光《通鉴》病纪传之分,而合之以编年。袁枢《纪事本末》又病《通鉴》之合,而分之以事类。夫《通鉴》为史节之最粗;而《纪事本末》又为《通鉴》之纲纪奴仆,此不足为史学,而止可为史纂、史钞者也。然神奇可化臭腐,臭腐亦复化神奇。《纪事本末》之作,本无深意;而因事名篇,不为成法,文省于纪传,事豁于编年;则引而伸之,扩而充之,遂觉体圆用神;《尚书》神圣制作,数千年来可仰望而不可接者,至此可以仰追;岂非穷变通久,自有其会!纪传流弊,至于极尽,而天牖吾衷为从此百千年后史学开山;诚窃以为当仍纪传之体,而参本末之法;增图谱之例,而删书志之名。"发凡起例,推论甚精,徒以载之空言,不如见之事实;常思自以义例撰述一书,以明所著之非虚语,(见《章氏遗书》卷一《文史通义》内篇一《书教》上中下,卷九《文史通义》外篇三《与邵二云论修宋史书》,卷十八《文集》三《邵与桐别传》。)而薄出其技以治方志。

初,学诚随父镳客湖北天门,适改修县志,请镳主其事,为撰《修志十议》;时在乾隆二十九年甲申,学诚之二十七岁也。其后二十六年间，历修成和州、永清、亳州诸州县志；所自得意者，莫如《亳州志》，言："此志拟之于史，当与陈、范抗行；义例之精，则亦《文史通义》中之上乘也；回视和州、永清之志，一半为土苴矣！（见《章氏遗书》卷九《文史通义》外编三《又与永清论文》。）盖学诚方志之学，于是为大成也！居常持论，谓："欲经纪一方之文献，必立三家之学，而始可以通古人之遗意也！仿纪传正史之体而作志，仿律令典例之体而作掌故，仿《文选》《文苑》之体而作文征。三书相辅而行，阙一不可；合而为一，尤不可也！而其要原本于六经。六经，皆史也，后世袭用而莫之或废者，惟《春秋》《诗》《礼》三家之流别耳！纪传正史，《春秋》之流别也；掌故典要，《官》《礼》之流别也；文征诸选，《风诗》之流别也。获麟绝笔以还，后学鲜能全识古人之大体；必积久而后渐推以著也！马《史》、班《书》以来，已演《春秋》之绪矣；刘氏《政典》、杜氏《通典》，始演《官》《礼》之绪焉；吕氏《文鉴》、苏氏《文类》，始演《风诗》之绪焉；并取括代为书，互相资证，无空言也！六艺并立，《乐》亡而入于《诗》《礼》，《书》亡而入于《春秋》。六经演而为三史，亦一朝典制之巨也。

"方州蕞尔之地，一志足以尽之，而必取于备物者，天下政事始于州县而达乎朝廷；朝廷六部尚书之所治，则合天下州县六科吏典之掌故以立政也。六部必合天下掌故而政存，史官必合天下纪载而籍备也。州县虽小，其所承奉而施布者，吏、户、礼、兵、刑、工无所不备；是则所谓具体而微矣；国史于是取裁，方将如《春秋》之借资于'百宝书'，何可忽也！今天下大计既始于州县，则史事责成，亦当始于州县之志。州县有荒陋无稽之志，而无荒陋无稽之令史案牍；志有因人臧否、因人工拙之义例文辞，案牍无因人臧否、因人工拙之义例文辞。盖以登载有一定之法，典守有一定之人。故州县之志，不可取办于一时。平日当于诸典吏中,特立志科,佥典吏之稍明于文法者以充其选;而且立为成法,俾如法以纪载,略如案牍之有公式焉,则无妄作聪明之弊矣!积数十年之久,则访能文学而通史裁者,笔削以为成书。如是又积而又修之,于事不劳,而功效已为文史之儒所不能及!

"夫史之为道,文士雅言与胥吏案牍,皆不可用;用(然)舍是二者,则无所以为史矣!孟子曰'其事''其文''其义',《春秋》之所取也;即簿牍之事,而润以尔雅之文,而断之以义;国史、方志,皆《春秋》之流别也。譬之人身,事者其骨,文者其肤,义者其精神也。断之以义而书始成家;而后有典有法,可诵可识,乃能传世而行远。"(见《章氏遗书》卷一《文史通义》内篇一《书教上》、卷十四《方志略例》一《方志立三书议》《州县请立志科议》。)

故"史之大原,本乎《春秋》,《春秋》之义,昭乎笔削。笔削之义,不仅事具始末、文成规矩;以夫子'义则窃取'之旨观之,固将纲纪天人,推明大道,所以通古今之变而成一家之言者,必有详人之所略,异人之所同,重人之所轻,而忽人之所谨,绳墨之所不可得而拘,类例之所不可得而泥,而后微茫杪忽之际,有以独断于一心;及其书之成也,自然可以参天地而质鬼神,契前修而俟后圣。此家学之所以可贵也。"然古人一事,必具数家之学;著述与比类两家,其大要也。班氏撰《汉书》,为一家著述矣;刘歆、贾护之《汉纪》,其比类也。司马撰《通鉴》,为一家著述矣;二刘、范氏之《长编》,其比类也。"比次之书,则掌教令史之孔目,簿书记注之成格,其原虽本柱下之所藏,其用止于备稽检而供采择,初无他奇也;然而独断之学,非是不为取裁。独断之学欲其智,而比次之书欲其愚。古人云:'言之不文,行之不远';'文不雅驯,荐绅先生难言之'。为职官、故事、案牍、图牒之难以萃合而行远也，于是有比次之法。不名家学，不立识解，以之整齐故事，而待'好学深思，心知其意'者之裁定；是则比次欲愚之效也。但为比类之业者，必知著述之意，而所次比之材，可使著述者出，得所凭藉，有以恣其纵横变化；又必知己之比类，与著述者各有渊源；而不可以比类之密，而笑著述之或有所疏；比类之整齐，而笑著述之有所畸轻畸重；则善矣！"（见《章氏遗书》卷四《文史通义》内篇四《答客问》上、中，卷九《文史通义》外篇三《报黄大俞先生》。）时虽称善。顾莫之用！

尝客浙江宁绍台兵备道代州冯廷丞子弼所，遇戴震，震自负高名，见《和州志例》，乃曰："志以考地理，但悉心于地理沿革，不当侈言文献。"学诚曰："不然！方志如古国史，本非地理专门。如云但重沿革，而文献非所急；则但作《沿革考》一篇足矣！且古今沿革，始非我臆测所能为也！考沿革者取资载籍；载籍具在，人人得而考之；虽我今日有失，后人犹得而更正也。若夫一方文献，及时不与搜罗，编次不得其法，去取或失其宜；则他日将有放失难稽、湮没无闻者矣！不得已而势不两全，无宁重文献而轻沿革！"震拂衣径去！学诚又以震出示所撰《汾州府志》有"古迹"一门，谓："古迹非志所重，当附见于舆地之图；不当自为专门。"往复辩难，终不为屈！（见《章氏遗书》卷十四《方志略例》一《记与戴东原论修志》。）

既，毕沅延撰《湖北通志》，又出其余力以修常德、荆州、石首诸府县志，皆有成书。独《湖北通志》，书未成而论者诋諆；既不得行其意，重自审订，成《湖北通志检存稿》四卷。大要参取古今史志义例，剪裁浮辞，禀酌经要，分二纪、三图、五表、六考、四政略、五十三传，以为"通志"七十四篇。而于"通志"之外，取官司见行章程，分吏、户、礼、兵、刑、工六门，叙其因革条例，以为"掌故"。更取传记、论说、诗赋、箴铭诸篇，别次甲乙丙丁上下八集，以为"文征"。勒成三家之书,而推本于六经:"方志"义本百国《春秋》,"掌故"义本《三百》《官》《礼》,"文征"义本十五《国风》。至于畸说剩言,采摭所余,虽无当于正裁,颇有资于旁证,故附稗野说部之流而作"丛谈",犹经之别解、史之外传、子之外篇也。其不合三书之目而称四者:三书皆经要,而"丛谈"则非不可阙之书也;《汉书·艺文志》所谓"小说家者流,出于稗官,街谈巷议,亦采风所不废"云尔!(见《章氏遗书》卷十四《方志略例》一《方志立三书议》,卷二十四《湖北通志检存稿》一《为毕制府撰〈湖北通志〉序》。)即此可概见其义法焉。学诚地产霸材,天挺史识;(见《两浙辅轩录》补遗《章学诚传》后"王宗炎曰"。)大抵推原《官》《礼》而有得于刘氏向、歆父子之传,故于古今学术渊源,辄能条别而得其宗旨。(见章氏之子华绂《文史通义跋》。)尤善属书离辞,指事类情,虽当世宿学不能自解免。

与休宁戴震、江都汪中,同客浙江宁绍台兵备道冯廷丞所,咸被敬礼,而所学异趣。学诚则谓戴震功力不浅而无得于性情,汪氏聪明有余而不足于识力。何以言其然?

"散万殊者为聪明。初学之童,出语惊其长老,聪明也。等而上之,至于学充文富,而宗本尚未之闻,犹聪明也。定于一者为识力:其学包罗富有,其言千变万化,而所以为言之故,则如《诗》之三百,可以一言蔽也;是识力也。今有文章如入万花之谷,学问如窥五都之市,可以窥奄陋而箴鄙僿矣!问其何以为言,不能答也,盖与荒经灭古,舍学识而空言一贯者,其功虽有难易之殊,其于无当则一也。舍学识而空言宗本,是窭子据空室而指其门闼以为家也!是宋学末流之失也!博学能文而不知宗本,是笈库为人守藏多财,而不得主其财也!是汪氏之学也!

"古人著书,各有立言之宗。而推本所自:史学本于《春秋》，专家著述本于《官》《礼》，辞章泛应本于《风诗》。天下之文尽于是矣！子有杂家；杂于众，不杂于己，杂而犹成其家者也。文有别集；集亦杂也，杂于体，不杂于指，集亦不异于诸子也。故诸子杂家与文集中之具本旨者，皆著述之事、立言之选也。今观汪氏《述学》所为《内篇》，大约杂举经传小学，辨别名诂义训，初无类例，亦无次序。苟使全书果有立言之宗，恐其孤立而鲜助也；杂引经传以证其义，博采旁搜以畅其旨，则此纷然丛出者，亦当列于杂篇；不但不可为'内'，亦并不可谓之'外'也！

"古人著书，内外分篇，盖有经纬。内篇必立所言之宗，而外、杂诸篇，取与内篇之旨相为经纬，一书只如一篇，无泛分内外之例。汪氏之书，不过说部杂考之流耳，何以为'内篇'哉！观其'外篇'，则序记杂文，泛应辞章，斯乃与《述学》标题，如风马牛，列为外篇，以拟诸子，可为貌同而心异矣！然汪氏工辞章而优于辞命，苟善成之，则渊源非无所自。古者行人之遗，流为纵横家学，其源实出于《风诗》也；引伸比兴，抑扬往复，可以穷文心之极变，达难显之至情，用以规谏讽喻，兴起好善恶恶之心；使不分心于著述，固可进于专家之业也。内其所外，而外其所内；识力阁于内，而名心骛于外也！"（见《章氏遗书》卷七《文史通义》外篇一《立言有本》。）

"戴君所学，深通训诂，究于名物制度而得其所以然；将以明道也！时人方贵博雅考订，见其训诂名物，有合时好，以谓戴之绝诣在此！及戴著《论性》《原善》诸篇，精微淳邃，于天人理气，实有发古人所未发者，时人则谓空说义理、可以无作，是固不知戴氏者矣！然戴氏不能无过焉！戴氏之过（误），[误]在诋宋儒之躬行实践，而置己身于功过之外！至于校正宋儒之讹误，可也！并一切抹杀，横肆诋诃；至于休、歙之间，自命通经服古之流，不骂朱子，不得为通人；则戴氏实为作俑！夫空谈性理，孤陋寡闻，一无所知，乃是宋学末流之大弊！然通经服古，由博反约，即是朱子之教！一传而为蔡沈、黄榦；再传而为真德秀、魏了翁；三传而为黄震、王应麟，其后为许谦、王柏、金履祥；至国初而顾炎武、黄宗羲、阎若璩，皆俎豆相承，甚于汉之经师谱系。戴氏之学，实自朱子'道问学'而得之！故戒人以凿空言理，其说深探本原，不可易矣！顾以训诂名义，偶有出于朱子所不及者，因而醜贬朱子，至斥以悖谬、詆以妄作，此饮水而忘其源也！"（见《章氏遗书》卷二《文史通义》内篇三《朱陆·书朱陆篇后》，补遗《又与朱少白书》。）

"学博者长于考索，岂非道中之实积！而骛于博者，终身敝精劳神以狥之，不思博之何所取也！程子曰：'凡事思所以然，天下第一学问人。'亦盍求所以然者思之乎？诸子百家之患，起于思而不学；而世儒之患，起于学而不思！即如王应麟，搜罗摘抉〔抉〕，穷幽极微，其于经传子史，名物制数，贯串旁骛，寔能讨先儒所未备；其所纂辑诸书，至今学者资衣被焉！然王氏诸书，谓之纂辑可也；谓之诸述，〔则〕不可也！谓之学者求知之功力，可也；谓之成家之学术，则未可也！今之博雅君子，疲精劳神于经传子史，而终身无得于学者，正坐宗仰王氏，而悮执求知之功力，以为学即在是尔！学与功力，实相似而不同！学不可以骤几！人当致勉乎功力，则可耳！指功力以为学，是犹指秫黍以为酒也！夫学有天性焉；读书服古之中，有人识最初而终身不可变易者，是也。学又有至情焉；读书服古之中，有欣慨会心而忽焉不知歌泣何从者，是也。功力有余而性情不足，未可谓学问也；今之学者，且憾不见夫子未修之《春秋》，又憾戴公得《商颂》而不存七篇之阙，自以为高情胜致，至相赞叹！充其僻见，且似夫子删修，不如王应麟之善搜遗逸焉！盖逐于时趣，而误以擘绩补苴，谓足尽天地之能事也！幸而生后世也。如生秦火未燬以前，典籍具存，无事补辑，彼将无所用其学矣！所贵君子之学术，为能持世而救偏！而世之学者，不知持风气，而惟知狗风气；（见《章氏遗书》卷二《文史通义》内篇二《原学下》《博约中》。）风气所趋，竟为考订；学识未充，亦强为之！读书之功少，而著作之事多！耻其言之不自己出也，而不知其说之不可恃也！著作本乎学问；而近人所谓学问，则以《尔雅》名物，六书训故，为足尽经世之大业，虽以周、程义理，韩、欧文辞，不难一映置之！"（见《章氏遗书》卷九《文史通义》外篇三《与族孙守一论史表》《与陈鉴亭论学》。）"不知训诂名物，亦一端耳！古人学于文辞，求于义理；不由其说，如韩、欧、程、张诸儒，竟不许以闻道；则亦过矣！"（见《章氏遗书》卷二《文史通义》内篇二《书朱陆篇后》。）

今之攻小学者，以为六书不明，则言语尚不可通，况乎义理！然韩愈曰："凡为文辞，宜略识字。""略识"云者，未如今之辗转攻取，毕生莫能殚也！以其毕生莫殚也，故终其身而无可属辞之日；然不应妨他人之属辞也！韩子立言如"五原"、《禹问》诸篇，昔人谓与孟、扬相表里者，其中仁义道德诸名，修齐治平诸目，不知于六书音画，有何隐奥未宣究也？近日考订之学，正患不求其义；而执形迹之末，铢黍较量，小有异同，嚣然纷争；而不知古人之真不在是也！读《易》而知寡过，读《书》而得知人安民，读《诗》而知好善恶恶，读《春秋》而论其谨严名分；不待穷《说文》之偏傍，辨《广韵》之音释，与夫诸子之纷纷考辨，而六经大义，昭如日月，虽使许慎复生、康成再出，卒莫能有加重于此也！（见《章氏遗书》卷八《文史通义》外篇二《朱先生墓志书后》《说文字原课本书后》。）所贵君子之学术，非特能持风尚之偏而已也；知其所偏之中，亦有不得而废者焉！非特能用独擅之长而已也；知己所擅之长，亦有不足以该者焉！学问之途，有流有别；尚考证者薄词章，索义理者略征实，随其性之所近，而各标独得；则服、郑训诂，韩、欧文章，程、朱语录，固已角特鼎峙而不能相下。必欲各分门户，交相讥议；则义理入于虚无，考证徒为糟粕，文章只为玩物，汉、唐以来，楚失齐得，至今嚣嚣，有未易临决者！惟自通人论之则不然！考证即以实此义理，而文章乃所以达之之具，事非有异。学者先求征实，后议扩充；析〔祈〕向贵有尚属；博详反约，原非截然分界；及乎泛滥渟蓄，由其所取愈精，故其所至愈远。然而谈何容易！十年闭关，出门合辙，卓然自立以不媿古人，正须不羡轻隽之浮名，不揣世俗之毁誉，循循勉勉，即数十年，中人以下所不屑为者而为之，乃有一旦庶几之日；斯则可为知者道，未易一一为时辈言耳！（见《章氏遗书》卷四《文史通义》内篇四《说林》，卷二十二《文集》七《与族孙汝楠论学书》。）

　　要之，议论不为苟同。又以并世学者征实太多，发挥太少，有如桑蚕食叶而不能抽丝；往往劝人多作古文，而衡之以文律，曰清，曰真，清则气不杂也！真则理无支也！（见《章氏遗书》卷九《文史通义》外篇三《与汪龙庄书》《与邵二云》。）

　　所自著书，以《史籍考》为最博，而《文史通义》为最精。金坛段玉裁若膺读《通义》有精深者，相与叹绝！而文句有长排作偶者，则曰"惜杂时文句调"！学诚闻之不服！曰："文求其是耳！岂有古与时哉！即曰时文体多排比；排比又岂作时文者所创为哉！使彼得见韩非《储说》、淮南《说山》《说林》、傅毅《连珠》诸篇，则又当为秦汉人惜有时文之句调矣！论文岂可如是！此由彼心目中有一执而不化之古文，怪人不似之耳！未可以绳吾《通义》也！"（见《章氏遗书》卷九《文史通义》外篇三《与史馀村简》。）《史籍考》代毕沅撰，一踵秀水朱彝尊竹垞《经义存亡考》例，凡十二纲、五十七目，三百二十五卷；大指谓史部虽占四部书之一，其实上援甲而下合丙、丁，故范围广博，竭毕生心力，厪乃成之！今也则亡！仅存《释例》！独《文史通义》盛传于世云！

三 解 题

"文史通义"何谓也？曰：章氏著书以明"文史通"之"义"云尔。《说文》训"通"为"达"，"自此之彼"之谓也。夫"通"之为名，盖取譬于道路，四衢八达、无不可至谓之通也。然究其心之所识，虽有高下、偏全、大小、广狭之不同，而皆以达于大道，故曰"通"也。（见《章氏遗书》卷四《文史通义》内篇四《通横》。）

朱筠尝谓人言："学者读书求通，当如都市逵路，四通八达，无施不可；非守偏隅一曲，便号通才。"顾章氏以为朱氏言"通"，"盖扩乎其量，而未循乎其本！苟不善究其旨，则高明者驰骛于浩博难罄之数而无所得；中人以下，又谓古之人必有天授神诣，非常人所可几及，而自安固陋，以为当然。是'四通八达，无施不可'之说，适足为学者患！孟子曰："尧舜之知而不遍物。尧舜之仁不遍爱人。"后之学者，不知用其资之所近、力之能勉，而泛泛焉求尧舜之所不知、不能，则求通而骛于其名之过也！古人读《易》如无《书》，读《书》如无《诗》。汉初儒者，学守专经，言无旁出；推而及于当世，卓然见其本末；儒效于是见矣！元、成而后，学者旁通曲究，不专一家之言，其业可谓富矣！而儒术之显，乃转不如汉初，君子又多乎哉！凡人之性，必有所近，必有所偏；偏则不可以言通。古来人官物曲、守一而不可移者，皆是选也！薄其执一而舍其性之所近，徒泛骛以求通，则终无所得矣！大抵学问文章，须成家数；博以聚之，约以收之。载籍浩博难穷，而吾力所能有限；非有专精致力,则如钱之散积于地,不可绳以贯也;惟即性之所近而用力之能勉者,因以推微而知著,会偏而得全;斯古人所以求通之方也!(见《章氏遗书》卷八《文史通义》外篇二《通说为邱君题南乐官舍》,卷九《文史通义》外篇三《与林秀才书》。)

　　章氏之于史学,盖有天授;独即性之所近而用力之能勉,因以推见一切文之通于史,而著书阐明其义焉尔!故题目之曰《文史通义》也。若然,章氏征"文史通"之义则若何?按章氏之言曰:"盈天地间,凡涉著作之林,皆是史学。六经特圣人取此六种之史以垂训者耳。子、集诸家,其源皆出于史。"(见《章氏遗书》卷九《文史通义》外篇三《报孙渊如书》。)昔曹子建自谓辞赋小道,而欲采庶官(官庶)实录,辨时俗得失,成一家言。韩退之自谓记事提要,纂言钩玄;而正言其志,则欲求国家遗事,考贤人哲士终始,作唐一经。然则辞章记诵非古人所专重;而才识之士,必以史学为归。(见《章氏遗书》卷九《文史通义》外篇三《报黄大俞先生》。)此明乎"文史通"之义者也。

　　章氏又曰:"文章乃立言之事,言当各以其时;即同一言也,而先后有异,则是非得失,霄壤相悬;郦食其请立六国之后,时势不同楚汉之初,是亦其一端也。前人未知以文为史之义,故法度不具;必待好学深思之士,探索讨论,竭尽心力,而后乃能仿佛其所言之始末焉;然犹不能不缺所疑也。其穿凿附会,与夫卤莽而失实者,则又不可胜计也!文集纪传之体,官阶姓氏,岁月时务,明可证据;犹不能无参差失实之弊。若夫诗人寄托,诸子寓言,本无典据明文,而欲千百年后,历谱年月,考求时事,与推作者之志意:岂不难哉!故凡立言之士,必著撰述年月以备后人之考证;而刊传前人文字,慎勿轻削题注,与夫题跋评论之附见者,以使后人得而考镜焉。至于传记碑碣之文,与哀诔策诰之作,前人往往偏重文辞,或书具官,或书某官,而不载其何官;或书某某,而不载其何名何姓;或书年月日，或书某年某月某日，而不载其何年月日。撰者或不知文为史裁，则空著其文，将以何所用也！传录者或以为无关文义，略而不书，则不知录其文将何所取也？凡此诸弊，皆是偏重文辞、不求事实之过。"（见《章氏遗书》卷八《文史通义》外篇二《韩柳二先生年谱书后》。）斯则不明乎"文史通"之义者也。

然就文论文，则一切文士见解，不可与论史！盖文辞以叙事为难。今古人才，骋其学力所至，辞命议论，恢恢有余；至于叙事，汲汲形其不足；以是为最难！而工叙事者，不必即工为史之志传。记叙之文，往往比志传修饬简净；盖有意于为文也。志传不尽出于有意，故文或不甚修饬；然大体终比记事之文远胜。盖记事之文，如盆池拳石，自成结构；而志传之文，如高山大川，神气包举，虽咫尺而皆具无穷之势；即偶有言忽（文理乖剌），字句疵病，皆不足以为累；此史笔与文士之分别。文士务去陈言；而史笔点窜涂改，全贵陶铸群言，不可私矜一家机巧也。文士撰文，惟恐不自己出；史家之文，惟恐出之于己，其大本先不同矣：史体述而不造，史文而出于己，是为言之无征！无征，且不信于后也！识如郑樵，而讥班史于孝武前多袭迁书。然则迁书集《尚书》《世本》《战国策》、楚汉牒记，又岂为不蹈袭哉？充其所说，孔子删述六经，乃蹈袭之尤矣！岂通论乎！

夫工师之为巨室度材，比于燮理阴阳；名医之制方剂炮灸，通乎鬼神造化。史家诠次群言，亦若是焉已尔！是故文献未集，则搜罗咨访不易为功。观郑樵所谓"八例"求书，则非寻常之辈所可能也！观史迁之东渐南浮，则非心知其意不能迹也！此则未及著文之先事也。及其纷然杂陈，则贵决择去取；人徒见著于书者之粹然善也，而不知刊而去者，中有苦心而不能显也！既经裁取，则贵陶熔变化；人第见诵其辞者之浑然一也，而不知化而裁者，中有调剂而人不知也！即以刊去而论：

文劣而事庸者，无足道矣！其间有介两端之可，而不能不出于一途；有嫌两美之伤，而不能不出于割爱。佳篇而或乖于例，事足而恐徇于文，此皆中有苦心而不显也。如以化裁而论：则古语不可入今，则当疏以达之；俚言不可杂雅，则当温以润之。辞则必称其体，语则必肖其人。质野不可以用文语，而猥鄙须删；急遽不可以为宛辞，而曲折仍见。文移须从公式，而案牍又不宜徇；骈丽不入史裁，而诏表亦岂可废。此皆中有调剂而人不知也。

文至举子之《四书义》，可谓雕虫之极难者矣！法律细于茧丝牛毛；经生老儒白首攻习，而较量于微茫秒忽之间，鲜能无憾。其故非他，命题虚实偏全，千变万化；文欲适如其题而不可增损故也。史文千变万化，岂止如《四书》命题之数；而记事记言，必欲适如其言其事而不可增损；恐左、马复生，不能无遗憾也。故六经以还，著述之才，不尽于经解、诸子、诗赋、文集，而尽于史学。凡百家之学，攻取而才见优者，入于史学而无不绌也。记事之法，有损无增，一字之增，是造伪也。往往有极意敷张，其事勿（弗）显；刊落浓辞，微文旁缀，而情状跃然；是贵得其意也。记言之法，增损无常，惟作者之所欲；然必推言者当日意中之所有，虽增千百言而不为多！苟言虽成文，而推言者当日意中所本无，虽一字之增亦造伪也。或有原文繁富而意未昭明，减省文句而意转刻露者；是又以损为增，变化多端，不可以笔墨罄也！

前明信阳何景明，谓韩愈文起八代之衰，而古文失传，由昌黎始！杭大宗堇浦斥其病狂！夫昌黎道德、文辞，并足泰山北斗；景明何所见闻，敢此妄议！杭氏斥之，是也！然古文必推叙事，叙事实出史学，其源本于《春秋》比事属辞；左、史、班、陈，家学渊源，甚于汉廷经师之授受。马曰"好学深思，心知其意"；班曰"纬六经，缀道纲，函雅故，通古今"

者;《春秋》家学,递相祖述,虽沈约、魏收之徒,去之甚远;而别识心裁,时有得其髣髴。而昌黎之于史学,实无所解;即其叙事之文,亦出辞章之善,而非有"比事属辞""心知其意"之遗法也。其列叙古人,右屈、孟、马、扬之流,直以太史百三十篇,与相如、扬雄辞赋同观;以至规矩方圆如班固,卓识别裁如陈寿,而不屑一顾盼焉;安在可以言史学哉!欧阳修步趋昌黎,故《唐书》与《五代史》虽有佳篇,不越文士学究之见;其于史学,未可言也!然则推《春秋》比事属辞之教,虽谓古文由昌黎而衰,未为不可;特非信阳诸人所可议耳!盖《六艺》之教,通于后世有三:《春秋》流为史学,《官》《礼》、诸《记》流为诸子论议,《诗》教流为辞章辞命。其他《乐》亡而入于《诗》《礼》,《书》亡而入于《春秋》,《易》学亦入《官》《礼》,而诸子家言,源委自可考也。昌黎之文,本于《官》《礼》,而尤近于孟、荀。荀出《礼》教,而孟子尤长于《诗》;故昌黎善立言,而优于辞章;无伤其为山斗也!特不深于《春秋》,未优于史学耳!噫!此殆难以与文学士言也!(见《章氏遗书》卷十四《方志略例》一《与陈观民工部论史学》,又《答朱少白书》《跋湖北通志检存稿》《上朱大司马论文》。)

然则章氏明文史之"通义",而推究言之,未尝不知史笔与文士之异趋也!昔人论刘勰知文不知史,刘知几知史不知文。(邵晋涵《题章氏与陈观民论史学后》。)读章氏书,而文史可以各识职矣!

四 读 法

解题既竟,可论读法。章氏言:"立言有本。"然则读章氏书者,不可不知立言之所本也。然不事众义之剖析,而漫言大本之一贯；则所谓"一贯"者，徒笼统之假藉耳，故必先籀明一致之百虑，而后可与言殊涂之同归。然则不先溯流，乌能探源？欲言原学，且事析篇。章氏言："学问之始，未能记诵，博涉既深，将超记诵。"（见《章氏遗书》卷三《文史通义》内篇三《辨似》。）然则记诵者，启悟之所资也；析篇者，将以启记诵之涂径，探学问之堂奥。然析篇之事，先以辨本者；盖善本不得，则记诵末由！而"博涉既深，将超记诵"，斯明立言之有本，而窥学术之大原矣！然人心不同，亦如其面。他山之石，可以攻玉。终之以异议，而得失有可互镜者焉！穷原竟委，说以四事。

第一　辨　本

按章氏《文史通义》一书，最初让清道光十二年壬辰，刻于河南开封，为"大梁本"；盖章氏次子华绂绪迁之所编，而属大梁书院山长洪洞刘师陆子敬及华亭姚椿春木为之覆勘者也。凡《文史通义》"内篇"五卷，"外篇"三卷，《校雠通义》三卷；厥为后来诸刻之所自出。其后南海伍崇曜翻之为"粤雅堂本"，山阴杜氏亦有翻刻；而华绂大梁刻板，旋亦携回原籍；于是两板皆存越中。至咸丰十一年辛酉，太平军徇下绍兴，两板皆燬，独华绂从子□□同卿，携"大梁本"一册，游河南得存！因笺正僻讹，以付其子季真小同。光绪元年乙亥，季真游幕贵州按察使署；乃重刊之，为"黔刻本"；其底本即同卿笺正之"大梁本"也。始于丁丑二月付琱，至戊寅七月竣事。华阳王秉恩雪澄寔按察贵州，而与贵筑罗□□植盦任雠校焉。尝以"粤雅堂刻"斠数四；其同卿笺正者依改，乃知"粤雅堂刻"依"大梁本"，校未精审；然有夺讹而无增减；间有据改"大梁本"者。至《校雠通义》中引《汉书·艺文志》，"大梁本"挩讹尤夥，则据《志》正之；乃知"大梁本"虽华绂初刻，刘、姚覆勘，而讹挩不免；是非未可凭也！

其后仁和谭献访得大梁板刻于会稽周氏祠堂，亦阙佚矣！出箧中旧本，补刻于浙江书局。坊行本皆由此繙；所谓"浙刻本"是也。其目次、板式，壹依"大梁刻"。而据"大梁刻"华绂《跋》称，其父易簀时，"以全稿付萧山王谷塍先生乞为校定；时嘉庆辛酉年也。道光丙戌，长兄杼思自南中寄出原草，并穀塍先生订定目录一卷。查阅所遗尚多，亦有与先人原编篇次互异者，自应更正，以复旧观"云云。不知章氏当日本不以原编篇次为定，故以属稿于王氏；而讬言"更正"，乱其篇从；可谓无知妄作、不善继志者矣！

王氏名宗炎，穀塍其号，亦称穀人；乾隆庚子进士，未授官而归。藏书甚富，号"十万卷楼"；尤精校勘，故为章氏所崇信；年八十余，犹孜孜不讫，著有《晚闻居士集》者也。集中有《答实斋先生书》，论章氏集编次之例；其大恉分内、外篇。内篇又别为子目者四：曰《文史通义》，凡论文之作附焉；曰《方志略例》，凡论志之作附焉；曰《校雠通义》；曰《史籍考叙录》。其余铭志叙记之文，择其有关系者，录为外篇，而附以《湖北通志传稿》，凡三十卷；中《文史通义》内篇六卷，外篇三卷；《校雠通义》内篇三卷，外篇一卷；《方志略例》二卷；《文集》八卷；《湖北通志检存稿》四卷；《外集》二卷，《湖北通志未成稿》一卷；此王氏论录之大略也。华绂之"大梁刻"行，而王氏所编者不出！

嘉兴沈曾植子培购得王编本，吴兴刘承幹翰怡爰录而覆刊之，益以已刊、未刊《乙卯札记》《丙辰札记》《知非日札》《阅书随札》《永清县志》《和州志》诸书。曰《章氏遗书》：自卷一至八，为《文史通义》内外篇；卷十至十三，为《校雠通义》内外篇；卷十四、卷十五，为《方志略例》；卷十六至二十三,为《文集》;卷二十四至二十七,为《湖北通志检存稿》;卷二十八、卷二十九为《外集》;卷三十为《湖北通志未成稿》。自此以上,壹依王氏编目而稍有勘定。如王编《方志略例》有《和州志》《湖北通志》《永清县志序录》诸文。而刘氏以《通志》已有《检存稿》载于后;和州、永清《志》则均刻入外编,删之以避重复。又据"浙刻本"《文史通义》外篇三,增《答甄秀才论修志书》二篇,《论〈文选〉义例书》二篇,《修志十议》,《天门县志》艺文、五行、学校三《考序》,《报广济黄大尹论修志书》,入《方志略例》;是也。此外又《外编》十八卷,《补遗》一卷,《附录》一卷,合共五十卷。钱唐张尔田孟劬、元和孙德谦隘堪序而行焉;于是章氏之学赅备!

今取"浙刻本"《文史通义》以与对勘:其内篇卷一同,惟浙刻少《礼教》一篇。浙刻卷二《原道》《原学》《博约》三篇之后,即取《遗书》本卷四《言公》上中下三篇继之,为第二卷。浙刻卷三至五载各篇,均不出《遗书》本三、四、五、六等卷之内,而次序多为改易。《遗书》本卷六有《同居》《感赋》《杂说》三篇,为浙刻所无。浙刻外篇卷一、卷二,均在《遗书》本《方志略例》二卷之内。惟省《和州志序例》十五篇,《永清县志序例》十五篇。其余浙刻外篇所有,皆在《遗书》本《方志略例》卷一之内。又"浙刻本"《校雠通义》三卷,与《遗书》本《校雠通义》内篇三卷,次序、篇数一一相合,而无外篇。惟《遗书》本《文史通义》外篇、《校雠通义》外篇所录,皆取驳议、序跋、书说诸文之与《内篇》意相发明者;是诚王氏《答实斋先生书》时称"其余铭志叙记之文,择其有关系者,录为外篇",而与章氏平日持论"内外分篇,盖有经纬"之指相合辙也!(见《章氏遗书》卷七《文史通义》内篇七《立言有本》。)而华绂妄为更张,乱其篇从;斯亦过矣!

第二 析 篇

刘氏刻《章氏遗书》，卷帙繁重。而章氏精要之论，具于文史、校雠两《通义》及《方志略例》。今按浙刻文史、校雠两《通义》内篇，与《遗书》无大出入；而《文史》外篇，亦备《方志略例》之要删。所不足者，厥指未能经纬内篇，无当章氏著书之指耳！然具体而微矣！匪曰卑之无甚高论；徒以世本通行，学者便于购读，姑以浙刻为主，而籀其指意，析其篇目，都为五部：曰穷经，曰覈史，曰衡文。而先以"通论"者，明宗趣之所归，知学问之径途也；终以"校雠"者，辨学术之异同，通群书之伦类也。庶几学者循序渐进，知所观览焉！具目如左：

（甲）通论

《原道》上、中、下　《原学》上、中、下　《天喻》《朱陆》　《浙东学术》　《博约》上、中、下　《假年》《鍼名》　《贬异》　《师说》　《横通》　《辨似》　《习固》　《妇学》　《妇学篇书后》　《说林》

（乙）穷经

《经解》上、中、下　《易教》上、中、下　《书教》上、中、下　《诗教》上、中、下

（丙）覈史

《史德》　《史释》　《史注》　《传记》　《释通》《申郑》　《答客问》上、中、下——以上史例通论
《答甄秀才论修志第一书》　《答甄秀才论修志第二书》

《与甄秀才论文选义例书》　《答甄秀才驳文选义例书》
《修志十议》　《方志立三书议》　《州县请立志科议》
《地志统部》——以上志例通论

《书吴郡志后》　《书武功志后》　《书朝邑志后》
《书姑苏志后》　《书滦志后》　《书灵寿县志后》——以上
论古方志

《天门县志·艺文考序》　《天门县志·五行考序》
《天门县志·学校考序》　《和州志·皇言纪序例》　《和州志·官师表序例》　《和州志·选举表序例》　《和州志·民族表序例》上、中、下　《和州志·舆地图序例》　《和州志·田赋书序例》　《和州志·艺文书序例》　《和州志·政略序例》　《和州志·列传总论》　《和州志·阙访列传序例》　《和州志·前志列传序例》上、中、下　《和州文征序例》　《记与戴东原论修志》　《永清县志·皇言纪序例》　《永清县志·恩泽纪序例》　《永清县志·职官表序例》　《永清县志·选举表序例》　《永清县志·士族表序例》　《永清县志·舆地图序例》　《永清县志·建置图序例》　《永清县志·水道图序例》　《永清县志·六书例议》　《永清县志·政略序例》　《永清县志·列传序例》　《永清县志·列女传序例》　《永清县志·阙访列传序例》　《永清县志·前志列传序例》　《永清县志·文征序例》　《亳州志·人物表例议》上、中、下　《亳州志·掌故例议》上、中、下　《为张吉甫司马撰大名县志序》　《为毕秋帆制府撰常德府志序》　《覆崔荆州书》　《为毕秋帆制府撰荆州府志序》　《与石首王明府论志例》　《为毕秋帆制府撰石首县志序》　《报广济黄大尹论修志书》——以上方志例议

(丁)衡文

《言公》上、中、下　《文集》　《篇卷》　《质性》《文德》　《文理》　《古文公式》　《繁称》　《匡谬》　《黯陋》　《砭俗》　《俗嫌》　《答问》　《古文十弊》

(戊)校雠

《原道》　《宗刘》　《互著》　《别裁》　《辨嫌名》《补郑校雠条理》　《著录残逸》　《藏书》　《补校汉艺文志》　《郑樵误校汉志》　《焦竑误校汉志》　《汉志》　《汉志六艺》　《汉志诸子》　《汉志诗赋》　《汉志兵书》　《汉志术数》　《汉志方技》

按："校雠"别出为书。王目亦同浙刻。兹析篇而不分书，总称以《文史通义》者，仍章氏之意也。昔章氏《与严冬友侍读书》，自称"为校雠之学，上探班、刘，渊源《官》《礼》，下贬《雕龙》《史通》，甄别名实，品藻流别，为《文史通义》一书"。(见《章氏遗书》卷二十九《外集》二。)则是校雠之学，已贬《文史通义》一书之中；而以别出"文史"之外，自为一书，非章氏之意矣！因附辨之于此。

第三　原　学

夷考章氏之学，其大指在即事以见道，明经之本史。王阳明《传习录》上卷一答门人徐爱问曰："以事言谓之史，以道言谓之经。事即道，道即事。《春秋》亦经。《五经》亦史：《易》是包牺氏之史；《书》是尧舜以下史；《礼》《乐》是三代史；其事同，其道同，安有谓异。"疑若章氏之学所由本焉！

然章氏不自承出阳明；而细籀其所著书，盖读《汉书·艺文志》而有会，因以推明古人官师合一之道。有官，斯有法，故法具于官。有法斯有书，故官守其书。有书斯有学，故师传其学。有学斯有业，故弟子习其业。三代之盛也，官守、学业出于一，而天下以同文为治；及其衰也，官司失其守，而师弟子之传业于是判焉！秦人禁偶语《诗》《书》，而云"欲学法令者以吏为师"；其禁《诗》《书》，非也；其曰"以吏为师"，则犹官守学业合一之谓也。由秦人"以吏为师"之言，想见三代盛时，《礼》以宗伯为师；《乐》以司乐为师；《诗》以太师为师；《书》以外史为师；三《易》《春秋》亦若是则已矣！《汉书·艺文志》叙《六艺》而后，次之诸子百家，必云："某家者流，盖出古者某官之掌，其流而为某氏之学。"其云"某官之掌"，即"法具于官""官守其书"之义也。其云"流而为某家之学"，即官司失职而师弟传业之义也。（见《章氏遗书》卷十《校雠通义》内篇一《原道》。）既以读书有得，疏通伦类，傅合《周礼》之分官，旁采《郑略》之校雠，而条其义例，上宗刘向父子，辨章旧闻，观其会通；由艺文以见道原，推史意以穷经学；列篇数十，而义则一以贯之者也！"道虽不难于事，学必致之用"，是也。所论之事不一，而理则无不相通，知道之所以然，而施之事实也。通经于史；而私家之专集，文章之体裁，亦以史例绳之。归史于实用；而著述之变迁，风气之出入，亦以实用概之者也。

其学一衍而为仁和龚自珍定庵，作《乙丙之际著议第六》，（本题曰《治学》。）以明一代之治，即一代之学；"官师合一"之说也。又著《古史钩沉论》，以明《五经》为周史之大宗，诸子为周史之支孽小宗；"六经皆史"之衍也。（具见《定庵文集》。）然矜其独得，而讳所自出，不云本章氏。（章氏卒嘉庆六年，龚自珍年才十岁。）近儒余杭章炳麟太炎讥之，著为《校文士》一文，谓"自珍剿窃成说而无心得；其以六经为史，本之

《文史通义》而加华辞；观其华，诚不如观章氏之质"者也！

其后章氏之学，再衍而为章炳麟；衍"官师合一"之说，以征《曲礼》"宦学事师"之义。（见《诸子学略说》，未收入《章氏丛书》。）又推本章氏"六经皆史"之指，以明孔子之述而不作，而难今文家说之称孔子作六经者。（见《国故论衡》中《原经》。）亦尝箴其阙失，见所刊《太炎文别录》二《与人论国学》一书。又一衍而为钱唐张尔田孟劬、元和孙德谦隘堪。尔田考镜六艺、诸子学术流别，著《史微》内篇八卷，以丕扬章氏"六经皆史"之义。而德谦则为《汉书艺文志举例》《刘向校雠学纂微》两书，以论定雠例；又著《太史公书义法》二卷，以究明史意。斯皆《通义》之嗣响，章学之功臣！

所可异者：章炳麟嬗崇古学，（《国故论衡》中《明解故下》曰："六经皆史之方，治之则明其行事，识其时制，通其故言，是以贵古文。古文者，《书》《礼》得于孔壁；《周官》写于河间左氏，献于张苍者是已。"）张尔田指归今文；（《史微》内篇一《史学》曰："六艺者，先王经世之书也。经世之书皆掌诸柱下，皆太史之所录。不知六艺为史，无以见先王制作之本原；不知六艺为经，无以见孔子删修之大法。孔子闵王路废而邪道兴，论次《诗》《书》，修起《礼》《乐》，赞《易》十翼，因史记作《春秋》，以寓王法；而经之名始立。"刘彦和言"经也者，恒久之至道，不刊之鸿教"，言其不得与民变革者也。）宗尚不同，而诵说章氏则无乎不同；信足以见大道之一贯，而藉征章学之毕该也已！

第四　异　议

伯褫以来，章氏之学，既大明于世！然而见仁见智，难者不一。湘潭王闿运壬秋，博学通人，最称同光间大师；南方之学者，未能或之先也！顾读章氏《通义》，谓"其言方志体例甚详，然别立文征一门，未为史法；其词亦过辩求胜。'《诗》亡然后《春秋》作'，此特假言耳！《春秋》岂可代《诗》乎？孟子受《春秋》，知其为天子之事，不可云王者微而孔子兴，故诧云'诗亡'。而章氏入诗文于方志，岂不乖类！要之以志为史，则得之矣！余以诗词不入志为宜；而有鸿章巨著，事关经国，各附本传以征生平；斯谓合体。（见《湘绮楼日记》第三册"同治十年辛未三月四日"。）不啻微言讽刺于章氏而已！然闿运楚产，不尚浙学，而又好言《公羊》，称今学大师；与章氏之称引《周官》媲于古文者不同。宁必其言善，则千里之外应之！其不足于章氏宜也！

顾有生章氏之邑，以后生自居；而覈于持论，不为苟同者：会稽李慈铭爱伯也！其大指以为："章氏用力方志，寔为专家，而自信大过，喜用我法，尝言'作史作志，必须别有宗旨，自开境界'，此固可为庸下针砭；而其弊也，穿凿灭裂，尽变古法，终堕宋、明腐儒师心自用之学！大抵浙儒之学，江以东，识力高而好自用，往往别立门庭，其失也妄！江以西，涂辙正而喜因人，往往掇拾细琐，其失也陋！章氏识有余而学不足，志大而才实疏！故其长在别体裁、覈名实，空所依傍，自立家法；而其短则读书卤莽，穅秕古人，不能明是非、究正变，汎持一切高论，凭肮（肛）进退，矜已自封，好为立异！"（见《祥琴室日记》"同治八年三月十二日"。）

"即以《文史通义》《校雠通义》而论，其牴牾有不胜诘者：谓史须兼苞百代，司马子长是已！后世惟梁武《通史》为知其法！《通史》不传，幸有郑樵《通志》知其遗意；而痛诋班氏《汉书》，谓史法由之而亡！又极诋《文献通考》为类书俗学。（见《章氏遗书》卷四《文史通义》内篇《释通》《申郑》及《答客问》上中下篇。）夫班氏之去马，近百余年；自后易姓，代必修史。如章氏之言，则将百年为限，编一通史；叠床架屋，陈陈相因！抑或易代之际，姑且不为，悬待数姓以归统辑？著作之事，恐无是理！且所谓'兼苞百代'者，将如郑樵之依次勒录，同于钞胥乎？抑将别立宗旨，各自为书乎？同则毋乃过烦！异则恐穷于变！此不可解者一也！

"谓今之各省，当称各统部，以总督、巡抚为主，不以布政司为主。（见《章氏遗书》卷十四《方志略例》一《地志统部》。）夫元以设行中书省而有省名。明改为布政司而仍称省，此明代之陋！国朝未及更正，然事主布政司，而督抚持节监临，版籍赋税，未尝属之督抚也。曰督，曰抚，曰巡，明是巡行监察之义。故督抚之关防，布政司之方印，未尝改也。且'统部'之名何居乎？六部之设，自在中朝。督抚所兼，皆是虚号；未尝实有部权，分立部名也。况督抚皆又兼都察院，何以略院而不言也？舍显设之司，而称虚拥之部，既非国制，又非古称；以名则不正，以言则不顺！此不可解者二也！

"谓著录之例，大小戴《记》，当依类分编，如《汉志》别出《弟子职》《小尔雅》例。（见《章氏遗书》卷十《校雠通义》内篇一《别裁》，卷十一《校雠通义》内篇二《焦竑误校汉志》。）《周易》'经'及'十翼'亦当分载。夫《弟子职》故是古书别行，非刘、班所出。《小尔雅》今在《孔丛子》；《孔丛子》明是伪书，特窜入《小尔雅》以示可信；是后人之窃《小雅》，非《汉志》之析《孔丛》；乃欲缘斯谬肌，徧乱古经：则卦画之文，当别收于图籍；赓歌之语，且分录于诗篇！此其不可解者三也！

"谓府县地志，当以人物为重，不在考覈疆域。（见《章氏遗书》卷十四《方志略例》一《记与戴东原论修志》。）夫古人之地记，本不及人；后世滋繁，意存夸饰。今谓四至八到，可以略举；古今沿革，无须过详。是则志以地名，已亡其实；人以地系，先迷其邦！将晋、宋之扬州，尽为广陵之产；秦、汉之会稽，悉成东部之英！此其不可解者四也！凡此四端，实为大谬，贻误后学，不可不辨！"

其谓作史须别有宗旨；欲作《宋史》，当以维持宋学为主。（见《章氏遗书》卷十八《文集》三《邵与桐别传》。）又谓《周官》师儒本分：师者，道学也；儒者，儒林也，《宋史》分立《道学》《儒林传》为是。皆迁妄偏谲，不出村学究识见！（见《越缦堂骈文》卷□《与谭仲修书》。）至讥近儒著述，多自称"某某学"，谓误用《汉书》"某经有某氏之学"语而不通，此尤不根之论！不知近儒经说之称"某某学"者，乃用何劭公《公羊解诂》称"何休学"之例，明谦辞也；非用《汉书·儒林传》语。章氏疏于经学，自蔽而嫉贤，好诋切并时江艭涛、戴东原、汪容甫、洪北江诸君子以自矜大；而其言失之不考，大率类此！（见《桃花圣解庵日记》"同治十二年七月初五日"。）

其一生所最长者，在辨体例、明义法；自昌黎、半山，皆诋之不遗余力，以为其文全不知法。今章氏文之传者，皆冗椸缓漫，气体缓弱；其不中与韩、王作奴仆，三尺童子能辨之！夫古人文成法立，本无一定之义法也。章氏严覈称谓，诚文章之要义，然其中亦自有辨！执而求之，则不能通！盖称谓莫严于碑志传状，不容一字出入；郡县官名，一参古俗，皆乖史法。降而至序记，则可稍宽矣；又降而至书问笺启，则更可稍宽矣。今名称之古而失实者，有如生员为"秀才"、举人为"孝廉"者乎？然与士友通书问，而必称之曰"某生员""某举人"，则哗然骇矣！名称之俗而不典者，有如知县为"大令"、同知为"司马"乎？（唐之长史，乃今同知之职，司马秩在别驾下，略仿汉之都尉而非是。）然与当路通笺启，而必目之曰"某知县""某同知"，则色然愠矣！是惟求其不大戾乎古，以病吾文；而因文体之所宜，择近焉者，以不骇乎俗；古人于此，盖亦有所不得已也！故"大令"不可称也，不得已而曰"明府"；"司马"不可称也，不得已而曰"郡丞"。生员，则"秀才"之可也;举人,则"孝廉"之可也。若碑版纪载,则确守不可易。此仆为文之旨,而亦尝取以裁量古今者也!

"章氏之学,自有独得处,其议论可取者甚多;浙东西中,当推一作家!仆非好诋乡先生也,而其立旨纰失,亦不能为之讳!"(见《越缦堂骈文》卷□《与谭仲修书》。)辞致峻厉,殆有甚于闿运者焉!而条举件系,同根煎迫,要不得不令前贤畏后贤也!

然慈铭守康成而宗戴氏;而章氏翘朱子以正戴学;道不同,不相为谋,尚曰固其所尔!亦有揭引章氏,貌同心异,而匡谬发讹,自比诤友者;是则章炳麟、张尔田也!

章炳麟与人论国学,每谓"郑樵《通志》,章氏《通义》,其误学者不少;昔尝劝人浏览,惟明真伪、识条理者可尔!若读书驳杂,素无统纪,则二书适为增病之累!郑樵所长,独在校雠、图谱、氏族数事,其他皆无[可]采,六书尤谬。章氏欲护其短,则云'创条发刊,未尝与小学专家絜长短'。(见《章氏遗书》卷四《文史通义》内篇四《申郑》。)若尔,但作略例可矣;焉用繁辞曲证为邪!章氏虽以谬语,然其用只在方志。内篇《易教》以佛书本于羲、文,诞妄实甚!至谓象通《六艺》,取证尤肤,(见《章氏遗书》卷一《文史通义》内篇一《易教下》。)无异决科之策。且于文人作传,则斥辨职之言;(见《章氏遗书》卷五《文史通义》内篇五《传记》。)准是为例,范晔作《后汉书》,习凿齿作《汉晋春秋》,亦非身居左史、奉敕编定者也。史可私作,不嫌僭窃王章,上拟麟笔;独于《太玄》《潜虚》,谓其非分,适自相攻伐矣!《史德》一篇,谓'子长非作谤书,将以究天人之际,通古今之变',语亦谛审。至谓'微文讥谤,为乱贼之居心',(见《章氏遗书》卷五《文史通义》内篇五《史德》。)宁知史本天职,君过则书,不为讪上!又述朱元晦语以为《离骚》不甚怨君,是则屈平哀歌,徒自悲身世耳;逐臣失职，类能为之；何当与日月争光，而《古今人表》列于仁人孟、荀之伍哉！刘子玄云：'怀、襄不道，其恶存于楚赋。'斯为至言！章氏之论，徒教人以谄耳！

"其余陋者，自撰《文德》以为新奇，（见《章氏遗书》卷二《文史通义》内篇二。）不悟《论衡》已有斯语。《论衡·佚文篇》：'上书陈便宜，奏记荐吏士，一则为身，二则为人；繁文丽辞，无文德之操，治身完行，徇利为私，无为主者。'文气出于魏文《典论》，而徒推本韩、苏，何其厚弃古人也！至以庄子为子夏门人，（见《章氏遗书》卷一《文史通义》内篇一《经解上》。）盖袭唐人率尔之辞，未尝订实录。庄生称田子方，遂谓子方是庄子师；斯则《让王》亦举曾、原；而则阳、无鬼、庚桑诸子，名在篇目，将皆是庄师矣！以《艺文志》'《平原君》七篇'，谓是著书之人，自诧儒家，而述诸侯公子请益质疑，因以名篇居首。（见《章氏遗书》卷三《文史通义》内篇三《匡谬》。）不晓平原固非赵胜，《艺文》本注谓是朱建；建与郦生、陆贾、娄敬、叔孙通同传；陆、娄之书，亦在儒家；《汉书》明白，犹作狐疑；以此匡谬，其亦自谬云尔！昔人云：'玉卮无当，虽宝非用。'学者喜郑、章二家言，至杜佑、刘知几则鲜留意！杜固括囊大典，朴质无华；刘亦精审不作旷语；学之既非骤了，以资谈助则不如郑、章之恢宏，故其弃录如此！由斯以谈，亦见学人苟简、专务窃剽矣；故其铺陈流别，洋洋盈耳，实未明其条系、甄其得失也！

"往见乡先生谭仲修有子，已冠，未通文义，遽以《文史》《校雠》二种教之；其后抵掌说《庄子·天下篇》、刘歆《诸子略》，然不知其义云乎！则知学无绳尺，鲜不眯乱！徒知派别，不足与于深造自得者！"（见《章氏丛书·太炎文录》别录二《与人论国学书》。）盖章炳麟之褒弹则然也！

至张尔田，则益疾言激论，以明六经之出于史，而非六经之即皆史；声章氏诬圣之罪，不惮作鸣鼓之攻！其辞曰："章氏著《原道篇》，以谓'集大成者为周公；而孔子删述《六艺》，则所以学周公也'。（见《章氏遗书》卷二《文史通义》内篇二。）自此论出，而先圣、后圣，始若分茅而设蕝矣！不知周、孔不容轩轾也！孔子以前，不必有周公；而周公以后，则不可无孔子！天不生周公，不过关系一姓之兴亡而已；而牺、农、尧、舜、禹、汤、文、武之书犹在也！天不生孔子，则群圣人之道尽亡，虽有王者，无从取法矣！何则？周公思兼三王，监于二代，集牺、农群圣之大成，为一代致太平；孔子则祖述尧舜，宪章文武，集周公之大成，为万世立名教。为一代致太平，则典章制度，不能不详备；为万世立名教，则不惟典章制度而已，必有其精义存焉！故《周易》，史也，而孔子赞之；《诗》《书》，史也，而孔子删之；《礼》《乐》，史也，而孔子定之；《春秋》，史也，而孔子笔削之；非敢僭越王章也；以为后王制法，不得不然也！

"夫《六艺》，皆周公之旧籍也；而有经孔子别识心裁者，则今文诸说是也；有未经孔子别识心裁者，则古文诸说是也。今文为经，经主明理，故于微言大义为独详；古文为史，史主纪事，故于典章制度为最备。典章制度，乃周公致太平之迹；而我孔子思存前圣之业，有德无位，不能不假周公之旧史，制法后王；其中有因乎旧史者，亦有本旧史之文，别创义例者。"（见《史微》内篇卷第八《古经论》。）然则"三代以上，帝王无经也，史而已矣！三代以上，帝王无教也，政而已矣！《六艺》皆三王（代）之典章法度，太史职之，以备后王顾问，非百姓所得而私肄也；自《六艺》修于孔子（归于儒家），三代之典章法度，一变而为孔子之教书，而后经之名始立！故经也者，因《六艺》垂教而后起者也！后世辟儒，其知《六艺》为史者鲜矣！其知《六艺》由史而为经者更鲜矣！

"知《六艺》为史者,挽近独一章实斋,可谓好学深思,不随流俗之士也!然章氏只知《六艺》之为史,而不知《六艺》之由史而为经。故其持论曰:'古之所谓经,乃三代盛时典章法度见于政教行事之实,而非圣人有意作为文字以传后世也。'又曰:'《六艺》皆周公之典章;孔子有德无位,不敢操制作之权,惟取周公典章申而明之,所以学周公也。'(见《章氏遗书》卷一《文史通义》内篇一《经解》,卷二《文史通义》内篇二《原道》。)夫《六艺》为周公之典章法度,是固然已!然典章法度,历代不相沿袭者也。《六艺》虽周公旧史,苟非经孔子删定纂修,垂为万世不刊之经,又何取乎历代不相沿袭之典章法度以垂教后王也!且如章氏言,则后世会典、通礼,其为政教行事之实,岂不更切于周公之典章法度乎?而章氏何以不与《六艺》并列为经也!既不列会典、通礼于经,而独奉孔子手定之《六艺》为经,则《六艺》因孔子而重;而非因周公之典章法度而重,亦可知矣!如此而犹谓孔子不敢操制作之权,何其视圣人不如一钞胥哉!以钞胥为圣人,宜其推大成于周公,而不知孔子为万世之教祖也。[然则]欲辨孔子之教,亦惟正经与史之名而已!

"经与史之区分,政与教之所由判也。由前而言,《六艺》皆三代之政也,故谓之为史;由后而言,《六艺》皆孔子之教也,故谓之为经。章氏有言:'周公集典章法度之大成,以行其政。孔子集周公之政,以明其教。'因以为'政见实用,而教垂空言。儒生崇性命而薄事功,皆由于盛推孔子过于尧舜也!'(见《章氏遗书》卷二《文史通义》内篇二《原道上》。)若然,则垂教者绌于行政矣;政与教,岂可以空言、实用分优劣哉!自周公至今日凡几姓矣,典章法度,未闻仍沿用周公之创制。然而人莫不有亲,莫不知孝其亲;莫不有长,莫不知敬其长;则自有天地以来,未闻有改焉者也!夫典章法度,所谓政也;

孝亲敬长，所谓教也。孰可实用，孰可空言，必有能辨之者！若如章氏言，以为政见实用耶？吾未闻后世天下可以实行数千载上周公之典章法度者也。以为教垂空言耶？吾未闻有亲可以不孝、有长可以不敬者也！章氏以挽近之人，服挽近之服，言挽近之言；不责人孝亲敬长，而望人实行周公之典章法度，亦可谓进退失据矣！"（见《史微》内篇卷第八《明教》。）

"夫一代之典章法度，一代之风系焉，文质异尚如循环；虽以牺、农、尧、舜、禹、汤、文、武之创制，不能历久而不变；而况周公一王之法哉！"（见《史微》内篇卷第八《古经论》。）然则"周公之政，历代沿袭不同者也；孔子之教，天不变，道亦不变者也。天下有敢于更张周公典章法度之人，必无敢于灭裂孔子名教之人！此宰我所以盛推孔子过于尧舜也！宰我之言，见述于孟子。使孟子而崇性命、薄事功，则章氏议之是矣！使孟子而非崇性命、薄事功也，则章氏诬圣之罪为何如哉！"其所以然者，由于"知史而不知经也"！（见《史微》内篇卷第八《明教》。）斯足以明国学之准绳，而当章氏之诤友！（张尔田《史微·明教》。篇后题曰："章实斋先生书，博学详说，余所服膺。惟斯言则害于道，……故敢附于诤友之列，赞而辨之。"）宁得曰"蠹生于木，还食其木"，漫为譬喻，而引以相讽哉！然张尔田特明六艺之由史而为经，而非径斥"六经皆史"之说，以为巨谬不然也！

乃有发"六经皆礼"之说，而明"六经皆史"之大相刺谬者。是则盐城陈钟凡斠玄也！今按钟凡之言曰："六经皆古之典礼。百家者，礼教之支与流裔也。上世官师不分，政教合一；凡百制作，莫备于典礼。是故诸夏学术，三古礼隆其极。故礼事起于火化，礼文昭于祭祀，祭礼行于明堂；礼乐政教由是演，制度典章由是出。礼云礼云，诸夏道术之滥觞矣！周公集六代之大成，存先圣之旧典，经论〔纶〕制作，备于礼经。

'礼经'者，六籍之大名、百家所由出也！征诸《周官》：太卜掌三《易》之法：一曰《连山》，二曰《归藏》，三曰《周易》。其经卦皆八，其别皆六十有四。又太卜之职：大祭祀，则眠〔眠〕高命龟。凡小事，莅卜。国大迁、大师，则贞龟。凡旅，则陈龟。凡丧事，则命龟。是《易》用诸丧祭、迁国、师旅诸卜筮者也；则《易》为礼经，此其证矣！太师教六诗：曰风，曰赋，曰比，曰兴，曰雅，曰颂。而太师之职：大祭祀，则帅瞽登歌，令奏击拊，下管播乐器，令奏鼓𫡒；（𫡒，读为道引之"引"。）大飨亦如之。大射，率瞽而歌射节。大师，执同律以听军声。大丧，帅瞽而廞作匶（古同"柩"）、谥。是诗亦用诸飨射、师旅、丧祭者也；则《诗》为礼经，此其证矣！大司乐以乐舞教国子，舞云门、大卷、大咸、大磬、大夏、大濩、大武。又大司乐之职，以六律、六同、五声、八音、六舞、大合乐，以致鬼神示，以和邦国，以谐万民，以安宾客，以说远人，以作动物；乃分乐而叙之，以祭，以享，以祀。是乐所以祀天神四望，祭地示山川，享先祖先妣者也；则《乐》为礼经之明证。《汉志》本《七略》曰：'古之王者，世有史官，君举必书。左史记言，右书记事。事为《春秋》，言为《尚书》。'《大戴礼》曰：'内史太史，左右手也。'是左史右史，即《周官》之内史、太史；《尚书》《春秋》，内史、太史所掌之籍也。考太史之职：大祭祀，与执事卜日，戒及宿之日，与群执事读礼书而协事。祭之日，执事以次位常。大会同朝觐，以书协礼事。大师，抱天时，与大师同车。大迁国，抱法以前。大丧，执法以莅劝防。内史之职，掌叙事之法。受纳访，以诏王听治。凡命诸侯及孤、卿、大夫，则策命之。凡四方之事书，内史读之。王制禄，以赞为之，以方出之；赏赐亦如之。是《春秋》为丧祭、师旅、迁国及会同朝觐之典；《尚书》者，叙事策命、制禄赏赐之籍；则《春秋》《尚书》皆礼经之明证也。

故观于太卜、太师、大司乐、太史、内史，皆宗伯之属；则其所掌《易》《诗》《书》《乐》《春秋》皆先王之典礼，昭然若揭，奚待韩宣子适鲁而后知《易象》《春秋》之为周礼哉！（《左氏》昭二年传。）故曰：'六经皆古之典礼也。'

"诸子者，礼教之支与流裔也。考诸《汉志》：儒家出于司徒。《周官》载司徒施十有二教：一曰以祀礼教敬，二曰以阳礼教让，三曰以阴礼教亲，四曰以乐礼教和。又以五礼防万民之伪而教之中，以六乐防万民之情而教之和。是司徒以礼教民者也，儒家学本于礼，有明验矣！道家出于史官。而太史，大祭祀与群执事读礼书而协事；小史，大祭祀读礼法。《史记》又谓孔子适周，问礼于老子。（《老庄列传》。）《小戴记》孔子对曾子问礼，一则曰'吾闻诸老聃'，再则曰'吾闻诸老聃'。（《曾子问》。）则道家学出于礼有明验矣！阴阳家出于羲和之官；《周官》冯相氏、保章氏之职，礼官之属也。《大戴礼》谓：'明堂为天法。'（《盛德篇》。）《礼明堂阴阳录》曰：'阴阳者，王者所以应天。'（引见《牛宏传》及《御览》。）蔡邕亦谓：'明堂者，所以明天气，统万物，上通天象，故十二宫象曰辰。'（《明堂月令论》。）是以观象授时，本明堂之大典。阴阳家学本于礼，有明验矣！名家出于礼官，《周官》大小宗伯之职也；法家出于理官，大小司寇之职也。宗伯掌建邦之天神、人鬼、地示之礼，以佐王建保邦国。司寇掌建邦之三典，以佐王刑邦国、诘四方。司马迁曰：'礼禁未然之前，法施已然之后。法之所为用者易见；而礼之所为禁者难知。'（《史记·自叙》。）陈宠曰：'礼经三百，威仪三千。故甫刑，大辟二百，五刑之属三千，礼之所去，刑之所取；失礼则入刑，相为表里。'（《后汉书》本传。）故刘氏谓其辅礼制；则名家、法家学出于礼，有明验矣！墨家出于清庙之守，《周官》巫祝之职也。蔡邕曰：'取其宗祀之貌，则曰清庙；取其堂，则曰明堂。异名同实，其实一也。'(《明堂月令论》。)《吕览》言:'鲁惠公使宰让请郊庙之礼于天子。桓王使史角往,惠公止之;其后在于鲁,墨子学焉。'(《当染》。)则墨家出于礼之明验也。纵横家出于行人之官;《周礼》大小行人之职也。大行人,掌大宾之礼及大客之义,以亲诸侯;小行人,掌邦国宾客之礼籍,以待四方之使。则纵横家学本于礼之明验也。杂家出于议官,《周官》三公之职也。《尚书》言:'三公论道经邦,燮理阴阳。'(《周官》。)《吕览》首陈十二纪;《淮南》亦训'时则',并本夏时遗制,为《小戴·月令》之所本。是杂家学本于礼之明验也。农家出于农稷之官。《国语》载虢文公谏周宣王曰:'民之大事在农,上帝之粢盛于是乎出,民之蕃庶于是乎生,事之供给于是乎在!是故稷为大官!古者太史顺时覛土,阳瘅〔瘅〕愤盈,土气震发。农祥晨正,日月底于天庙,土乃脉发。先时九日,太史告稷曰:自今至于初吉,阳气俱蒸,土膏其动。弗震弗渝,脉其满眚,谷乃不殖。稷以告王。及期,王裸鬯飨醴乃行。后稷监之。膳夫、农正陈籍礼,太史赞王。王敬从之。王耕一坺,班三之,而时布之于农。稷则徧诫百姓,纪农协功。民用莫不震动,恪恭于农。'(《周语》)是后稷播时百谷,必遵太史敬授民时;则农家学本于礼之明证也。小说家出于稗官;《周官》土训、诵训、训方氏、匡人、撢人诸职也。土训,掌道地图,道地慝。诵训,掌道方慝。训方氏,掌道四方之政事与其上下之志,诵四方之传道。匡人,掌达法则,匡邦国而观其慝。撢人,掌诵王志。凡是诸职,皆所以训四方,道方志方慝以诏王国;是小说家学本于礼之明证也。然则诸子出于王官者,其学即莫不原于典礼。

"故礼学,为道术之根荄,群言之郛廓!六经诸子,莫不由此滋生萌蘖。章学诚不明乎此,妄有'六经皆史'之论。若谓六经掌于史官,应得史称?不知《春秋》《尚书》掌于太史、内史;而《诗》《易》则分掌于太卜、太师;乐掌于司乐;礼掌于宗伯;各有当官,非必史官之专守;(史氏所掌当属其贰。)则不得并名为史。'六经皆史'之说,发自王守仁。章学诚申其说。龚巩祚更畅言之,谓'任照之史,为道家祖。任天之史,为农家祖。任约剂之史,为法家祖。任文之史,为杂家祖。任讳恶之史,为阴阳家祖。任喻之史,为纵横家祖。任本之史,为墨家祖。任教之史,为小说家祖'。"(《古史钩沉论》。)"语半无征,将焉取信!今推寻本柢,正以六经皆礼之说。"(见《诸子通谊》卷上《原始》。)则是与章氏之明"六经皆史"者,如别黑白之不同矣!然其以《周官》为根柢,以《汉书·艺文志》为崖廓,则又与章氏无乎不同者也!可谓貌同而心异者焉!

　　於戏!章氏不云乎:"古人最重家学,叙列一家之书,凡有涉此一家之学者,无不穷源至委,竟其流别,所谓著作之标准、群言之折中也!"(见《章氏遗书》卷十《校雠通义》内篇一《互著》。)余故备著异议,不惮烦琐,利钝毕著,义蕴究宣矣!

　　博端诵章书,发蒙髫年;迄今四十,玩索不尽。粗述睹记,以为成学治国闻者观览焉!

《古文辞类纂》解题及其读法

十年以来，桐城姚鼐《古文辞类纂》一书，时贤诟病，几等不足齿之伧！然余以为《姚纂》之病在取径太狭，既不如《曾钞》之博涉经子；（曾国藩《经史百家杂钞》。）而择言偏洁，又不如《李钞》之足有才藻；（李兆洛《骈体文钞》。）规模未宏，自是所短！至分类必溯其原而不为杜撰；选辞务择其雅而不为钩棘；荟斯文于简编，诏来者以涂辙，近儒章炳麟曰："文足达意，远于鄙倍，可也；有物有则，雅驯近古，是亦足矣！"（见《菿汉微言》。）后之续者，有遵义黎庶昌、长沙王先谦两家。然黎氏之书，上采经史，品藻次第，壹准绳其师曾国藩之言；要为《曾钞》之别子，而非绳武于《姚纂》也。惟王氏之辑，志在续姚，采自乾隆，迄咸丰间，得三十九家，论其得失；区别义类，悉遵姚氏；斯可以窥见文章之流变，而觇当世得失之林焉！

一 解题及其纂例

文籍日兴，散无统纪，于是总集作焉。《古文辞类纂》者，盖桐城姚鼐分类纂辑古之文辞而为总集之一。"纂"之为言，论纂也，盖本《汉书·艺文志》序《论语》称"门人相与辑而论纂，故谓之《论语》"一言；姚氏《序目》称"以所闻见编次论说为《古文辞类纂》"者是也。盖编次之际，姚氏曾以所闻见详经论说而不为苟然；如《序目》考论文体十三类之起原，及诸篇之注按，是也；故依《汉志》题"纂"，师古注："纂与撰同"；或题曰"纂"者，讹也。（姚氏之非题"纂"，本滁州李承渊校梓《古文辞类纂后序》，而详加以考证。）

惟总集之作，导源《诗》《书》。《诗三百》，周诗之总集也。《书百篇》，周以前文之总集也。考孔子观书周室，得虞、夏、商、周四代之典，乃删其善者，定为《尚书百篇》，所以宣王道之正义，发话言于臣下；故其所载皆典、谟、训、诰、誓、命之文；（见刘知幾《史通·六家篇》。）厥为文之第一部总集。古者《诗》三千余篇，及至孔子，去其重，取可施于义礼，上采契、后稷，中述殷、周之盛，至幽、厉之缺，始于衽席；故曰："《关雎》之乱，以为《风》始；《鹿鸣》为《小雅》始；《文王》为《大雅》始；《清庙》为《颂》始。"三百五篇；（见《史记·孔子世家》。）厥为诗之第一部总集。惟《诗》者，风、雅、颂以类分，而《书》则虞、夏、商、周以代次。盖《诗》者，开后世总集类编之先河，而《书》则为后世总集代次之权舆者也。然《诗》《书》二者，崇入经部，不以隶集。

《晋书·挚虞传》载："虞撰《文章志》四卷；又撰古文章，类聚区分为三十卷，名之曰《流别集》，各为之论，辞理惬当。"论者胥推为总集之祖！其书逸不传；而体裁犹可悬想而知；盖《志》如《书》之按代次？而《流别》疑如《诗》之依类分者也？特后之辑者，鲜有按代。独明梅鼎祚之《文纪》、清严可均之《全上古三代秦汉三国六朝文》，起皇古、迄隋，以时先后为次；是为总集家变例。而自梁太子《昭明文选》以下，亡虑分类者为多。

《古文辞类纂》者，盖古文辞辑而论纂之按类者也；故题曰"类纂"。然总集之分类不一：《昭明文选》分"赋""诗""骚""七""诏""册""令""教""文""表""上书""启""弹事""笺""奏记""书""檄""对问""设论""辞""序""颂""赞""符命""史论""史述赞""论""连珠""箴""铭""诔""哀""碑文""墓志""行状""弔文""祭文"三十七类。而姚氏斥其"分体碎杂，立名可笑"；而以后来编集之相仍者为陋，故不之采；其类纂定为"论辩""序跋""奏议""书说""赠序""诏令""传状""碑志""杂记""箴铭""颂赞""辞赋""哀祭"十三类；而文之体类始明。盖以体势分也；此一法也。宋谢枋得《文章轨范》，分古今文为"放胆""小心"二种。后来曾国藩本姚氏阴阳之说，（见《续篡·姚姬传〈复鲁絜非书〉》。）而衍之为《古文四象》，以"气势"为太阳之类；"趣味"为少阳之类；"识度"为太阴之类；"情韵"为少阴之类；或者暗觑谢氏之筋节而斡之姚说？张其旗鼓，谓为前人所未发！自今观之："气势""趣味"，"放胆"文也；"识度""情韵"，"小心"文也。（此采予弟孙卿之说，见《文章举隅序》。）此以神理分也，盖又一法也。至真德秀之《文章正宗》，则以作用分，曰"辞令"，曰"议论"，曰"叙事"，而殿之以诗歌一体。后来曾国藩《经史百家杂钞》析体十一而综以三门：曰"著作"，即真氏之"议论"；曰"告语"，即真氏之"辞令"；而所谓"记载"者，则真氏之"叙事"也，盖异名而同用者尔？此又一法也。三者之中，厥以分体势者为夥。

然总集分体之可考见者，莫古于《文选》三十七类。明而未融，姚氏不取，要为有见！今按其中如"骚""七"之别类，"诏""册""令""教"之分四类，"表""上书""弹事"之分三类，"启""笺""奏记""书"之分四类，"颂""赞""符命"之分三类，"序""史论""史述赞"之分三类，（史论、史述赞皆史；《汉纪》传后论赞，要为序跋之类。）"诔""哀""吊文""祭文"之分四类，及"碑文""墓志"之别为二，如此之类，皆全不知体要；而因名立类，每类之文，或厪一两篇。姚氏所谓"立名碎杂"者也。至《七发》诸篇不并入"骚"而别题"七"；策秀才诸问不题"策问"而题曰"文"；班、范前后《汉书》纪、传《赞》不并入"史论"而别题"史述赞"；哀永逝诸文不并入"诔"或"吊文"而别题"哀"；如此之类，杜撰题目，展卷茫然，不得其解。姚氏所谓"立名可笑"者也。

姚氏以《文选》之"序""史论""史述赞"并入"序跋"；

"表""上书""弹事"并入"奏议";"启""笺""奏记""书"并入"书说";"诏""册""令""教""文""檄"并入"诏令";"赋""骚""七""对问""设论""辞""连珠"并入"辞赋";"诔""哀""吊文""祭文"并入"哀祭";"碑文""墓志"并为"碑志";"箴""铭"并为"箴铭";"颂""赞""符命"并为"颂赞";实较昭明为简当!而别增"传"与"状"为一类;"赠序""杂记"昭明所无,以拾其遗;纂古文辞,要为明其伦类!

顾挽近以来,或以昭明总集之眉目而相震惊;又捶桐城已死之虎,寻响捕风,崇《萧选》而薄《姚纂》,以为不足与斯文;尚得为知其类也乎!或者又以《纂》不采《诗》为姚病!然韵、散殊体,《诗》《书》别经(径),自古已然,奚独以为《姚纂》病!余昔读《四库全书提要》撰录总集,论文论理,发其殊途;而于纂例,阙然未有论列;因泝源《诗》《书》而为《姚纂》疏通证明,发其大凡于此。

二 《古文辞类纂》之本子

此《纂》当为姚氏未及论定之书。而通常习见者三本:一嘉庆季年姚氏门人兴县康绍镛巡抚粤东,得武进李兆洛所藏刊本,而李氏任雠校焉。一道光五年江宁吴启昌刊本,姚氏弟子管同、梅曾亮、刘钦任雠校焉。"康刻"据乾隆中叶姚氏主讲扬州梅花书院钉本;而"吴刻"则据姚氏晚年主讲钟山书院所授本,与"康刻"本互有异同。盖"康刻"入方苞、刘大櫆之文;而授吴本无,云"以姚命"增入焉。意者姚氏亦知方、刘之不逮古作者;而阿好乡人之私,卒有不自克也耶?"康刻"有圈点而"吴刻"祛圈点者,据云"姚氏晚年嫌'圈点,近时艺'，未及刊落"，故以授吴而命去之也。然姚氏少子曰雉，藏父晚年订槀本，字里行间，圈点狼藉，又与"吴刻"之无圈点者不同；卒未闻末命刊去。可知姚氏此书毕生论篹，而未以为惬。"康刻"固早年手笔，"吴刻"亦不为定本矣！昔贤之竺（笃）老于学而不倦勤有如是者！

迄光绪之世，滁州李承渊好姚氏书，参据康、吴两刻，而见《史记》、前后《汉书》《文选》及司马光《资治通鉴》，宋元以后、康熙以前各家专集旧椠，有关姚氏篹录之文者，随时校勘字句，用朱、墨笔注上下方；其圈点则过自"雉本"，而得之雉乡人兰陵逸叟转录者也。既，博考群书，正其句读，矻矻二十年，勒为定本，世传滁州李氏"求要堂栞本"是也，殆视康、吴两刻后来居上矣！

"吴刻"之祛圈点，云"本姚意"；然事无佐证；而圈点之于《姚篹》，宽有不可祛者。考姚氏《答徐季疋书》，称"圈点启发人意，愈解说"。及篹此书，圈点评注，厘订再三。桂林吕璜者，自宜兴吴德旋而私淑诸姚氏者也。尝称吴氏诰以读《姚篹》之法，曰："《古文辞类篹》，启发后人，全在圈点。有连圈多而题下只一圈两圈者；有全无连圈而题下乃三圈者；正须从此领其妙处。末学不解此旨，好贪连圈；而不知文品之高，乃在通篇之古淡，而不必有可圈之句。知此则于文思过半矣！"语见《初月楼古文绪论》。而吴与姚氏同时交好，其言当有所本。今以吴氏之说，籀诵康、李两刻，而窥其圈点用意之所存，诚有在寻常笔墨蹊径之外者！知吴氏之言，不尽诬也！

挽近以来，徐州徐树铮尤喜谈姚氏之学，加墨此《篹》，且集上元梅曾亮、武昌张裕钊、桐城吴汝纶诸家批点，旁考诸集评识，标于"康刻"眉间，而折中以己意，最为精审！桐城文章老宿马其昶、姚永概诸人，序而刻焉；所谓《诸家评点古文辞类篹》是也。则又于康、吴、李三刻之外，别成一家矣！

三 《古文辞类纂》之前因后果

巴陵吴敏树曰："今之所称桐城文派者，始自乾隆间姚郎中姬传称私淑于其乡先辈望溪方先生之门人刘海峰，又以望溪接续明人归震川而为《古文辞类纂》一书，直以归、方续八家，刘氏嗣之，其意盖以古今文章之传系之已也。"（见王氏《续纂·吴〈与筱岑论文派书〉》。）由是学者多归向桐城，号"桐城派"！犹前世所称"江西诗派"者也。（参观王氏《续纂例略》、曾涤生《欧阳生文集序》。）

挽近或以古典文学少桐城，未为知桐城也！不知桐城派之起，所以捄古典文学之极敝也！自康熙朝，侍郎方苞以古文鸣海内，上接明之归有光；而有光之所以见重后世者，曾国藩《书归震川文集后》言之綦详；谓："当时颇崇茝轧之习，假齐梁之雕琢，号为力追周、秦者，往往而有！熙甫一切弃去，不事涂饰而选言有序，不刻画而足以昭物情，与古作者合符，而后来者取则焉！"（原文见王氏《续纂》。）

今考明自洪武而还，运当开国，其文章多昌明博大之音。永、宣以后，安享太平，多台阁雍容之作。作者递兴，皆冲融演迤，不事钩棘；而杨士奇文章特优，一时制诰碑版，出其手者为多！仁宗雅好欧阳修文，而士奇文得其髣髴，典则稳称；后来管〔馆〕阁著作，沿为流派，所谓"台阁体"是也！庙堂之上，郁郁乎文！弘、正之间，茶陵李东阳出入元明，沿流唐代，擅声馆阁，推一代文宗；而门下士北地李梦阳、信阳何景明异军突起，乃曰"文必秦汉，诗必盛唐，非是弗道"；曰"古文之法亡于韩"。为文故作艰深，钩章棘句，至不可句读；持是以号于天下，而唐宋之文扫地以尽！

既北地、信阳之派转相摹拟，流弊渐深；论者乃稍稍复理唐宋之坠绪以相撑拄！盖宋、元以来，文以平正典雅为宗，其究渐流于庸肤；庸肤之极，不得不变而求奥衍。王、李之起，文以沉博伟丽为宗，其极渐流于虚憍；虚憍之极，不得不返而求平实。一张一弛，两派迭为胜负，盖皆理势之必然！至嘉靖之际，历城李攀龙、太仓王世贞踵起，更衍何、李之绪论，谓："文自西京，诗至天宝而下，俱无足观！"而世贞才尤高，地望尤显，声华意气，笼盖四海。独归氏绍述欧、曾，矫以清真，至诋世贞为"妄庸巨子"。自明之季，学者知由韩、柳、欧、苏沿洄以溯秦汉，而不为钩章棘句者，归氏之力也！

苞教归氏而衍其旨，力崇雅澹而排涂饰，倡义法；谓："自南宋以来，古文义法不讲久矣！吴越间遗老，尤放恣无一雅洁者。古文不可入语录中语，魏晋六朝人藻丽俳语，汉赋中板重字法，诗歌中隽语，《南北史》佻巧语。"（见沈廷芳《书方望溪先生传后》。）故曰："桐城派之起，所以捄古典文学之极敝也！"后之所以寖不厌人意而别出阳湖派、湘乡派者以此；然初之能风靡一世而莫之京者亦以此！其乡人刘大櫆继之，遗风遂畅。

姚氏尝受古文法于刘氏，然自以所得为文，不尽用刘氏法。刘氏为文学庄子，尤意摹昌黎，而气不足以举其辞！其篇法之洁，不如方氏；而意度之舂容，又视姚为逊。论者胥称"三家"，而刘氏有"蜂腰"之讥也！顾当刘氏之世，吾常州埭山钱氏有伯垧字鲁思者，尝亲受业刘氏之门，时时诵师说于其友阳湖恽敬、武进张惠言。州部士夫，素胜俪语；而张氏辞赋能追司马相如、扬雄之所为，撰《七十家赋钞》，尤藉藉人口；厥后乃多治古文者。于是常州有桐城之学！此则著于阳湖陆祁孙《七家文钞序》者，可考按也！（文见王氏《续纂》。）

然在桐城士夫，方欲螟蛉我常州人而诏之曰"似我似我"。

诓知州滨具区而处，山水明丽；风土所会，绮体为近；虽有大力者，莫之能回！士之学为文章者，莫不取迳汉魏六朝；晚乃效韩愈、欧阳修为古文，(恽敬《张皋文墓志铭》曰："少为辞赋，尝拟司马相如、扬雄之言；及壮为古文，效韩氏愈、欧阳氏修。"文见王氏《续纂》。) 其能者，实能属辞瑰伟，声情健茂；以视桐城之上承归氏，"修辞虽极雅洁，然行文不敢用一华丽非常字"者，(曾国藩曰："方溪修辞极雅洁，无一俚语俚字，然其行文不敢用一华丽非常字。"见薛福成《论文集要·曾文正公论文上》。) 颇亦足捄声味稀淡之病，学者稍稍好之。于是附庸蔚为大国，而有"阳湖派"之目！

迨李兆洛起，则尤盛扬其波，纂录《骈体文钞》，以与姚氏此《纂》作旗鼓之当，而崇汉魏六朝为不祧之祖；至谓："学古人之文舍是末由！"泾县包世臣作《李氏传》，所谓"时论方崇归、方，薄骈体而扬散行；而先生则谓'唐宋传作，无不导源汉魏；汉魏之骈体，即唐宋散行之祖'"者也！虽然，李氏自为文之"澄然而清""秩然有序"，则固揆之陆氏序《七家文钞》所称"由望溪而上求之震川"，殊途而合辙者。顾王氏《续纂》，取恽敬、张惠言而不收李氏文者；倪谓恽、张之源出桐城，陆氏序明著之；而李氏《骈体文钞》之于姚氏此《纂》有违指也耶？抑何暖暖姝姝一先生之言而不自广也！

自李钞骈体，开设户牖，而阳湖古文之学，乃别出于桐城；然其流所衍，比之桐城为狭！而"桐城派"三字，始于题自姚氏；姚氏以前，罔有也！新安程晋芳、历城周永年，与姚氏欢好，为之语曰："天下之文章，其在桐城乎！"(见姚氏《刘海峰先生八十寿序》，文载王氏《续纂》。曾国藩《欧阳生文集序》只称周书昌语，而近来兴化李详论桐城派，以为程语，斥曾非是。然姚序并称程、周，语意甚明；曾特遗程耳，不必李之为是而曾之为非也。特以姚序为准，而附辨其说于此。) 隐若以姚氏承方、刘而相推肩斯文之统。姚氏亦曰："经学之盛在新安，古文之盛在桐城。"（见《吴定金先生榜墓志铭》。）一时之言文章者，翕然归服焉！然姚氏不敢以自承，其与王惕甫书，但自居于宋穆伯长、柳仲塗一流，为扬徽之首涂；声闻过情，姚氏若有慊然！徒以乾嘉诸老，姚氏最老寿，从容论说，深造而自有得。其文为世所称诵者，词旨渊雅，复绝尘表。

姚氏既死，而门弟子播天下者，称述其术，笁（笃）好而不厌。上元有管同、梅曾亮，桐城有方东树、姚莹，四人者称高第弟子；而梅曾亮名最高！然梅氏之文，浸淫六朝，（见梅氏《管异之文集书后》，载王氏《续纂》。）意度萧闲，而辞句矜练，于阳湖诸老为近，而与姚氏不同。（吴敏树《记钞本震川文后》曰："梅先生为余言：'归氏学自桐城方灵皋氏，后姚姬传氏得之。'梅先生盖亲受学于姚氏，而其为文之道亦各异。"见王氏《续纂》。）顾同时慝宗姚氏者，群尊梅氏为魁，如孔门之有若焉！姚氏之薪火，于是为烈！复有朱琦、龙启瑞、王拯、曾国藩、冯志沂、邵懿辰之徒，相与附丽。于是桐城古文之学大张！

诸人者，既一时通儒硕望；而曾氏为《欧阳生文集序》，复条其流衍，亟推姚氏，至列之《圣哲画像记》，以为"粗解文章，由姚先生启之也！"曾氏于咸、同之际，勋名莫二，又为文章领袖；其说一出，有违之者，惧为非圣无法；而姚氏之名益尊，昭昭然若揭日月！独吴敏树与书欧阳筱岑，以曾氏《欧阳生文集序》称引相及，力自剖别，谓："非素喜姚氏者。时论称刘、姚之学，习于名而未稽其实；譬之江西诗派，姚氏特吕居仁之比尔！刘氏更无所置。"而心折者在归、方；谓："归氏之文，高者在神境；而稍病虚，声几欲下。望溪之文，厚于理，深于法，而或未工于言。然此二家者，皆断然自为一代之文，而莫能尚焉者也！"（原文载王氏《续纂》。）顾曾氏则以为："姚氏突过归、方，吴氏比之吕居仁，讥评少过！刘氏诚非有过绝辈流之诣。姚氏则深造自得，其文为世称诵者，皆义精词俊；惜少雄直之气、驱迈之势！然姚氏固有偏于阴柔之说，又尝自谢为才弱矣！而其辨文章之源流，识古书之真伪；论文亦多诣极之语；有古人所未尝言，姚氏独抉其微而发其蕴者！惟极称海峰，不免阿私所好；要未可与海峰同类而并薄之也！"（见曾氏《复吴南屏》两书，载王氏《续纂》。）斯为平情之论！然吴氏非素喜姚；而文之意境闲眇，神逸而韵流，乃与姚为不期之似！（王氏《续纂例略》曰："南屏沉思孤往，其适于道也；与姚氏无乎不合。"）

曾氏论文，从姚入而不必从姚出；其自为文，以光气为主，以音响为辅；力矫桐城懦缓之失，探源杨、马，专宗退之，奇偶错综，而偶多于奇，复字单谊，杂厕相间，厚集其气，使声采炳焕而夐（同"夏"）焉有声。此又异军特起于桐城之外而自树一派，可名之曰"湘乡派"。（王氏《续纂例略》曰："曾文正公亟许姬传。然寻其声貌，略不相袭；以雄直之气、宏通之识，发为文章，冠绝古今。"）流风所被，桐城而后，罕有抗颜行者！门弟子著籍甚众，其尤倬倬者，则有武昌张裕钊、桐城吴汝纶、遵义黎庶昌、无锡薛福成，亦如姚氏之四大弟子。

薛氏致力事功，未遑殚精学问；而雄直之气，无忝于师门。（黎庶昌《庸庵文编序》曰："叔耘辞毕〔笔〕醇雅有法度，不规规于桐城论文，而气息与子固、颍滨为近。"）黎氏入官虽早，然治文字颇勍，其持论大指以为："桐城宗派之说，流俗相沿，以陷（通"逾"）百岁，其敝至于浅弱不振；为有识者所讥！然本朝之文，其体实正自望溪方氏，至姚先生而词始雅絜（洁）。至曾文正公，始变化以臻于大。循姚氏之说，屏弃六朝骈丽之习，以求所谓神理、气味、格律、声色者，法愈严而体愈尊。循曾氏之说，将尽取儒者之多识、格物、博辨、训诂，一内诸雄奇万变之中，以矫桐城末流虚车之饰。其道相资，亡（不）

可偏废。"（见黎氏《续古文辞类纂序》。）于是上赓《姚纂》，以阐扬师法而捄桐城之敝。此于湘乡之学，特究阃奥；如桐城之有《姚纂》，阳湖之有《李钞》矣！

张氏于曾门四子才最高；而吴老寿，至清季犹存，屹然海内文伯；而独心折张氏，以为："桐城诸老，气清体洁，海内所宗；独雄奇瑰玮之境尚少！盖韩公得杨、马之长，字字造出奇崛。欧阳公变为平易，而奇崛乃在平易之中，后儒但能平易，不能奇崛，则才气弱薄，不能复振。此一失也！曾文正公出而矫之，以汉赋之气运之，而文体一变；故卓然为一代大家！近时张廉卿又独得于《史记》之谲怪；盖文气雄俊不及曾，而意思之恢诡，解〔辞〕句之廉劲，亦能自成一家。是皆由桐城而推广〔之〕，以自为开宗之一祖！所谓'有所变而后大'者也！"（见吴氏《与姚仲实论文书》。）吴之才雄；而张则以意度胜。二人者，造诣不同，而祢曾则一。

桐城已在挑列；而桐城之再盛，要以其县人马其昶为后劲！其昶少小耽文章，尝请古文义法于吴氏。吴氏则戒作宋元人语曰："是宜多读周、秦、两汉时古书。"此湘乡之师法；而非桐城家言也！又言："今天下宿乎文者，无过张廉卿。子往问焉，吾为之介。"赋诗一篇，谐庄杂出，谓"得之桐城者宜还之桐城"；（见马氏《书张廉卿先生手札后》。）此特一时谑戏之言，而不必以为定论！顾马氏则自以守其邑先正之法，禪（禅）之后进，而义无所让。有《抱润轩集》，义宁陈三立跋其目曰："曾、张而后，吴先生之文至矣！然过求壮观，稍涉矜气。作者之不逮吴先生，而淡简天素，或反掩吴先生者以此也！"盖吴氏闳湘乡之师法，而马氏袭桐城之家风，故不同也。

侯官林纾，特与马氏友善，又自称"文章见赏吴氏"，（见林氏《赠马通伯序》。）依桐城之末光，清季之言文章者宗焉！顾其文气矜为隆，殆甚吴氏；匪马氏之体气闲适，上追姚氏者可比！马氏妻弟曰姚永概者，姚氏之从孙也，擅其家学，有《慎宜轩文集》。其为文章，遣言措意，切近的当，而自澹荡有致，可谓"聿修厥德，无忝尔祖"者！（林氏《慎宜轩文集序》曰："叔节慎宜轩文，气专而寂，澹宕而有致，不矜奇立异，而言皆衷于名理；是固能祢其祖矣。"）此与马氏皆足以殿桐城之后劲者矣！顾并马、姚之世，有生桐城之乡而不为桐城之文者，陈澹然也！兀傲自多，雅不喜桐城家言，自命能为太史公，下笔不自休，其至者权奇动宕，恣肆自喜。马、姚二氏于其文不甚相合，而亦推其能自力也；（见陈衍《送陈剑潭南归序》。）故以附于桐城之末。

世之毁誉桐城者，徒为尚口之争，罕有条贯之纪！独念桐城者，让清一代文学之中坚也，不有所述，监观何从！近儒梁任公先生《清代学术概论》，叙以短论，特用以为汉学之衬笔。语言而不详；以其于文学非专治也！余搜纂近代文学史料十余年，差有采猎，而董理未遑，谨纂桐城始末，以补梁氏书之阙！亦文章得失之林也！宁只以供读《姚纂》者之参考也哉！

四　《古文辞类纂》之读法

读书之法，贵能观其会通。而欲观其会通，必先分部互勘；非然，则以笼统为会通矣！余前论学江苏省立第三师范学校，尝拟《姚纂》之读法有二：

第一　分体分类读

学文之道，首在辨体。姚氏此《纂》，分十三体，王《续》因之。而其文章之得失，不可不依体为断。每体各有一定格律，凛然不可侵犯。宁都魏禧论苏明允《上田枢密书》，"首句

'天之所以与我者岂偶然哉'，便已无体！书以道情，开口一句，挺然便出议论，直作论耳！书虽文，要与面谈相似"。(见张潮辑《日录·论文》①。) 此实不易之论；虽老泉复起，不能以自解也！姚氏亦称"韩退之《伯夷颂》，似太史公论赞，非颂体"；而以入"论辩类"。至曾国藩论文章之美，分阳刚与阴柔，曰："阳刚者气势浩瀚，阴柔者韵味深美。浩瀚者喷薄而出之，深美者吞吐而出之。论辩、词赋、奏议、哀祭、传志、叙记，宜喷薄；序跋、诏令、书牍、典志、杂记，宜吞吐。其一类中微有区别者：如哀祭虽宜喷薄，而祭郊社祖宗则宜吞吐。诏令虽宜吞吐，而檄文则宜喷薄。书牍虽宜吞吐，而论事则宜喷薄。"（见《求阙斋日记》。）亦各有所宜也。此外如曾氏评韩愈《殿中少监马君墓志铭》云："志墓之文，惧千百年后，谷迁陵改，见者不知谁氏之墓，故刻石以文告之；语气须是对不知谁何之人说话；此文少乖，似哀诔文序。"（见薛福成《论文集要·曾文正公论文上》。）须于此等处细意看，乃知一体有一体之格。

然言文学而一以体格为主，似不免太落迹象，拘于形式而忽于内容；必以内容之分类辅之，而加以观察，则文之表里精粗无不到，全体大用无不明矣！若论文学之内容，不外三事：一曰记事，二曰说理，三曰表情。试以《姚纂》十三类为喻：曰"传状""碑志""杂记"，文体之适于记事者也。曰"论辩""序跋""奏议""箴铭"，文体之宜于说理者也。曰"书说""赠序""诏令""颂赞""词赋""哀祭"，文体之用以表情者也。然传状有系论赞以昭监（通"鉴"）戒，杂记或出议论以发慨叹；则记事也，而说理、表情寓焉。论辩著陈事由以立断

---

① 张潮纂辑之《昭代丛书》，辑有魏禧所著《日录》（一名《魏叔子日录》）。

案，序跋次第篇籍以见作意；则说理也，而记事不废焉。奏议贵乎责难，赠序志于劝善；则表情也，而说理丽焉。颂赞必系行实，哀诔首详履历；则表情也，而记事先焉。大抵记事欲其实，不欲其夸；说理欲其显，不欲其奥；抒情欲其真，不欲其饰。记事宜于赋，说理贵用比，表情妙托兴。赋、比、兴者，《诗》"六义"之三。叙物以言情谓之赋，情尽物也；索物以托情谓之比，情附物也；触物以起情谓之兴，物动情也。赋直而兴微，比显而隐。比之与兴，虽同是托外物；但比意虽切而却浅，兴意似阔而味长。人知诗之有赋、比、兴；而不知一切文学之不外于赋、比、兴。

所谓"记事宜于赋，说理贵用比，表情妙托兴"者，特就其大概言之尔！若细论之，则一体文学自有一体文学之赋、比、兴。试以《姚鼐》所录者为例：赋者如事直陈，则有如秦始皇《泰山刻文》，班孟坚《封燕然山铭》，韩退之《曹成王碑》，苏子瞻《表忠观碑》，晁无咎《新城游北山记》，记事文之出于赋者也。贾生《过秦论》，韩退之《原道》《原性》《师说》，柳子厚《封建论》，李习之《行己箴》，张子《西铭》，说理文之出于赋者也。司马子长《报任安书》，刘子政《极谏外家封事》，韩退之《送董邵南序》，柳子厚《寄京兆许孟容书》《与萧翰林俛书》，表情文之出于赋者也。比者以彼喻此，则有如韩退之《毛颖传》，柳子厚《种树郭橐驼传》，苏明允《木假山记》，记事文之出于比者也。韩退之《守戒》《杂说》，苏明允《乐论》，说理文之出于比者也。韩退之《应科目时与人书》《送杨少尹序》，表情文之出于比者也。兴者托物兴辞，则有如韩退之《圬者王承福传》《蓝田县丞厅壁记》，柳子厚山水诸《记》，记事文之出于兴者也。扬子云《酒箴》，张梦阳《剑阁铭》，欧阳永叔《集古录自序》，说理文之出于兴者也。杨子幼《报孙会宗书》，韩退之《送孟东野序》，表情文之出于兴者也。

即此可知一体文学有一体之赋、比、兴；固不限于记事宜于赋、说理贵用比、抒情妙讬兴矣！明乎赋、比、兴之分类，而后言文学始造微也！

第二　分代分人读

　　文章一代有一代之风尚，一人有一人之面目。孟子论诵《诗》读《书》，必推及于知人论世。然不分代、分人看，亦无以知人论世也。读《姚篹》《王续》二书，既分类看，以明文之因体而殊；尤不可不分代看，以知文之代殊。而一代之中，风尚攸同；然作者性情不能无异，尤必分人看，以体认各家面目。朱子云："学文学诗，须看得一家文字熟，向后看他人亦易知。"（见《语录》。）姚氏亦云："凡学诗文，且当就此一家用功良久，尽其能，真有所得，然后舍而之他。不然，未有不失于孟浪者！"（见方东树《昭昧詹言》引。）曾国藩曰："初学揣摩古人文，惟须先认其貌，后观其神，久之自能分别蹊径。"（见《日记》。）斯皆经验有得之谈。而读一家之文，能先检读《二十四史》本传，以为知人论世之资，则体认亲切而益有味矣！

　　今按《姚篹》《王续》所录自晚周以下作者：凡晚周二十六人，曰楚莫敖、子华、赵良、陈轸、苏秦、苏代、苏厉、张仪、淳于髡、范睢、虞卿、乐毅、周䜣、孙臣、鲁仲连、触詟、冯忌、蔡泽、中旗、信陵君、魏加、汗明、黄歇、屈原、宋玉、庄辛、景差。凡秦三人，曰秦始皇、李斯、陈馀。凡前汉三十八人，曰汉高帝、汉文帝、汉景帝、汉武帝、汉昭帝、汉宣帝、汉元帝、贾山、贾生、晁错、邹阳、枚乘、太史公谈、东方曼倩、司马长卿、董子、淮南王安、淮南小山、严安、主父偃、吾丘子赣、司马子长、路长君、张子高、魏弱翁、赵翁孙、庶子王孙、杨子幼、萧长倩、贾君房、刘子政、匡稚圭、侯应、谷子云、耿育、贾让、扬子云、刘子骏。凡东汉七人，曰汉光武帝、班孟坚、傅武仲、张平子、崔子玉、王子山、诸葛孔明。凡魏一人，曰王仲宣。凡晋六人，曰张梦阳、张茂先、潘安仁、袁彦伯、刘伯伦、陶渊明。凡宋一人，曰鲍明远。凡唐四人，曰元次山、韩退之、柳子厚、李习之。凡宋八人，曰欧阳永叔、曾子固、苏明允、苏子瞻、苏子由、王介甫、张子、晁无咎。凡明一人，曰归熙甫。凡清四十一人，曰方灵皋、刘才甫、（以上《姚篹》。）姚南青、朱梅崖、彭秋士、彭尺木、罗台山、姚姬传、鲁絜非、吴殿麟、秦小岘、恽子居、王悔生、张皋文、陆祁孙、陈硕士、姚石甫、邓湘皋、周星叔、吕月沧、刘孟涂、姚春木、毛生甫、吴仲伦、管异之、梅伯言、方植之、张石州、朱伯韩、冯鲁川、曾涤笙、吴子序、龙翰臣、彭子穆、王定甫、邵位西、鲁通甫、戴存庄、孙子馀、管小异、吴南屏，（以上《王纂》。）都一百三十六家；而桐城派之所自衍者，厥惟四家，曰司马迁（子长）、韩愈（退之）、欧阳修（永叔）、归有光（熙甫）。

盖司马迁之文所以卓绝千古、自成一家者，徒以叙事之中有唱叹而已。一推其原，盖本于《诗三百》，所谓"言之不能尽，而发于咨嗟咏叹之余"者是也。《国风》而后，屈原得之。《楚辞》而后，太史公得之。香草美人，灵均借以抒幽愤；《刺客》《滑稽》，史迁假以发牢骚；其所以抒发者不同，而所抒发之者则一。《太史公自序》称："屈原放逐，著《离骚》。《诗三百》，大抵贤圣发愤之所为作。此人皆意有所郁结，不得通其意。故述往事，思来者。于是卒述陶唐以来，至于麟止。"然则太史百三十篇，其文则《史记》也；其情则《诗》《骚》也。以其情出于《诗》《骚》，故有唱叹；因有唱叹，故有不尽之意；因有不尽之意，故有神韵。

后世得此神韵而发之于卓荦为杰者，韩愈也。其次才力稍逊，而蓄之以纡徐之妍者，欧阳修、归有光也。世称"唐宋八家"，韩、柳弁首；而后学所宗，端在韩愈。然按愈《答尉迟生书》称："所谓文者，行峻而言厉，心醇而气和，昭晰者无疑，优游者有余。"（书载《姚篹》。）其自为文，安雅而奇崛。厥后李翱（习之）敩其安雅，庶几"优游者有余""心醇而气和"者乎！皇甫湜似其奇崛，儗云"昭晰者无疑""行峻而言厉"者乎！是皇甫湜、李翱皆有韩愈之一体。其衍李翱之"优游"一体者，至则为欧阳修（永叔）之神逸；不至则为曾巩（子固）、苏辙（子由）之清谨。其衍皇甫湜之"奇崛"一派者，至则为王安石（介甫）之峻奥，不至则为苏洵（明允）、苏轼（子瞻）之奔放。而欧阳修深远矣！兴化刘熙载曰："太史公，韩得其雄，欧得其逸。雄者善用直捷，故发端便见出奇。逸者善用纡徐，故引端乃觇入妙。"又曰："欧阳公文，几于史公之洁；而幽情雅韵，得骚人之指趣为多。""屈子《卜居》，《史记·伯夷传》，妙在于所不疑事，参以活笔。欧文往往似此。"（见《文概》。）魏禧曰："欧文之妙：只是说而不说，说而又说，是以极吞吐往复、参差离合之致。史迁加以超忽不羁，故其文特雄。"（见张潮辑《日录·论文》。）此欧阳修之出司马迁可征者也。方苞曰："震川之文，发于亲旧及人微而语无忌者，盖多近古之文。至事关天属，其尤善者，不事修饰，而情辞并得，使览者恻然有隐，其气韵盖得之子长；故能取法欧、曾而少更其形貌耳！"（见方氏《书震川文集后》。）姚鼐亦言："归震川之文，于不要紧之题，说不要紧之话，却自风神疏淡，是于太史公深有会处。"此归有光之出司马迁可征者也。

昔贤论江西诗派"一祖三宗"，祖者杜甫；三宗者，黄庭坚、陈师道、陈与义也。儗以桐城派为衡，曰韩愈、欧阳修、归有光，庶几桐城之"三宗"也；所谓"一祖"者，惟司马迁足当其人耳！

第三　分学读

或者谓："姚氏此《纂》，文章虽美，聊无裨于学术"者。不知文章、学术，本是两事。文章贵美，学术崇真。文章之美在情韵；而学术之真在智识；即不学，奚损于文章之美！况国人之"文以载道"，昔贤早垂明训；文章之事，亦未必绝无当于学。姑拟"分学读"一法以广其意。谓予不信，请陈其目：

（甲）通论

太史公谈《论六家要指》　欧阳永叔《唐书·艺文志序》　曾涤生《圣哲画像记》　曾涤生《致刘孟容书》　刘才甫《息争》

（乙）道家文学

归熙甫《张雄字说》（论老之知雄守雌）　梅伯言《韩非论》（论非之不善用老）　姚姬传《庄子章义序》　梅伯言《书〈庄子〉后》　柳子厚《辨〈列子〉》　柳子厚《辨〈文子〉》　柳子厚《辨〈鹖冠子〉》　梅伯言《〈淮南子〉书后》　姚姬传《扬雄大元（太玄）目录序》　吴仲伦《书〈抱朴子〉后》

　　　　以上道家诸子考论

屈原《远游》　司马长卿《大人赋》　张平子《思玄赋》　吴南屏《新修吕仙亭记》

　　　　以上道家之游仙文学

刘伯伶《酒德颂》　陶渊明《归去来辞》　苏子瞻《前赤壁赋》　苏子瞻《后赤壁赋》　苏子瞻《方山子传》　苏子瞻《超然台记》　苏子由《武昌九曲亭记》　归熙甫《筠

溪翁传》　归熙甫《畏垒亭记》　刘才甫《樵髯传》——以上消摇游生活

潘安仁《秋兴赋》　潘安仁《笙赋》　苏子瞻《游桓山记》——以上及时行乐

扬子云《解嘲》　张茂先《鹪鹩赋》——以上知足不辱
　　以上道家之人生哲学

（丙）儒家文学

王介甫《读〈孔子世家〉》　韩退之《送王秀才埙序》（说孔、庄、孟、荀之渊源）　欧阳永叔《郑荀改名序》（辨荀、老之异）　韩退之《读〈荀子〉》　曾子固《新序目录序》　方植之《书言后》　姚姬传《仪郑堂记》（论汉学）　姚姬传《赠钱献之序》（论汉以后儒学之变迁）　曾涤生《送唐先生南归序》（论汉以后儒学之变迁）　曾子固《徐幹〈中论〉目录序》　吴南屏《书〈文中子说〉后》　朱梅崖《道南讲授序》（论宋五子）　吴殿麟《重建紫阳书院记》（论朱学）　彭尺木《〈南昀先生遗书〉序》（论朱之可通于王）　曾涤生《书〈学案小识〉后》（论陆王、颜李之蔽）　姚姬传《复蒋松如书》（论汉、宋之得失）　邓湘皋《〈船山遗书〉序》（论汉、宋之会通）　曾涤生《〈朱慎甫遗书〉序》（论清代汉学之末流）　曾涤生《复贺耦耕中丞书》（论清儒学风之极敝）
　　以上历代儒学考论

董仲舒《对贤良策》三篇　刘子政《条灾异封事》　刘子政《上星孛奏》——以上论天人相与之际

韩退之《原性》　李习之《复性书》　王介甫《原过》　张子《西铭》　曾涤生《答刘孟蓉书》（论学以复性）　曾涤生《送刘淑云南归序》（论尽性践形）　曾涤生《复陈虎臣书》（论主静）——以上论尽性

崔子玉《座右铭》 韩退之游、言、行、好恶、知名《五箴》 李习之《行巴箴》 王悔生《座右箴》 曾涤生立志、居敬、主静、谨言、有恒《五箴》 朱伯韩《名实说》——以上论修身

恽子居《先贤仲子立石文》(论《春秋》君父之义) 欧阳永叔《太常博士周君墓表》(孝) 王介甫《临川王君墓志铭》(孝) 归熙甫《归氏二孝子传》 刘才甫《胡孝子传》 朱梅崖《兰陔爱日图记》(孝) 姚姬传《萧孝子祠堂碑文》 姚姬传《赠文林郎镇安县知县婺源黄君墓志铭》(孝) 朱伯韩《北堂侍膳图记》(孝) 梅伯言《艾方来家传》 曾涤生《诰封光禄大夫曾府君墓志铭》(孝) 曾涤生《台洲墓表》(孝) 吴南屏《许孝子传》 管异之《孝史序》 韩退之《讳辨》 韩退之《复仇议》 柳子厚《驳〈复仇议〉》 王介甫《复仇解》 苏明允《族谱引》(论亲亲之原于孝) 梅伯言《家谱约书》 彭子穆《读〈蔡仲之命〉》(论周公之处兄弟) 姚姬传《亡弟君俞权厝铭》(弟) 吴南屏《亡弟云松事状》(弟) 姚姬传《翰林院庶吉士侍君权厝铭》(义夫)——以上伦理观念

龙翰臣《宋伯姬论》 宋玉《神女赋》 宋玉《登徒子好色赋》(两赋描写女子之发乎情、止乎礼义,皆儒家伦理也) 曾子固《列女传目录序》 匡稚圭《戒妃匹劝经学疏》 欧阳永叔《泷冈阡表》 欧阳永叔《南阳县君谢氏墓志铭》 王介甫《曾公夫人万年太君王氏墓志铭》 王介甫《仙居县太君魏氏墓志铭》 归熙甫《魏〔陶〕节妇传》 归熙甫《王烈妇传》 归熙甫《魏〔韦〕节妇传》 归熙甫《先妣事略》 方灵皋《二贞妇传》 方灵皋《书孝妇魏氏诗后》 朱梅崖《黄贞女传》 彭尺木《曾孝女传》 姚姬传《张贞女传》 姚姬传《记萧山汪氏两节妇事》 姚姬传《旌表

贞节大姊六十寿序》　吴殿麟《王节母传》　张皋文《先妣事略》　姚石甫《来孝女传》　邓湘皋《黄虎痴继室陈氏墓志铭》　梅伯言《鲍母谢孺人家传》　梅伯言《朱孺人墓志铭》　梅伯言《倪孺人墓志铭》　梅伯言《书杨氏婢》　曾涤生《欧阳氏姑妇节孝家传》　陈岱云《妻易安人墓志铭》　曾涤生《丁烈妇墓表》——以上伦理妇女观念
　　以上儒家之人生哲学
　　曾子固《宜黄县学记》　曾子固《筠州县学记》　王介甫《慈溪县学记》　曾涤生《江宁府学记》　曾涤生《送吕介存南游序》——以上论古代教学之法
　　梅伯言《书〈后汉书〉后》　梅伯言《书复社人姓氏后》——以上论教学之敝
　　韩退之《进学解》　曾子固《墨池记》　吴子序《城南书舍图序》——以上论自学之法
　　以上儒家之教学法
　　韩退之《处州孔子庙碑》　欧阳永叔《襄州穀城县夫子庙碑记》　苏子由《东轩记》（论颜子之乐）　曾子固《徐孺子祠堂记》　韩退之《施先生墓志铭》　欧阳永叔《胡先生墓表》　欧阳永叔《徂徕石先生墓志铭》　欧阳永叔《孙明复先生墓志铭》　欧阳永叔《连处士墓表》　王介甫《王深甫墓志铭》　姚姬传《朱竹君先生传》　罗台山《邓先生墓表》　张皋文《祭金先生文》　恽子居《张皋文墓志铭》　邓湘皋《例授修职郎岁贡生候选训导邹君墓志铭》　梅伯言《户部郎中汤君墓志铭》　梅伯言《国子监学正刘君墓表》　曾涤生《罗忠节公神道碑铭》　曾涤生《仁和邵君墓志铭》　曾涤生《唐确慎公墓志铭》　曾涤生《苗先麓墓志铭》　曾涤生《翰林院侍读学士丁君墓志铭》　曾涤生《翰林院庶吉士遵义府学教授莫君墓表》　曾涤生《邓湘皋先生墓表》

曾涤生《祭汤海秋文》
　　以上儒家之学者人格

（丁）墨家文学
　　柳子厚《辨〈晏子春秋〉》　管异之《读〈晏子春秋〉》

（戊）法家文学
　　苏子瞻《韩非论》（排道、法）　李斯《论督责书》　苏子瞻《论始皇扶苏》（论秦法治之敝）　萧长倩《入粟赎罪议》

（己）兵家文学
　　姚姬传《读〈司马法〉〈六韬〉》　姚姬传《读〈孙子〉》　苏明允《孙武》
　　　　以上兵家考论
　　晁错《言兵事书》　晁错《论守边备塞书》　晁错《论募民徙塞下书》　赵翁孙《屯田奏》　苏明允《论项籍》　苏明允《论御将》　苏子瞻《练军实》　苏子瞻《论勇敢》　苏子瞻《论战守》　苏子瞻《策断中》《策断下》
　　　　以上兵家权谋论

（庚）农家文学
　　晁错《论贵粟疏》　贾生《论积贮疏》
　　　　以上古农家言
　　贾让《治河议》　曾子固《襄州宜城县长渠记》　曾子固《序越州鉴湖图》
　　　　以上水利
　　韩退之《潮州祭神文》　曾子固《越州赵公捄（救）灾记》

以上荒政

柳子厚《种树郭橐驼传》 归熙甫《归府君墓志铭》 归熙甫《守耕说》 曾涤生《大界墓表》

以上农家生活

（辛）纵横家文学

柳子厚《辨〈鬼谷子〉》 刘子政《战国策序》 曾子固《战国策目录序》

以上纵横家考论

苏季子《说燕文侯》 苏季子《说赵肃侯》 苏季子《说韩昭侯》 苏季子《说魏襄王》 苏季子《说齐宣王》 苏季子《说齐闵王》 苏代《约燕昭王》——以上言纵

范雎《说秦昭王》 张仪《说魏哀王》 张仪《说楚怀王》 张仪《说韩襄王》 黄歇《说秦昭王》——以上言横

以上纵横之策

此文之涉于诸子九流者也。其涉于**小学**者则有：

曾涤生《钞朱子〈小学〉书后》 曾涤生《复李眉生书》（论古文家用字之法） 曾涤生《与朱仲我书》（论转注）

其涉于**经说**者则有：

刘子骏《移让太常博士书》（西汉今古文之争） 苏明允《易论》 张皋文《丁小疋郑氏易注后序》 姚姬传《复休宁程南书》（论《易》之《图》《书》）

以上《易》

苏明允《〈书〉论》 王介甫《〈书义〉序》 姚姬传《辨〈逸周书〉》

以上《书》

苏明允《〈诗〉论》 王介甫《〈诗义〉序》 梅伯言

《书毛郑异同考》

以上《诗》

王介甫《〈周礼义〉序》　姚南青《复某公书》（论《周礼》非刘歆伪窜）　韩退之《读〈仪礼〉》　曾涤生《书〈仪礼·释官〉后》　刘子骏《毁庙议》　韩退之《禘祫议》　苏子瞻《圜丘合祭六议劄子》　姚姬传《复孔㧑约论禘祭书》　韩退之《改葬服议》　吴殿麟《答金理函书》（论殇服）　曾涤生《复刘霞仙中丞书》　曾涤生《孙芝房侍讲〈刍论〉序》

以上论《礼》

苏明允《乐论》　归熙甫《二石说》

以上论乐

司马子长《十二诸侯年表序》（序《春秋左传》传授之源流）　姚姬传《〈左传补注〉序》　管异之《读三传》　龙翰臣《春秋王不称天辨》　龙翰臣《君氏卒》　龙翰臣《及晋处父盟》　龙翰臣《逆妇姜于齐》　龙翰臣《君弑贼不讨不书葬》　龙翰臣《论外臣书归书入例》

以上论《春秋》

柳子厚《〈论语〉辨》　曾涤生《〈孟子要略〉序跋》

以上论《论》《孟》

其涉于论史者则有：

姚姬传《书〈货殖传〉后》　恽子居《读〈货殖列传〉》　恽子居《读〈张耳陈馀列传〉》　毛生甫《练伯颖〈后汉书公卿表〉序》　梅伯言《十经斋文表序》（论《后汉书》儒林、文苑分传）　恽子居《书〈三国志〉后》　鲁通甫《正统论》　周星叔《书苏文忠〈正统论〉后》　周星叔《再书〈正统论〉后》　苏明允《族谱后录》　曾涤生《〈衡阳彭氏谱〉序》

以上论史例、史意，附族谱

恽子居《三代因革论》 苏明允《申法》 苏明允《田制》 苏子由《元祐会计录序》 苏子由《会计录民赋序》

以上历代经制因革

韩退之《对禹问》 苏子由《商论》 柳子厚《封建论》 苏子瞻《论周平王》 司马子长《六国表序》 苏明允《论六国》 苏子由《六国论》 周星叔《赵孝成王论》 苏子瞻《战国任侠》 贾生《过秦论》 苏子瞻《始皇论》 鲁通甫《秦论》 严安《言世务书》（论周、秦之得失） 司马子长《秦楚之际月表序》 恽子居《西楚都彭城论》 苏子由《汉文帝论》 贾生《陈政事疏》 贾生《论封建子弟疏》 司马子长《汉兴以来诸侯年序表》 司马子长《高祖功臣侯年表序》 班孟坚《汉诸侯王表序》 东方曼倩《答客难》（论士处势之异古今） 苏子由《三国论》 周星叔《书苏文定〈隋论〉后》 苏子由《唐论》 欧阳永叔《五代职方考序》 王介甫《上仁宗皇帝言事书》 苏子瞻《上皇帝书》

以上论历代事势推迁

其涉于论文者，则有：

姚姬传《复鲁絜非书》（论文之阴阳） 曾涤生《送周荇农南归序》（论文之奇偶） 梅伯言《书〈管异之文集〉后》（论文之骈散） 曾涤生《〈湖南文征〉序》（论文有情、理之分） 曾涤生《〈经史百家简编〉序》（论章句、校雠、评点三学）

以上通论

韩退之《答李翊书》 韩退之《答刘正夫书》 韩退之《答尉迟生书》 韩退之《与冯宿论文书》 苏明允《仲兄文甫说》 朱梅崖《又答李磻玉书》 梅伯言《〈舒伯鲁集〉序》 梅伯言《答朱丹木书》 梅伯言《答吴子序书》 管

异之《〈方植之文集〉序》　曾涤生《复陈右铭太守书》

以上论学古文之法

韩退之《南阳樊绍述墓志铭》　韩退之《贞曜先生墓志铭》　李习之《祭韩侍郎文》　欧阳永叔《梅圣俞墓志铭》　苏明允《上欧阳内韩〔翰〕书》　苏子瞻《祭欧阳文忠公文》　王介甫《祭欧阳文忠公文》

以上论唐、宋文学家

曾涤生《书〈归震川文集〉后》　吴南屏《〈归震川文别钞〉序》　吴南屏《记钞本震川文后》　姚鼐《刘海峰先生八十寿序》　王梅生《祭海峰先生文》　陆祁孙《〈七家文钞〉序》　曾涤生《〈欧阳文集〉序》　吴南屏《与筱岑论文派书》　曾涤生《复吴南屏书》　邵位西《赠陈艺叔序》

以上论桐城文

由吾之法，可知姚、王纂辑之文，亦未必无当于学也；"文以载道"，古人自是如此。而今之学者，又或诟病；欺逝者之不作，肆笔舌以自豪？何稗文章，徒长浇薄！呜呼！余欲无言！

余蚤承家学，服诵《萧选》，导以韩、柳，自以为壮彩烈词，风骨无惭于古；而揆之桐城义法，则或少乖！然性情之所偏至，不为意也。独于姚氏此《纂》，虽病其规模少隘，然窃以为有典有则，总集之类此者鲜！钻研不厌；而不欲轻附时贤，作应声之骂。昔孔文举论盛孝章云："今之少年，喜谤前辈，或能讥评孝章。孝章要为有天下大名，九牧之人所共称叹。"吾于姚氏亦云！

整理后记

钱基博先生为一代大家，学殖渊雅，著述富赡，尤以古学（国学）领域多所创获，裨益学人不菲。其中不乏指导、引领后学的普及性文字，诸如《古籍举要》《国学必读》种种，均曾风行一时，脍炙人口。尤其是《周易解题及其读法》《四书解题及其读法》等五篇文字，渊源半生读书心得，又复以之授学，独多体味、识解，对吾人肄习、研读国学典籍，不啻"津筏"。民国年间，诸书刊行，封、扉多以"读书指导"四字昭示，可谓名副其实。由此亦可见，目下整理出版，其价值犹在。

有趣的是，就着传统典籍的"四部"而言，这五篇文字恰好均有涉及：经部有《周易》《四书》，史部有《文史通义》，子部有老子《道德经》，集部则有《古文辞类纂》。这起初或许未必即属发意为之——几种文字，并非一时所成；但渐次写来，却定有明确的指归，那就是指引门径，嘉惠后学：引领后学踏上经典阅读之路，由径入门，进而登堂入室。缘此，这个整理本，也不复以刊行先后为序，而以四部甲乙之。

历来为后学开书目、讲读法的，可谓多矣；但不能不承认的是，其中"不着调"者亦复不少。有的是不甚适切，比如一些书目；有的则隔靴搔痒，比如一些导读。所以如此者，不曾尽心者固然有之，难以着力者也不在少数。讲读法，自然自家先要读懂、读通，才能讲清楚、讲透彻。无疑，钱基博先生的这几种文字，是讲清楚、讲透彻了的。具体如何清楚、透彻，还是那句话："如人饮水，冷暖自知。"读过这些篇什——或者更有先前经验的相关比较，自然会瞭然在胸。

这几种文字，为着讲清楚、讲透彻，梳理清晰之外，征引也颇繁富（尤其是《文史通义》部分）。但引文多随行文安排，不无穿插节引，且偶有些许删改。对此，整理时一般不做改动，只是尽可能使引文与出处吻合，影响阅读理解之处才略予补足。此外，篇名缺少卷次（以及上中下）而需要的，也予以补出。至于著者行文与引文的不合之处，如"扬雄"与"杨雄""段懋堂"与"段茂堂"，则一仍其旧。

原书偶有误植，包括夺字、衍字。整理时，仅有的几处衍字，径予删除；明显的夺字，则用〔 〕随文补出。误植用〔 〕随文注出；多见于引文的异文，则用（ ）随文注出。著者行文中，古体字、异体字、通假字，时有所用，一般不做处理；遇有个别可能影响理解者，则随文括注相应文字，以方便顺畅阅读。

原文大多一题一段，有的段落很长。整理时，适当作了分段——分割或可斟酌，方便阅读则当属必然。同时，个别标点也作了适当调整。此外，还进行了一些契合当下出版规范的技术性处理。

几种文字，虽属导引"入门"之作，却也称得上博大精深。学力有限，整理中或有不甚适切以及错讹荒谬之处，敬请读者批评指正。

整理者

辛丑年大雪后一日